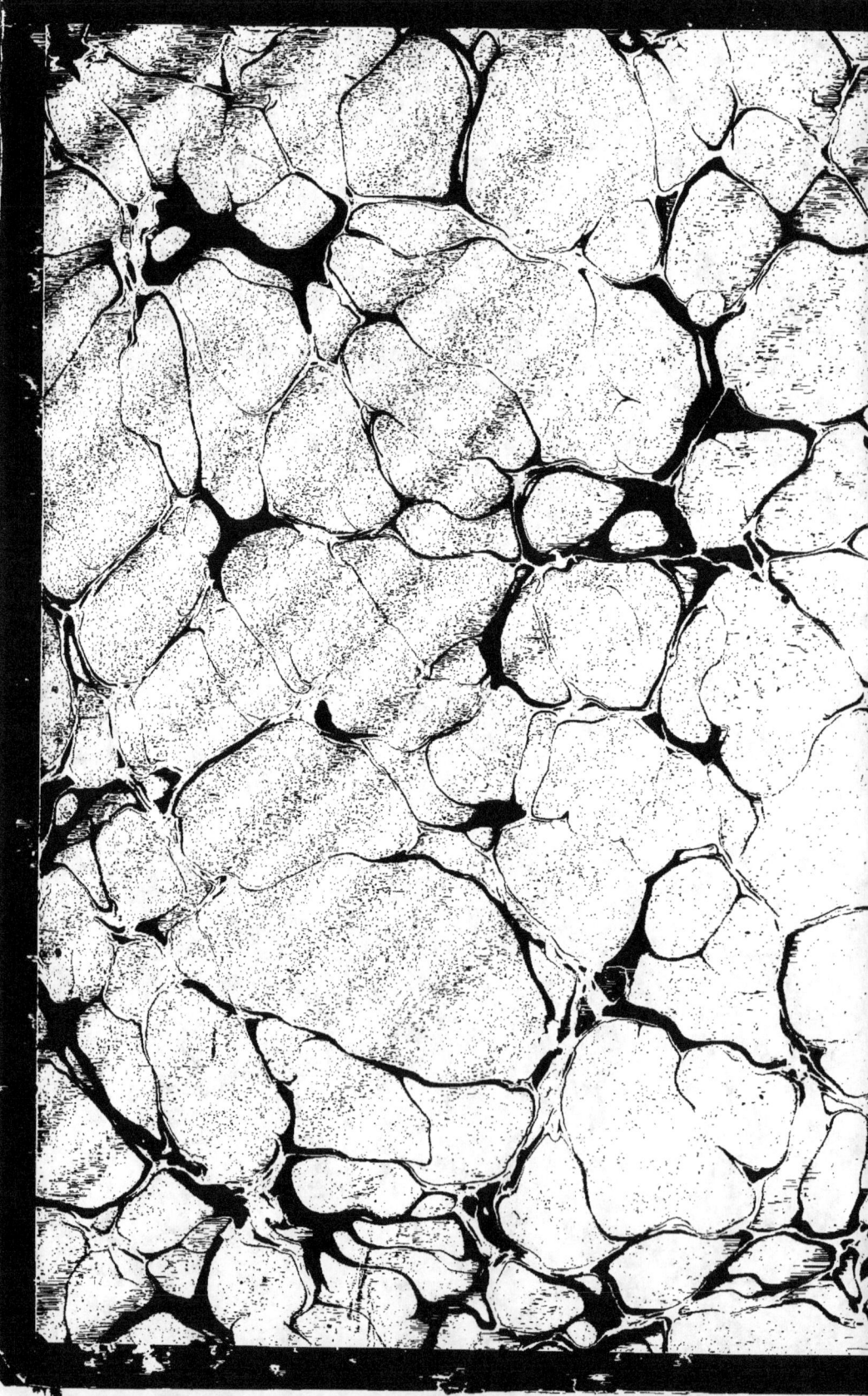

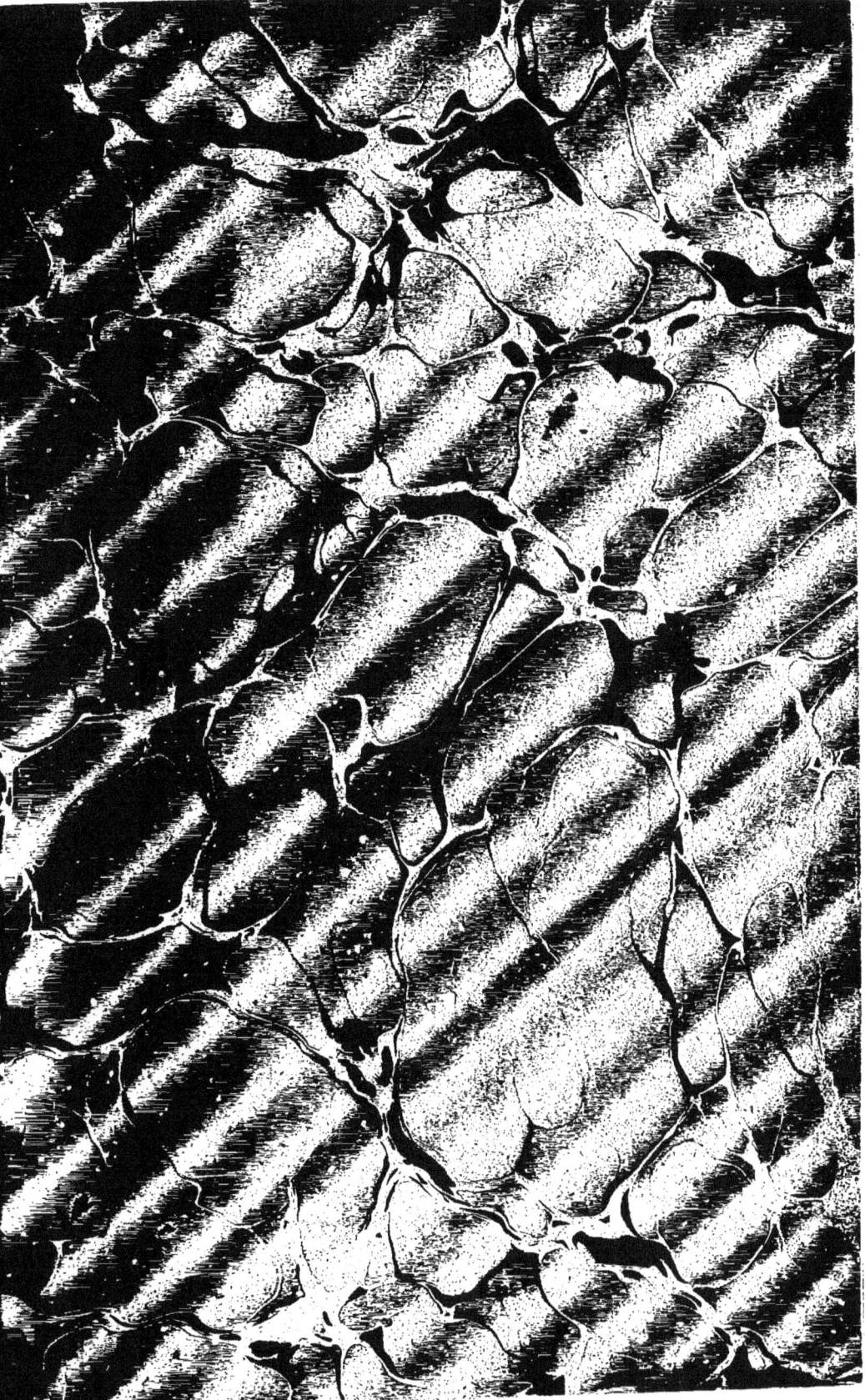

NOTES

D'UN

Voyage autour du Monde

LES INDES, CEYLAN, L'AUSTRALIE
LA NOUVELLE-ZÉLANDE, LES ÉTATS-UNIS

PAR

Mgr H. PASQUIER

PROTONOTAIRE APOSTOLIQUE

Illustrations d'Édouard Gaillot

ANGERS

IMPRIMERIE-LIBRAIRIE LACHÈSE ET Cie
J. SIRAUDEAU, Éditeur

2, Rue de l'Aiguillerie et 1, rue Montault

1906

NOTES

D'UN

VOYAGE AUTOUR DU MONDE

Mgr Henri Pasquier
Protonotaire Apostolique
Recteur des Facultés catholiques de l'Ouest

NOTES
D'UN
Voyage autour du Monde

LES INDES, CEYLAN, L'AUSTRALIE
LA NOUVELLE-ZÉLANDE, LES ÉTATS-UNIS

PAR

Mgr H. PASQUIER
PROTONOTAIRE APOSTOLIQUE

ILLUSTRATIONS

DE

ÉDOUARD GAILLOT

d'après

les documents de l'Auteur

ANGERS

IMPRIMERIE-LIBRAIRIE LACHÈSE ET Cie
J. SIRAUDEAU, Éditeur
2, Rue de l'Aiguillerie et 1, rue Montault

1906

NOTES D'UN VOYAGE

AUTOUR DU MONDE

LES INDES, CEYLAN, L'AUSTRALIE,
LA NOUVELLE-ZÉLANDE, LES ÉTATS-UNIS

On a souvent reproché aux Français de ne pas aimer les voyages et de ne pouvoir s'arracher aux douceurs de leur belle patrie.

Les Angevins échapperaient-ils à ce reproche ? Les récits de voyages de leurs compatriotes formeraient une bibliothèque assez vaste et fort intéressante. Pour ne parler que de l'âge classique, j'ai parmi mes livres les ouvrages de deux illustres Angevins, qui, deux cent cinquante ans avant moi, ont visité les Indes, après avoir parcouru l'Europe et une partie des pays d'Orient. L'un d'eux, Legouz de la Boulaie (1), appelé le voyageur catholique par ses compatriotes, connaissait l'Angleterre, l'Allemagne et l'Italie, quand il partit de Venise pour la Grèce, Constantinople, la Perse et l'empire du Grand Mogol. Il débarqua à Surate, où il trouva un de ses compatriotes baugeois, le P. Zénon ; il visita Goa et la côte ouest de l'Hindoustan. A son retour en France, en 1650, il fut présenté en costume persan à Louis XIV, qui le pria de publier ses mémoires.

Il nous apparaît, à cause de son amour du mouvement et de son impatience du repos, un ancêtre des *globe-trotteurs* du xixe siècle. Il est vrai qu'il nous dit avoir du sang anglais dans les veines.

Entre ses voyages il n'aborde même pas la maison paternelle : il craint d'être retenu par sa famille. Il avait quitté sa province « pour rechercher dans les pays étrangers les plus savants et les plus adroits hommes du monde. » Aussi il nous donne de longues listes « des noms et qualités des amis et connaissances, qu'il s'est acquis dans ses voyages. » — Il termine son ouvrage par cette sentence, qui indique bien la nature de son esprit : « Les voyages font les hommes et les hommes font les amis. » — Ses « voyages et observations », illustrés de nombreuses

---

(1) Legouz François, sieur de la Boulaie, est né vers 1610, soit à Bordes, soit à la Boulaie, près de Baugé. M. le marquis de Villoutreys possède de lui une édition anglaise de son *Voyage en Irlande*, deux éditions françaises et une édition hollandaise de ses *Voyages en Orient*. Ces éditions, ornées du portrait du gentilhomme angevin et de nombreuses gravures, montrent la réputation dont ont joui les ouvrages de Legouz.

gravures, indiquent un esprit curieux, délié, capable de bien voir et de discuter sur les idées et les mœurs des hommes. Aussi les religions et les pratiques des Hindous ont-elles retenu pendant longtemps sa curiosité.

Un autre angevin du XVIIe siècle, plus connu des lettrés, visita à peu près les mêmes pays que Legouz et à la même époque. Il pénétra plus avant dans les Indes. On dit qu'il fut le premier Européen qui entra dans le royaume de Kachemire. Il s'appelle François Bernier, surnommé *le voyageur* ou le Mogol par ses contemporains. Son lieu de naissance n'est qu'à trois kilomètres du mien.

Né, en 1620, à Joué-Étiau, de parents qui tenaient à ferme des terres du chapitre de Saint-Maurice, il fut élevé par son oncle, curé de Chanzeaux, ma paroisse, et fit ses premières études de latin dans le même presbytère où je fis les miennes. Son oncle espérait en faire un bon prêtre et lui céder son bénéfice. Quelle secrète influence du terroir nous donna le goût des voyages et le même désir de voir les grands spectacles de la nature et les mœurs des hommes ? Je ne sais. Mais nous eûmes du moins des amitiés littéraires communes, qui m'ont souvent rappelé son nom. Mes fonctions de professeur m'ont tenu en relations presque journalières avec les plus illustres de ses amis, Racine, Boileau, La Fontaine, Molière, sans parler des moins célèbres, comme Chapelain, Chapelle, Gassendi, Hesnault, Cyrano de Bergerac.

A l'âge de vingt-sept ans il avait visité l'Allemagne, la Pologne et l'Italie. Je parcourus aussi plusieurs fois ces pays pendant mes vacances de professeur. Il connaissait Rome et Venise, dont j'ai pu étudier à mon tour les merveilles. Ces voyages en Europe lui inspirèrent le désir de voir davantage. En 1656, âgé de 36 ans, il partait pour les Indes. Sa curiosité naturelle était secondée par ses études précédentes. Docteur en médecine de Montpellier, il avait cultivé la philosophie à l'école de Gassendi, son maître et son ami, et étudié l'astronomie au *collège royal*. Il avait été lui-même professeur et répétiteur de philosophie. Il s'intéressait vivement aux questions scientifiques de géographie, d'hydrographie et d'histoire naturelle.

Il visita d'abord la Palestine, puis l'Égypte, où il demeura un an. Le Nil, par ses crues annuelles, sans pluies apparentes, et par la fécondité de ses eaux, excita vivement la curiosité du voyageur. Bernier voulait pénétrer au centre de l'Afrique par l'Abyssinie. C'était comme un précurseur des grands explorateurs contemporains du Congo ou des lacs africains.

Quand je visitais la Terre-Sainte et la vallée du Nil, il y a quelques années, avec M. Jules Delahaye, j'aurais aimé à comparer avec les miennes les impressions de voyage de mon compatriote. Mais je ne trouvai de lui qu'une lettre sur le Nil et rien sur la Palestine. Je fus plus heureux en visitant les Indes : je pus contrôler les récits de Bernier sur l'Hindoustan par ce que je voyais autour de moi.

Sans doute, bien des choses ont changé depuis deux cent cinquante ans. L'ouvrage de Bernier contient une gravure représentant le bûcher d'un Hindou, sur lequel se jette la femme du défunt, poussée par sa famille, pendant que des musiciens sonnent de la corne, comme à une fête. L'écrivain nous raconte que, durant un voyage d'Ahmedabad à Agra, il eut l'occasion d'assister, dans une bourgade, à une tragédie de ce genre. Dans une fosse, pleine de bois, était étendu un corps mort. Une femme, jeune encore, était assise sur le bûcher, près du cadavre. Quatre ou cinq brahmes, après avoir jeté quantité d'huile et de beurre, mirent le feu de tous les côtés. La femme, dont les vêtements avaient été frottés d'huiles de senteur, mêlées à de la poudre de santal et de safran, devint la proie des flammes, sans qu'elle s'inquiétât ou se tourmentât en aucune façon. Puis les cinq femmes esclaves, qui chantaient et dansaient autour du cadavre, furent successivement atteintes par le feu et tombèrent dans la fosse, sans que la frayeur en arrêtât aucune. Elles avaient promis à leur maîtresse de la suivre dans la mort, comme celle-ci avait promis à son mari malade de ne pas lui survivre. Bernier cherche les raisons de ce stoïcisme sauvage.

J'avoue que je ne vis point de ces morts effrayantes. Les femmes n'accompagnent plus leurs maris sur le bûcher. Les Européens ont fait cesser ces coutumes barbares. L'Empire du Grand Mogol est devenu une partie, la plus riche, dit-on, de l'Empire Britannique. Les palais de Dehli et d'Agra, fermés à la curiosité de Bernier par les farouches gardiens du sérail, sont vides et ouverts à tous les touristes européens. Bernier raconte qu'un jour il put entrer, comme médecin, dans les appartements des femmes d'Aureng-Zèbe, mais la tête couverte d'un grand châle qui descendait jusqu'à terre, et conduit par la main d'un eunuque. Il ne put voir ces merveilles d'incrustations de fleurs en marqueterie, que j'ai admirées tout à l'aise dans les salles les plus retirées des palais de Sha-Jehan.

Mais la vie et l'éclat de la cour du Grand Mogol, les marches brillantes de son armée, dont Bernier nous fait des peintures très vives, ne peuvent plus s'imaginer de nos jours. La sévère discipline des gouvernements européens a tué la pompe orientale des anciens empereurs. Des soldats anglais, en casque de toile blanche, montent la garde aux portes des palais : *la perle des mosquées*, à Dehli, ne résonne plus que de la voix du cicerone anglo-saxon, qui en explique les beautés.

Cependant tout n'est pas changé aux Indes, depuis que mon compatriote les visitait. J'y ai retrouvé le climat brûlant, qui l'accablait dans ses marches de Lahore au Kachemire ; les fleuves, les moissons qui faisaient l'objet de ses études ; les hommes plongés dans les mêmes erreurs religieuses. — J'ai rencontré des charmeurs de serpents, comme en avait vu Bernier, des rajahs amis d'un luxe désordonné, entretenant des écuries riches en chevaux qui ne leur servent presque jamais, et vivant dans une indolence absolue. J'ai entendu à mon tour les compliments sans mesure des gens qui en voulaient à ma bourse ou réclamaient ma protection : ils me comparaient aux hommes puissants et bienfaisants. Si j'avais été aux époques d'éclipses, je crois que j'aurais pu rééditer la jolie gravure où Bernier représente des gens effrayés achetant de la drogue contre l'éclipse et se plongeant dans l'eau des fleuves sacrés pendant la durée du phénomène. — J'ai assisté, comme Bernier, aux ablutions de milliers de pèlerins, qui dans le Gange se livraient à toutes les cérémonies d'un culte enfantin et insensé.

Les Hindous, en effet, semblent insensibles à la marche des siècles : leurs mœurs et leurs idées paraissent dater, inaltérables, des temps préhistoriques. Le rituel très compliqué de leurs pratiques religieuses et de leurs observances de caste les a maintenus dans l'immobilité. C'est moins l'Hindou qui a changé, depuis deux siècles, que l'observateur européen. Bernier est plus loin de moi, par ses habitudes de vie et ses idées politiques, que le brahme actuel ne l'est de celui du XVIIe siècle.

Les Mémoires de mon compatriote sont écrits sous forme de lettres. Il répondait à ses illustres amis, avides de nouvelles, qui l'interrogeaient sur ses voyages. Chacun le questionnait d'après ses goûts personnels : qui sur l'armée d'Aureng-Zèbe ; qui sur le régime des pluies ; qui sur les religions ; qui sur les Fakirs. La Mothe le Vayer demandait des comparaisons avec ce qu'il connaissait en Europe.

Bernier, dont les yeux et le goût s'étaient formés à voir, sous divers cieux, des mœurs et des monuments si variés, répondait avec beaucoup de sens à son ami, que les villes indiennes ne sont pas comparables, pour leur beauté, à celles de Londres ou de Paris ; qu'elles sont simplement différentes. Si les Hindous avaient des maisons à cinq ou six étages, ils devraient les abattre. Comment vivre en une chambre étroite, telle qu'en possède la rue Saint-Denis, quand la chaleur est si ardente qu'elle ne vous permet pas de supporter une couverture et que souvent le seul endroit où vous puissiez dormir est la terrasse de votre maison ou le seuil de votre porte.

Depuis Bernier, on a beaucoup écrit sur les Indes : on composerait une vaste bibliographie, si on énumérait les œuvres de tous les écrivains qui en ont parlé. Je n'ai donc pas la prétention d'apprendre du nouveau. Comme mon compatriote, j'ai répondu à la curiosité de mes amis. Ce sont mes lettres que je donne ici. Ces lettres (1), écrites au jour le jour, après des excursions fatigantes, ou sur le pont des bateaux, contiennent mes impressions de voyage dans le désordre et l'abandon de leur rédaction hâtive.

Parti d'Angers au mois de novembre 1900, pour visiter les couvents du Bon-Pasteur d'Extrême-Orient, j'ai pu constater que l'œuvre de la V. Mère Pelletier était florissante dans ces régions, comme elle l'est en Europe. Les religieuses angevines ont porté le nom aimé de notre pays partout où se sont répandues leurs bienfaisantes colonies. Elles l'ont fait bénir sous toutes les latitudes. Aussi l'accueil flatteur, que j'ai reçu tout le long de mon voyage, s'adressait plus à mon titre de supérieur du Bon-Pasteur d'Angers qu'à ma modeste personne. C'est souvent ainsi dans la vie : on bénéficie du mérite des autres.

Dieu veuille que je paie une partie de ma dette envers ces saintes religieuses en montrant, par la publication de ce journal, quel bien elles ont accom-

---

(1) Ces lettres, pour la plupart, ont été adressées, pendant mon voyage, à M. le chanoine Crosnier, mon suppléant à l'École Saint-Aubin.

pli depuis leur établissement dans les missions, de quelle estime elles jouissent près du clergé catholique et près des gouverneurs anglais eux-mêmes dans les colonies que j'ai visitées, aux Indes, à Ceylan, en Australie, en Nouvelle-Zélande. Depuis que la V. Mère Pelletier jetait, en 1829, les premiers fondements de sa Congrégation sur les bords de la Maine, en face du rocher qui porte mon École Saint-Aubin, son ordre s'est développé comme par miracle. Aujourd'hui six mille de ses religieuses peuplent deux cent trente couvents, établis dans les cinq parties du monde. Les monastères d'Extrême-Orient, que j'ai visités, n'ont fait qu'augmenter mon admiration pour l'œuvre de la vénérable fondatrice et exciter mon dévouement pour ses pieuses filles de toute nation.

PREMIÈRE LETTRE

*Paquebot l'*INDUS, *le 26 novembre* 1900.

En face de la Corse.

Que faire sur un bateau, cher ami, si ce n'est songer à ceux que l'on a brusquement quittés et vivre avec eux par la pensée ? Quand la rupture est récente, l'esprit va plus naturellement en arrière qu'en avant : je songe peu aux Indes, mais beaucoup à Angers, à l'Université et au très aimé rocher de Saint-Aubin.

Mon séjour à Paris a été rempli par les préparatifs de voyage et les visites d'amis. M. H..... était venu de Londres, pour dîner avec moi avant mon départ. C'est un procédé rare d'Anglais gentleman, capable de s'attacher et de rester fidèle dans l'amitié (1). Mgr Roissant m'a fait des adieux sensibles : il me voyait embarqué pour un autre monde, avec les risques de l'inconnu. M. Laroche, par affection paternelle, appuyait fortement sur la même note. M. Letourneau, s'absorbant doucement avec moi dans le passé d'Angers, était moins préoccupé de mon grand voyage. Les jugements des hommes sont si divers, qu'ils perdent de leur efficacité sur notre conduite privée.

Je disais ma messe à Sainte-Clotilde.

Le premier jour, en fêtant sainte Cécile, j'eus l'esprit tout occupé du souvenir de l'abbé Yves. Je ne sais pourquoi le nom de cette sainte, si belle et si poétique, a le don de faire revivre pour moi quantité de traits de la vie de mon vieil ami. Dites-lui cela,

---

(1) Il eût aimé m'accompagner et il réclame d'avance communication de mes impressions sur les Indes. Il m'a écrit dans une de ses lettres :

« Pour moi, qui suis Anglais, vos impressions de l'empire
« britannique seront d'un grand intérêt et j'espère bien que
« vous me les laisserez voir, si vous les imprimez. Je ne dis pas
« que nous avons les qualités qui font bien administrer et colo-
« niser. Mais nous avons du moins des traditions qui nous sont
« très utiles. L'amour du voyage et de l'aventure nous fournit
« en abondance des hommes voulant bien s'absenter de leur
« patrie et passer leur vie dans les pays lointains et, ce qui est
« plus important, des gens bien élevés et non pas ceux qui ne
« peuvent plus rester chez eux. Ce dernier cas est malheureu-
« sement très fréquent chez les autres peuples.

« Une chose certaine, c'est que pour nos jeunes gens l'espoir
« d'une carrière semblable donne un but pour s'instruire et se
« préparer à la vie. Et cela pour nous, même en mettant à part
« le côté pratique, n'est pas à mépriser. Pour vous, vous juge-
« rez la façon dont nous nous acquittons de notre mission, et
« vous en jugerez par les résultats. »

afin qu'il me recommande à la benoîte vierge martyre, et qu'il obtienne d'elle de l'harmonie dans ma vie, de l'harmonie céleste, comme celle qu'elle entendait.

Les hommes, vus par certains côtés, sont bien intéressants dans la variété de leurs jugements et de leurs désirs. Le premier prêtre que je rencontrai dans les rues de Paris fut l'abbé X***. En fidèle admirateur de Huysmans, il a de grandes aspirations : « Que vous êtes heureux, me dit-il, d'aller aux Indes ! On étouffe en Europe. » Voilà un étouffement dont ne souffrent guère beaucoup d'Angevins que je connais. Cinq minutes après, je vois M. G***, un ancien ami, qui le prend sur un autre ton. Le pessimisme, ressenti devant notre pauvre Église de France, « le fait mourir ». Les raisons qu'il me donne de ses idées noires ne sont, hélas ! que trop fondées : notre Église de France paraît en l'air, sans solidité ; elle a, depuis vingt ans, perdu ses assises. Comment cela s'est-il fait ? Les causes de notre triste état sont nombreuses ; nous les avons analysées avec complaisance.

Mgr Roissant m'a présenté à Mgr Doulcet, évêque de Bulgarie, chez qui vous ne voyez rien qui rappelle le vilain nom de ses diocésains : « les Bougres ». — Au contraire, il justifie son nom : « Doulcet ; » doux et intelligent. Il a le charme du zèle qui rêve de se sacrifier pour le salut des autres. Sa vie de missionnaire, sur les rives du Danube, n'a rien qui flatte la nature. Aussi les anges doivent l'admirer.

De Paris à Marseille, 12 heures : le temps de dormir une longue nuit. Messe, dimanche, à 10 heures, à Notre-Dame-de-la-Garde. J'ai retrouvé mes impressions de jeunesse professorale, alors qu'à Lourdes je recommandais mon École à la Sainte Vierge. Mais, hélas! je ne puis plus offrir à Celle qui a été la fondatrice de mon œuvre que le soir déjà avancé de ma journée, et combien assombri par les fatigues et l'usure! Enfin j'ai prié pour l'avenir, comme à trente ans : à certaines heures, l'âme n'a point d'âge (1).

A midi, déjeûner devant la Méditerranée, voilée de brume comme une sombre mer du Nord. Cependant, peu à peu, la vilaine s'est laissée habiller de soleil ; et, sous cette étoffe céleste, ici brillante et miroitante comme de l'argent en fusion, là teintée en vieil or, plus loin doucement passée au bleu de Prusse, elle faisait sa charmeuse. La belle coquine semblait épuiser ses attraits pour nous attirer.

Elle nous possède depuis 24 heures. — Elle n'est

(1) Avant de quitter la France je reçois de Lady Lytton, la femme de l'ancien vice-roi des Indes, mort ambassadeur à Paris, des lettres d'introduction près des gouverneurs des Indes et d'Australie. Je suis très touché de cette faveur. Son fils, Lord Lytton, que vous connaissez bien, m'écrit dans une lettre fort aimable : « Que je vous envie votre tour du monde! et avec
« quel plaisir je vous accompagnerais, si j'étais libre! N'im-
« porte : je vous suivrai de mes pensées et de mes prières. Je
« vous verrai partir comme l'hirondelle pour votre long voyage,
« quittant les brumes et les neiges d'un hiver européen, pour
« arriver sous le brillant soleil de l'Orient. Je vous accompa-
« gnerai de mes vœux à travers mon pays de naissance : puis
« *avanti, sempre avanti,* jusqu'à ce que vous soyez de retour.
« Alors je viendrai vous voir et j'écouterai avec avidité les
« récits de vos expériences.

« Adieu, cher Monseigneur. Que Dieu vous garde et qu'il
« vous ramène bientôt à ceux qui, moins heureux que vous,
« vous attendront avec inquiétude et impatience. Je crains seu-
« lement que le poids de tous les vœux que vous emportez
« avec vous, ne fassent sombrer votre vaisseau. »

pas d'une sagesse exemplaire : plus d'un de ses hôtes est malade et maudit ses allures par trop capricieuses. Pour moi, j'ai pu résister à ses balancements. C'est comme dans l'équitation : le plus difficile est de se bien mettre en selle tout d'abord. J'ai donc confiance de ne pas être trop souffrant.

L'*Indus* est un grand et solide steamer pouvant loger, rien qu'en première classe, 170 personnes. Il n'a pas la moitié de ce chiffre. Mais il emporte, en deuxième et en troisième, beaucoup de soldats et de marins, pour la Chine. Les Anglais, comme toujours, dominent dans l'élément civil. Nous avons tout un groupe de *Célestes*, dont les robes bleues, jaunes, vertes, s'harmonisent bien avec la couleur des eaux. On pourra longtemps encore disserter sur leur civilisation, comparée à la nôtre. Tout chez eux nous étonne, depuis les petits souliers, où ils enferment leurs pieds, jusqu'à la tresse qui leur pend de la tête aux talons.

Je viens de lier conversation avec un jeune prince coréen, officier de notre Légion d'honneur. Je l'ai fait causer sur son pays, qui a 16 millions d'habitants et un empereur. Il est aussi content d'être Coréen que vous d'être Français ; expliquez cela, si vous le pouvez. Il montrait tout d'abord un peu de timidité, que j'espère vaincre d'ici quinze jours.

Deux de mes voisins de table sont de nation grecque. Ils parlent leur langue moderne avec agrément et ils en vantent la pureté. Ils m'expliquent comment leur patriotisme a expectoré peu à peu les mots turcs, italiens, maltais, qui s'étaient glissés dans leur glossaire : mots toujours moins harmonieux que les leurs. Ils sont tous deux dans le commerce. A ce propos, on peut noter que les Grecs ont conservé les aptitudes commerciales de leurs ancêtres. Ils sont partout au premier rang des commerçants sur les côtes de la Méditerranée. Il paraît même qu'ils peuvent gagner de l'argent là où le Juif ne trouverait rien à tondre.

Adieu : je vais regarder l'horizon des vagues, c'est-à-dire, mettre mon âme à la douce et bienfaisante rêverie devant l'infini agité.

27 *novembre, en face du* STROMBOLI

Il est 10 heures ; il fait un beau soleil. Nous traversons les îles Lipari, qui sont dominées par le Stromboli. On dit que, la nuit, on peut voir les lueurs du volcan ; je n'aperçois qu'une colonne de fumée ressemblant à un nuage. On a de la peine à se figurer que le volcan a plus de deux kilomètres de haut. Entre lui et nous la petite île de Panaria, toute riante des feux du matin, avec deux jolis villages qui s'appuient au versant du sud. Quelques bouquets de maigres oliviers sont jetés sur les flancs de la montagne. La richesse ne doit point avoir de temple sur cette terre-là. Cependant l'île semble si charmante, que tous les photographes amateurs veulent en emporter une image. C'est un vrai concours de photographie : cinq ou six officiers d'artillerie braquent leurs kodaks. La modestie dans la pauvreté offre souvent plus d'attraits que le plantureux orgueil de la richesse.

Nous avons laissé à droite l'île de Lipari proprement dite. Une petite ville et quelques villages semblent suffire à la pauvreté de son sol. Je me souviens de la réflexion de La Bruyère sur les idées de bonheur qu'éveillent les petites villes suspendues aux flancs de la colline. Qu'il doit faire bon habiter dans cette paix ! — Peut-être que c'est un enfer de médisances et de jalousies : il suffit de deux hommes pour cela : mettons de deux femmes, si vous préférez.

Dans quelques heures nous serons en plein détroit de Messine. — Mais je ne veux pas devancer le bateau.

J'ai étendu le cercle de mes relations à bord. J'ai fait la connaissance d'un jeune Belge, qui va à Shanghaï, dans une banque russo-chinoise. Je me demande si les Français ne sont pas ou ne seront pas les bailleurs de fonds de cette banque.

4 heures du soir. Le détroit de Messine est passé. Il s'est présenté à nous avec tous ses avantages : de la lumière, encore de la lumière et beaucoup de calme. Toutes les nuances du vert, du bleu et du violet se sont d'abord étalées aux yeux, bordées par ci par là d'une frange d'argent. Puis, dame Trinacrie s'est dressée devant nous. Les souvenirs grecs embellissaient encore l'horizon : il m'est agréable de songer à Thucydide sur un bateau emporté par la vapeur. Les premières côtes de Sicile sont mamelonnées et font l'effet d'un ensemble de grandes ruches, entre lesquelles il n'y aurait point d'intervalles. Je me demande comment l'on peut voyager dans cette pointe de terre. Cependant, ici et là, l'homme tenace a bâti ses maisons entre la mer et ces taupinées.

La côte d'Italie, dont on s'approche à quelques centaines de mètres, est plus abrupte : les roches sont taillées à pic, au lieu d'être en forme de ruches. Le rocher de Scylla se présente tout près : il sert d'avant-poste à une petite ville, que traverse un chemin de fer. Les jardins d'orangers ont adouci sa mine sauvage et sa mauvaise réputation. De l'autre côté on me montre Charybde : je le regarde ; hélas ! l'expérience tue la poésie, ruine les horreurs. Je croyais à deux gouffres qui tourbillonnaient : on me dit que ce sont simplement les courants rétrécis de la mer qui, dangereux aux bateliers d'antan, ont créé la légende de Charybde et de Scylla.

A droite s'allongent, sur une bande étroite de rivage, le Pharo et Messine. Je salue par la pensée les sœurs du Bon-Pasteur, habitantes de cette ville. Bonnes et saintes filles ! A l'inverse des Grecs, qui allaient d'Orient en Occident porter leur commerce, elles sont parties de notre Occident, pour porter les bienfaits de la charité chrétienne dans les villes d'Orient.

En face de Messine se dresse Reggio, dont le soleil de midi fait resplendir les maisons blanches et les jardins verts d'orangers. Puis, la mer devient calme comme un lac ; c'est bon signe pour demain. On est toujours aux aguets, pour voir comment la fantasque se comportera plus tard.

28 *novembre*. — La mer ionienne nous est bienveillante : peu de roulis et une température agréable. Aucune île à l'horizon. La lecture et les conversations du bord doivent suffire aux distractions de la journée. Il est vrai que l'on peut varier ses interlocuteurs : il y en a de toute nation. Ce matin, je lie

conversation avec un capucin français qui retourne au pays des Somalis, où il a déjà passé cinq ans. Ce qu'il me raconte m'intéresse vivement. Selon lui, ce peuple de noirs doit venir des Indes. Il n'est que superficiellement musulman. Les Arabes lui ont imposé le mahométisme, comme moyen de gouvernement ; mais il n'a pris de cette religion qu'une teinte légère : aussi, à mesure qu'on s'enfonce dans le pays, on remarque que cette teinte est moins solide. Les Somalis, tous bergers, ont un pays divisé par tribus ; mais les divisions mal définies sont sujettes à des contestations et causent des luttes sanglantes. Ils ont de très nombreux enfants, qui sont décimés par la maladie et par le manque d'hygiène. La vie errante à travers les montagnes froides et les vallées brûlantes propage les maladies de poitrine.

En face de moi écrit une Suédoise, femme d'un passager français, que son mari qualifie du titre de : *Guy de Maupassant du Nord*. J'espère, pour le mari et pour les lecteurs, que c'est une vantardise marseillaise.

29 novembre. — Nous avons doublé Candie à 4 heures du matin. Les gens qui passent la nuit sur le pont, ont, disent-ils, admiré les rues éclairées d'une jolie ville. Mais je me défie toujours des récits de ceux qui ont vu ce que vous auriez pu voir avec eux, mais que vous n'avez point aperçu.

Nous sommes entrés dans la chaleur d'Égypte. On ne peut plus rester au soleil impunément. La mer est d'un beau bleu et calme comme un lac. Demain matin, nous serons à Port-Saïd. Je me réjouis d'aller faire visite aux Sœurs du Bon-Pasteur. En attendant, je vais continuer mes lectures sur l'Inde.

Adieu. Offrez le bonjour à tous mes amis de Saint-Aubin, de l'Université, du Chapitre. Comme à distance la physionomie de chacun se relève de tous les traits de bonté, qui échappaient quelquefois dans le commerce habituel ! Il faut voyager pour apprécier ses amis à leur véritable valeur. Vous direz à M et à Mme Voisin combien j'ai été touché de leurs adieux, ainsi que de ceux de M. Joûbert et de M. André Tessié de la Motte.

Je suis souvent en esprit avec M. Eude, corrigeant les copies ; avec M. Coutolleau, président l'oraison ; avec mon fidèle remplaçant, qui veille à la marche et au bon ordre de Saint-Aubin et de l'Université. Souhaitez le bonjour aux bonnes sœurs, à M. Adolphe. Je voudrais vous nommer chacun de mes élèves, pour être sûr que vous leur ferez mes commissions amicales. Que le bon Dieu bénisse leur travail et leur bonne volonté !

Adieu, cher ami. Je suis sur des flots que vous connaissez, sous un ciel que vous avez bellement décrit dans une conférence : cela fait que je me sens encore davantage avec vous.

H. Pasquier.

P. S. — Comme je vous envoie dans mes lettres mes simples notes de voyage, je vous les demanderai à mon retour, pour garder le souvenir de mon tour du monde. — Calcul de paresseux, qui veut éviter la peine d'écrire à la fois son journal et des lettres.

Si vous avez l'occasion de voir Monseigneur, offrez-lui mes hommages et ma reconnaissance. Dites à la Supérieure du Bon-Pasteur que je donnerai une large part de mon temps aux intérêts de sa belle et grande congrégation. Que Dieu soit avec elle !

DEUXIÈME LETTRE

Canal de Suez, 30 novembre, 6 heures du soir.

Nous sommes arrivés à Port-Saïd à 10 heures du matin. La mer avait la couleur demi-jaune de la Loire, comme si le sable du fond la teintait, au lieu du ciel bleu. La côte, du reste, n'est qu'une plaine de sable et de boue, sans une colline ou un rocher qui émerge. Au milieu de la jetée, le Grand Français, en bronze, Lesseps, d'un geste indique l'entrée de ce canal qu'un Pharaon et un empereur romain avaient projeté, sans pouvoir l'exécuter. Le long du canal s'étend une ville nouvelle, bariolée, en désordre, avec quelques grandes rues transformées en bazars pour l'exploitation des passagers. C'est l'Orient qui commence, l'Orient menteur, voleur. Aussi, les passagers ferment leur hublot et leur porte contre les visites indiscrètes. En un clin d'œil le pont est envahi par des vendeurs et des commissionnaires de toute couleur, de toute langue et de tout commerce. Les habits sont variés comme les langues, habits sales, en guenilles souvent, beaux toutefois sous le soleil et grâce à l'air aisé de ceux qui les portent. Un peintre en tirerait plus de profit pour son art que des toilettes élégantes de nos boulevards ou de nos salons. Si l'art ne fait qu'idéaliser la nature, il y a donc plus de beauté dans des loques bariolées, crânement arborées par ces simples, que dans les élégances fardées de nos modes. N'est-ce point qu'après tout ces guenilles ont pour fin d'habiller l'homme simplement, d'une façon quelconque, tandis que nos modes sont inventées pour le déguiser ?

Un guide s'offre à nous pour nous conduire au couvent du Bon-Pasteur ; puis, il nous transmet à un second, qui nous montre sa plaque et son numéro, et bravement se met à notre tête. Au bout de dix minutes il nous amène à la porte d'une pharmacie. L'imperturbable Bédouin disait qu'il nous avait bien compris ! — Le pharmacien nous renvoie dans la direction du canal. Le cicerone nous égare encore : une femme nous remet sur le bon chemin. Enfin, après vingt minutes de marche, nous arrivons. Je donne cinquante centimes à notre *guide-errant*. Il proteste : c'est 2 francs 50 qu'il réclame. Je le laisse aux prises avec mes compagnons, plus habiles que moi pour le renvoyer.

Notre visite au couvent causa une grande joie aux religieuses, qui nous reçurent avec une cordialité touchante et nous montrèrent les nombreux départements où s'exerce leur zèle : soit au pensionnat de l'asile Couvreux, soit dans les différentes classes de pénitentes ou d'enfants abandonnés, soit dans l'hôpital où sont reçus et soignés les malades de toute nation, laissés par les bateaux de passage à Port-Saïd. Je trouvai dans cet hôpital des soldats français, épuisés par les fièvres, deux soldats russes, un grec, trois ouvriers allemands blessés par la rupture d'une chaudière. Ces pauvres gens, tombés loin de leur patrie, goûtaient avec douceur les soins maternels des bonnes sœurs. Leurs regards et leurs gestes, à défaut de leur langue, exprimaient une joie étonnée d'être l'objet de soins si parfaitement dévoués de la part de femmes, qui ne sont ni de leur nation ni de leur foi religieuse.

Je revis là, avec grand plaisir, une des sœurs les plus attachées au souvenir de la mère Saint-Pierre de Coudenhove, seconde supérieure générale du Bon-Pasteur. Elle est autrichienne. Depuis de longues années elle dirige ce couvent de Port-Saïd, qui, par sa position internationale, requiert une grande sagesse unie à une charité exceptionnelle. Tout le monde semble heureux sous son gouvernement. Ses sœurs lui obéissent avec joie. Elle leur raconte les plus jolis traits de la vie et des exhortations de la mère de Coudenhove ; des traits comme celui-ci : « Mes « sœurs, moins nous paraîtrons, plus le monde nous « croira belles ; moins nous parlerons, plus le monde « nous croira savantes ». Les autorités anglaises et égyptiennes la respectent et s'appliquent à faciliter son dévouement.

Il y a quelques années une dame française, d'une charité intelligente, voulut fonder un établissement d'instruction dans l'endroit même où son mari avait laissé dans ses ouvrages d'ingénieur le plus éclatant témoignage de ses talents : elle confia la direction de cet établissement aux sœurs du Bon-Pasteur. C'est l'asile Couvreux, dans lequel je trouvai comme maîtresses de classes plusieurs religieuses que j'avais reçues à la profession. L'une d'elles, une syrienne, s'est vouée à la conversion des Arabes. Une toute jeune, venue du département du Nord, enseigne la mandoline aux plus cultivées des pensionnaires.

Nous partons à 2 heures de Port-Saïd. La marche lente de l'*Indus* dans l'étroit canal produit une singulière impression. On croirait que le bateau s'avance en plein désert. Des deux côtés l'œil s'étend sur le sable plat à perte de vue ; mais il distingue très nettement les détails des rives et les moindres événements qui en rompent la monotonie. Vers le soir, au soleil couchant, j'aperçois deux Arabes, vieux et cassés, aux vêtements fouettés par le vent, qui s'en vont à pas pressés et chancelants vers le désert. Ils sont chargés d'un fardeau enveloppé dans une toile couleur de rouille. Où se rendent-ils ? Aucun village ne paraît à l'horizon. Ils ont disparu bien loin derrière nous, quand j'aperçois, sur le même bord du canal, deux femmes dont l'une porte un enfant à califourchon. On se demande avec inquiétude où elles se dirigent dans cette solitude, où est leur cabane. Leur silhouette, qui se détache sur le désert, se présente à l'œil comme certains personnages des tableaux de Marilhat : elle fait rêver mélancoliquement sur la petitesse de l'homme, comparée à l'immensité de la nature. Les ombres du soir ajoutent encore à l'effet de tristesse.

Un peu plus loin j'entends un chien, qui aboie à la lune. Il a la voix de ceux de chez nous : ce qui cause une impression particulière dans ce pays, où les hommes ne parlent point comme nous. La voix de ce chien suffit pour reporter l'esprit au pays natal.

1er *décembre*. — Ce matin nous étions encore dans le canal de Suez, quand les premières lueurs du jour, dorant les sommets lointains de la côte africaine, donnèrent au paysage un air de fête orientale. Des collines légèrement ondulées découpaient le ciel comme avec un couteau : pas de nuages ou de vapeurs pour ménager la transition de la terre au ciel. De temps en temps des escouades de fellahs, arrivés déjà à leurs chantiers, se préparaient à creuser la terre. Leurs groupes se détachaient en points noirs ou blancs sur le jaune sale du sable. Quelques-uns, accroupis et blottis dans leur manteau noir, paraissaient grelotter sous le froid humide du matin. L'Orient seul peut fournir de ces oppositions violentes de couleurs variées.

A 7 heures, je dis la messe à bord, dans la cabine de mon compagnon. Les sœurs de Port-Saïd nous avaient fourni les ornements nécessaires. La présence de Notre Seigneur sur notre bateau m'a vivement ému. Je lui ai présenté tous ceux que j'avais laissés au pays d'Angers, déjà si loin de moi. Cinq religieuses, un séminariste et une dame composaient l'assistance.

A 8 heures du matin, nous arrivons à Suez. La vieille ville se présente tout d'abord au-delà d'une sorte de lac. Elle est reliée à la nouvelle par une jetée et par un chemin de fer. La nouvelle est coquette ; des arbres verts bordent la longueur du quai. Nous nous arrêtons en rade pour les dépêches et pour les marchandises. Mais je n'ai pas le temps d'aller visiter la maison du Bon-Pasteur qui est ici. Une barque, chargée d'Arabes, habillés de jaune, de rouge et de blanc, vient chercher les marchandises. Elles sont uniques, pour le pittoresque des couleurs, ces barques d'Arabes, dont les attitudes sont si près de l'art le plus exquis.

Nous entrons dans le golfe de Suez. Les rives s'élèvent en collines des deux côtés. Sur la rive d'Afrique, des roches d'un rouge clair, donnant des reflets roses, ont peut-être fourni le nom de la Mer Rouge. Elles sont striées par couches horizontales. Quelques-unes s'avancent jusque dans l'eau. Sur la rive asiatique, les rochers, plus éloignés de nous, sont plus hauts ; ils semblent aussi plus tourmentés dans leur constitution. De temps en temps, ils présentent l'aspect noirâtre de vieilles tours ; souvent ils sont coupés de profondes fissures dans le sens vertical.

On nous indique, dans un bouquet de palmiers, des mamelons qu'on dit être les *fontaines* de Moïse, tout près d'un lazaret. Les noms bibliques vous chantent dans la mémoire. C'est près d'ici que Moïse fit traverser la Mer Rouge aux Hébreux ; c'est près de ces fontaines qu'il entonna son cantique triomphal :

Iahvé a poussé dans la mer les chars de Pharaon et son armée ;
Et l'élite de ses combattants a été noyée dans la Mer Rouge.
Il a fait passer sur eux les flots :
Ils sont descendus au fond comme la pierre.
Iahvé, au souffle de ta bouche les eaux se sont amoncelées ;
Les eaux se sont dressées, comme une digue ;
Les flots sont devenus solides au sein de la mer.
Tu as soufflé de ton haleine, la mer les a couverts.
Ils sont allés au fond des grandes eaux comme le plomb.

Bientôt on aperçoit la chaîne sinaïtique et pendant quelque temps le Sinaï. Les souvenirs bibliques affluent. Dans la splendeur du soleil de midi, on se figure Moïse descendant de la montagne et portant les tables des commandements, qui régissent encore le monde chrétien. Ces régions sont réellement sacrées pour nous. Leur sauvage solitude leur prête quelque chose d'auguste. Elles ne donnent rien aux agréments de la nature humaine : point d'arbres sur ces rivages, point de verdure ; des pierres brûlées par un soleil implacable ; nul oiseau sur les eaux ; pas de bruit dans les airs ; un soleil de plomb. Les vagues elles-mêmes de la mer semblent plus pesantes qu'ailleurs : le vent, qui est violent, ne parvient pas à les soulever ; notre vaisseau les fend avec fatigue ; puis elles retombent lourdes, sans charmes, comme pressées de se reposer dans leur solitude que rien ne trouble, que seul visite le terrible soleil. Elles pèsent comme des pierres de tombeaux sur le Pharaon et ses troupes ; elles sont si jalouses de garder leurs victimes, qu'elles ne veulent pas entr'ouvrir leur sein et le laisser pénétrer des rayons du soleil.

A 5 heures, deux petites barques, à voiles minuscules, paraissent près du rivage d'Asie ; seules elles troublent la solitude de ce grand lac mort. Portent-elles les gardiens du tombeau du Pharaon ? — Elles distraient le regard et la pensée des passagers.

A l'horizon, la chaîne du Sinaï s'allume des derniers feux du jour. Elle apparaît incandescente, sans fumée ; puis, elle s'estompe d'une légère vapeur, reste d'une fournaise ardente. Qu'y a-t-il donc dans ces montagnes, brûlées par un soleil journalier, pour qu'elles attirent toujours la curiosité plus ou moins inquiète des passants, même des plus distraits ? Car chacun s'informe du point exact de l'horizon où est le Sinaï. C'est qu'il demeurera, ce Sinaï, un des endroits les plus augustes du monde. Le désert sauvage qui l'entoure, par l'immobilité de ses aspects de sable brûlé, ajoute encore à l'effet de sa mystérieuse attraction. Nos campagnes de France, tantôt vertes et tantôt jaunissantes, ne peuvent donner, à cause de leurs changements, l'impression de durée éternelle que produisent ces paysages toujours arides, et sans variations.

A Suez nous avons embarqué quelques Arabes, dont deux femmes de la bonne société, si j'en juge par le nombre des domestiques. Ces dames sont chargées de voiles blancs, rouges, noirs ; elles n'en promènent pas moins des regards de philosophe sur ce qui se passe autour d'elles ; elles semblent professer pour nous un souverain dédain. L'une, qui porte un anneau dans le nez, a des yeux durs, d'un noir de jais. Elles s'accroupissent sur leurs bagages. Près d'elles sont établies, comme contraste, deux petites Chinoises, aux yeux timides, au pieds minuscules, qui ont l'air effarouché de jeunes colibris échappés de leur cage. Sur le pont se promènent un Parsi et sa fille. Notre bateau offre un spécimen des nations et des religions humaines.

Dimanche 2 décembre. — *Mer Rouge*

A 5 h. 1/2, je dis ma messe, dans un salon du bord, sur un autel improvisé ; un capucin me la sert ; cinq religieuses font la sainte communion. Cette messe sur les flots, au bruit des vagues, produit une impression profonde. L'étrangeté du lieu me donne des sentiments inaccoutumés, analogues à ceux que j'éprouvais en disant la sainte messe en cachette, pendant la Commune. Je ne sens pas, il est vrai, la haine autour de moi ; mais l'indifférence des passagers laisse les religieux célébrer et prier presque seuls le bon Dieu, comme si nous seuls dépendions du Souverain Maître. Le jeune capucin qui se rend à la mission d'Aden ne paraît pas sentir cette indifférence. Il prie comme un ange ; quelques Européens qui l'entourent sont cependant aussi éloignés de Dieu que les noirs, à qui il porte l'Évangile.

J'apprends qu'une centaine de personnes ont assisté à la messe de huit heures ; j'avais été trop sévère.

3 décembre. — Nous sommes entrés dans la chaleur humide. La sueur nous envahit ; on se sent mal à l'aise des pieds à la tête : l'esprit lui-même, pris d'une somnolence presque maladive, a perdu son énergie ; il flotte en des rêves où le passé de la vie apparaît par tranches plus ou moins longues, les unes joyeuses, les autres tristes. L'hindou, dont je lisais hier les arguments spiritualistes dans un livre anglais, avait raison d'établir l'existence d'une âme persistante, sur ce fait qu'elle résiste au sommeil du corps et ne connaît jamais de période plus active en ses actions *isolées*, que lorsque le corps, son compagnon, est le plus abattu et lui refuse son concours. Quelle agitation et quels mouvements en cette pauvre recluse ! Quels retours violents vers les journées les plus oubliées du passé, pendant que le corps somnole, sous l'influence déprimante de la chaleur implacable de la Mer Rouge!

Aujourd'hui nous avons eu une pluie chaude de quelques minutes, fouettée par un vent violent, — phénomène rare en ces parages : le capitaine et les passagers habitués à la traversée ne l'avaient jamais vu. — Cette pluie chaude une fois finie, l'air est encore plus lourd qu'auparavant.

Ce matin nous sommes passés devant Djedda, le chemin qui conduit à La Mecque. L'esprit, tendu par les souvenirs qu'éveillent ces noms, excité par la collection variée de nations et de religions que l'on voit à bord, se pose à lui-même des questions de toute sorte sur les mystères de l'histoire humaine. Pourquoi Mahomet? Pourquoi La Mecque? Quel charme fascine dans l'erreur du Coran une partie de l'humanité?

Sur le pont du bateau je lis, et surtout je fais causer mes compagnons de route sur le pays que je vais visiter. Que de jugements déjà entendus ici sur l'Inde, sur ses habitants, sur ses mœurs, sur ses religions, sur son administration! Ces jugements, formés dans des têtes de Grecs, d'Allemands, d'Anglais, ou de Français, ne peuvent être uniformes; ils empruntent quelque chose au caractère et à l'éducation de chacun. Cependant je suis étonné de la concordance de tous sur certains points : par exemple, sur la bonté du gouvernement anglais dans son ensemble, sur sa sagesse, sur sa prévoyance. Les Indiens sont de grands enfants terribles : si les Anglais quittaient les Indes, il se ferait un tel massacre du nord au sud, que les flots de sang couleraient jusqu'à la Mer Rouge.

Une flotte indienne, gagnant de vitesse, arriverait à Aden avant les Anglais pour les ramener. Cette année, un rajah, Holkar d'Indore, ne voulait pas ouvrir sa bourse, pour secourir son peuple tourmenté par la famine : « Ni son père, ni son grand-père, « disait-il, ne s'étaient occupés de ces choses. » Le gouverneur anglais lui fit savoir qu'il enverrait un régiment ouvrir sa caisse. Le rajah fut obligé de céder à la force et de secourir son peuple.

Dernièrement, lord Curzon, visitant une école de jeunes rajahs, leur disait : « Restez Indiens : c'est le « meilleur moyen de garder votre influence sur vos « peuples. Ne vous faites pas Anglais : ce serait « aussi absurde pour vous de nous imiter, que pour « nous de nous faire Indiens. »

Un Grec et un Allemand me racontent mille traits intéressants sur le gouvernement des Anglais Sans doute les administrateurs anglais sont bien payés ; mais ils sont peu nombreux et ont beaucoup à faire. Puis, les Hindous sont admis aux concours. Les Anglais se sont préoccupés de l'éducation des jeunes rajahs ; ils ont fondé pour eux des écoles spéciales Ils surveillent plus tard leur administration.

4 *décembre*. — Toujours la Mer Rouge et son accablante chaleur humide. Après la messe, à 5 h. 1/2, dans la cabine d'un père capucin, je restai seul longtemps, sur le pont, à contempler cette mer où commence à se montrer la vie : quelques mouettes d'un gris rougeâtre, des oiseaux blancs qui émigrent d'un désert à l'autre, des sauterelles isolées, grosses comme de petits oiseaux, des poissons volants qui se tiennent

au-dessus de l'eau l'espace de vingt à cinquante mètres, rompent la monotonie.

C'est aujourd'hui grande fête à bord : les artilleurs français, qui nous accompagnent, célèbrent leur patronne, sainte Barbe. Les passagers ont organisé une tombola, qui a donné un gros chiffre. Des jeux de toute sorte sont établis sur le pont des *premières*, où les passagers des autres classes sont admis. Les soldats luttent de vigueur avec les marins du bord ; ils chantent une chanson patriotique sur le ton de la « Paimpolaise ». A chaque instant le clairon appelle les spectateurs à un nouvel exercice amusant ; on se dirait à terre, un jour de fête nationale.

Ce matin, j'ai lié conversation avec le Parsi C'est un riche marchand de Bombay, qui connaît bien l'Europe. Il m'explique sa religion ; il ne voit qu'une différence entre les Parsis et les Chrétiens : c'est que les premiers croient à l'unité de personne en Dieu et les seconds à la Trinité. Les Parsis se donnent l'honneur d'avoir fourni beaucoup au christianisme. Mon homme me vante Zoroastre, son prophète, qui, longtemps avant Jésus-Christ, enseignait le monothéisme. Il proteste contre les ignorants qui disent les Parsis adorateurs du feu : « Il n'y a, dit-il, qu'en Chine et « au Japon qu'on adore le feu ; le Parsi n'entretient « pas de feu ; le prêtre simplement jette de l'encens « sur le feu, les quatre jours de fête par mois. » Les Parsis n'ont pas de vrais temples, mais de simples lieux de réunion, où ils prient Dieu, tournés vers le soleil levant. Leurs prêtres sont prêtres de pères en fils. Ils n'ont ni statues, ni images. Ils ne mettent pas leurs morts dans la terre de peur de la souiller : ils les exposent sur de hautes tours et les laissent dévorer par des oiseaux. Ils croient à la résurrection et à une autre vie. Ils sont peut-être cent millions en tout, dont vingt millions en Chine. Ils n'essaient pas de faire des adeptes, comme les Musulmans.

Nous arriverons demain à Aden. Nous sommes déjà au milieu des îlots rocheux qui précèdent Périm et rendent la navigation dangereuse. Il y a quelques années, un grand steamer anglais, « China », échoua, à son premier voyage, sur un de ces rochers.

Adieu...

TROISIEME LETTRE

6 décembre, en plein Océan Indien.

Nous avons quitté Aden ce matin, à 6 heures, après 18 heures de séjour dans cette patrie de la désolation. Quand on approche de cette ville, après avoir dépassé Périm, on aperçoit des rochers de forme pointue comme des aiguilles, découpant le ciel avec netteté. Ils paraissent d'abord noirs, puis roses, sous l'influence des nuages ; quelquefois même ils font l'illusion de porter des forêts. Des taches jaunes de sable se placent entre eux et la mer. Mais peu à peu la vue se précise : ce ne sont que des restes calcinés de cratères éteints, ayant l'aspect de mâchefer. Impossible de s'imaginer un sol d'aspect plus triste. Si toute l'Arabie ressemble à cette partie, elle porte bien son nom de Pétrée : de la pierre, toujours de la pierre, et de la couleur la plus maussade.

Nous relâchons à un kilomètre du port. Nous sommes immédiatement entourés de barques de Somalis criant, gesticulant, faisant les grimaces les plus engageantes pour obtenir quelques piécettes d'argent. Ils répètent les mêmes bouts de phrases : « A la mer ! à la mer ! *a dive ! a dive !* un plongeon ! un plongeon ! » Des passagers leur jettent des pièces de cinquante centimes ou d'un franc. En un clin d'œil, cinq ou six piquent une tête : l'eau se fend, on ne voit plus que les plantes jaunes ou rouges de leurs pieds d'ébène, qui font les mouvements des grenouilles les plus habiles à plonger. Quand ils reparaissent, le plus heureux tient la pièce dans la bouche. A voir ces têtes noires, crêpues, aux dents bien blanches, si joyeuses et si souriantes, on se dit qu'il faut bien peu de chose pour le bonheur d'un homme. Tout ce peuple tapageur est heureux de vivre : il vit de si peu ! Deux sous de riz suffisent pour nourrir un homme pendant un jour. Le jeu du plongeon, qui se répète à chaque bateau de voyageurs, n'est pas sans danger ; non pas qu'il y ait crainte de se noyer : les petits Somalis grimpent comme des singes jusqu'au haut de notre bateau, et se jettent la tête en bas avec une aisance parfaite ; ils courent dans l'eau comme des gamins de Paris sur un boulevard Mais la baie d'Aden abonde de requins. Il arrive de temps en temps qu'un de ces terribles poissons coupe la jambe ou le bras d'un nageur. Nous rencontrâmes plusieurs de ces pauvres plongeurs, qui avaient perdu un membre à leur petit jeu. On ne voit point sur le rivage de mères inquiètes, interdisant à leurs enfants le dangereux amusement. — Le manchot montrera sa blessure, pour exciter la pitié du passant.

Nous descendons avec les trois capucins, mes compagnons, dont la présence nous donne la sécurité, au milieu d'un mélange extraordinaire de Somalis, d'Arabes, de Parsis, d'Hindous et de Turcs. Aden est un rendez-vous de nombreuses races, toutes avides de butin : il est vrai que les passagers sont leur seule moisson. Pas un brin de verdure sur ces rochers volcaniques. Quand on débarque dans ces lieux brûlés, on songe par opposition à notre France, à notre Anjou, si fertiles, où les arbres, les herbes, les fleurs et les fruits les plus variés sont offerts à l'homme, et l'on se demande si nous avons été tellement meilleurs que ce peuple noir, aux yeux de Dieu, pour mériter un séjour si supérieur à celui-ci. Quels crimes ont donc commis les naturels de ce pays ? Quelles vertus avons-nous, qui nous rendent dignes de notre paradis terrestre ?

Après une visite au couvent et à la chapelle des capucins, nous parcourons Steamer-Point, habité surtout par les Européens, dont quatre cents sont catholiques. Les capucins, qui ont parmi eux un évêque, servent d'aumôniers aux soldats irlandais. Pour la première fois, je trouve les *pankahs* (1) installés dans une église. Il n'y a qu'une rue à Steamer-Point : elle est large, bordée par des bazars, des hôtels, des maisons d'administration civile ou militaire. Les officiers anglais ont un club confortable, dont la terrasse va jusqu'à la mer. Au-dessus de cette rue unique se dressent des rochers noirs, qui tous sont creusés pour abriter des fortifications. — Il est défendu d'en prendre la photographie.

Le P. François, un espagnol, qui depuis vingt-sept ans fait partie du couvent des capucins d'ici, nous accompagne à la ville même d'Aden, éloignée de quatre kilomètres de Steamer-Point. Un noir nous

---

(1) Les *pankahs* sont de grandes bandes d'étoffe ou de natte, suspendues au-dessus des assistants et mues, au moyen de cordes, par des nègres ou des Hindous, pour servir d'éventails, en Orient, dans les lieux de réunion.

conduit dans une voiture traînée par un cheval arabe, maigre comme son maître, mais vif comme lui. Ce voyage est bien l'un des plus pittoresques que l'on puisse imaginer. Tout le long du chemin nous rencontrons ou nous devançons des noirs ou des jaunes, habillés, en général, d'une mauvaise loque tournée gracieusement autour de la ceinture ; ils ne portent ni souliers, ni coiffure. Quelques-uns ont un long chapelet musulman, enroulé autour du cou, comme un collier de perles. Nous voyons, à droite et à gauche, de misérables huttes destinées aux malades en temps de peste, et dans des creux de rochers des habitations d'indigènes. On compte 15.000 habitants à Steamer-Point et 30.000 à Aden. A voir les maisons, on croirait qu'elles suffiraient à peine pour 6.000 Européens. Nous laissons à gauche le port indigène, où seules peuvent entrer les barques de pêcheurs ou de petits commerçants. A droite nous longeons le cimetière des Juifs, religieusement entretenu. Chaque matin on voit des Juives, modestement enveloppées dans leurs voiles, comme on se figure la Sainte Vierge à Nazareth, venir prier sur les tombes de leurs parents. Celles que nous rencontrons paraissent réservées et timides.

Nous traversons une petite montagne taillée en tunnel comme le Pausilippe ; puis nous arrivons à Aden. Les maisons blanchies à la chaux font un singulier contraste de couleur avec le noir des rochers qui les entourent et les dominent de toutes parts de quelques centaines de pieds. La ville est bâtie dans la cuvette d'un cratère éteint ; je crois sentir une odeur de soufre comme au Vésuve. Nous entrons dans cette ville désolée par la porte de la joie ; autour d'un tombeau se célèbre une fête populaire avec balançoires et roues à paniers. Les couleurs rouges, blanches et jaunes des costumes forment de loin un aspect très gai. Ces nuances joyeuses s'opposent fortement à la tristesse des alentours. Des pèlerins sortent d'une petite mosquée, pendant que d'autres y entrent. Le pèlerinage a probablement engendré la foire, comme chez nous la fête du patron a engendré l'assemblée villageoise appelée *frairie*.

Je me fais conduire au cimetière catholique, qui est situé en dehors de la ville, dans l'endroit le plus sauvage que puisse rêver l'imagination. Il est entouré de hautes collines, de plusieurs centaines de pieds, dépourvues de végétation. On se dirait à mille lieues de toute habitation. La situation est réellement triste comme la mort. Je vais prier sur la tombe des sœurs du Bon-Pasteur, qui dorment là leur sommeil éternel. Après avoir dit un *de profundis*, je relève les inscriptions des croix : noms irlandais, angevins, de sœurs mortes très jeunes. Saintes filles, entrées au Bon-Pasteur d'Angers dans la fleur de la jeunesse, puis venues ici pour convertir les âmes à Dieu, et mortes peut-être sans avoir pu faire éclore une fleur du ciel sur ce sol ingrat, le bon Dieu a eu pour agréable la générosité de votre sacrifice ! Vous avez tout donné à votre divin époux, tout, jusqu'à votre vie ; et, en retour, vous n'avez reçu que l'indifférence de ces sauvages, qui ne vous ont pas comprises. — Chères bonnes sœurs, Saint-Joseph Pioneau (1), Saint-Stephen

---

(1 Cette sœur appartenait à une famille de Beaupréau.

O'Brien, Sainte-Béatrice Sannes, des Chérubins, Germaine Einziger, Saint-Thomas d'Aquin Coffey, Saint-Jean O'Gododzle, comme vos noms, ignorés des visiteurs indifférents, ont été éloquents pour moi ! Ils m'ont rappelé les belles cérémonies de profession de votre Maison-Mère. Vous aussi, vous aviez pris part à ces professions ; vous aviez demandé à votre divin époux un apostolat fécond ; et voilà que votre mission s'est achevée en pleine jeunesse sur ce sol maudit ! Vos sœurs elles-mêmes ont abandonné Aden ; et votre dépouille mortelle dort ici, délaissée, dans l'isolement de ce cimetière sauvage, que trouble seul le vol des aigles et des vautours, perchés sur les pics noirâtres du voisinage.

En revenant, nous visitons les citernes d'Aden. Elles s'échelonnent du haut en bas de la montagne ; elles sont immenses. Restaurées par les Anglais, elles se remplissent rarement : tous les quatre ou cinq ans. Bien au-dessus s'élève la tour du silence, sur laquelle les Parsis déposent leurs morts que doivent dévorer les vautours. Il paraît que le cadavre est très vite dépecé par les carnassiers accoutumés à cette lugubre besogne.

Paquebot l'Indus, 7 décembre 1900.

Nous apercevons toujours les côtes sauvages de l'Arabie, derrière lesquelles l'imagination se figure, dans un paysage dur et brûlé, une population fanatique, dévouée à Mahomet et mauvaise pour le chrétien. Aussi ma pensée retourne naturellement au cimetière d'Aden, aux noms des chères sœurs du Bon-Pasteur, qui étaient venues apporter les prémices de leur zèle sur le sol ingrat du Coran. Les six noms trouvés par moi sur les croix du cimetière me reviennent en mémoire et occupent pieusement ma pensée.

Pourquoi, mon Dieu, avez-vous permis que de si généreux dévouements vinssent échouer dans le désert? Elles étaient belles, elles étaient célestement odorantes, ces fleurs du cloître! Mais pourquoi les transplanter dans ce désert sauvage, sur cette terre du désolant mahométisme? Quelques parfums célestes, dans ce vaste monde de corruption, ont-ils donc suffi à votre justice?

Sur l'Océan Indien, 6 heures du soir. — Toute la journée le vent souffle avec violence et fait tanguer le steamer. Jusqu'à midi nous avons vu la côte de l'Arabie à l'horizon. Dans la monotonie du bord, les images d'Aden reviennent à l'esprit : elles se présentent sans ordre, mais bien vives et bien charmantes, comme des tableaux de genre. Tantôt c'est la file de chameaux chargés de café, qui dodelinent de leur tête fine sur la route de Steamer-Point, tantôt c'est un Somali, perché bien haut sur son dromadaire, qui se balance gracieusement, en suivant les mouvements de sa monture. Bêtes et gens produisent, sous un air misérable, des effets extraordinaires de grâce et de noblesse dans leurs mouvements

CHARMEUR DE SERPENTS

QUATRIÈME LETTRE

Bombay, le 12 décembre 1900.

Nous voilà enfin sur le sol de ce vieux monde, dont on rêve dès son enfance et dont plus tard l'imagination se fait des tableaux plus ou moins fantastiques : les Indes ! les grandes Indes ! Après une traversée de dix-sept jours, qui commençait à devenir pénible et à éprouver l'estomac et le caractère, hier, vers une heure du soir, nous avons aperçu à l'horizon une longue ligne de brume : c'était la terre. A cette vue les yeux se fixent malgré eux vers cette ligne, l'esprit, excité par ses souvenirs essaie de deviner la réalité. Lentement, très lentement les détails se mettent en relief : des collines se dessinent, assez rares. Puis des barques se montrent dans une baie immense : elles ressemblent à des enfants plus hardis que les autres : elles s'avancent aussi loin que leur permet leur force de résistance à la mer. Elles sont coquettement balancées par les vagues et font, sur le jaune des eaux, des taches blanches comme des mouettes. Leurs voiles triangulaires, avec la pointe en l'air, donnent à leur marche l'aspect d'un vol d'oiseau. Leur coque est d'une forme qui n'a pas varié, paraît-il, depuis Mahomet. Tout est resté figé dans la routine, au pays du Coran.

L'entrée dans le port de Bombay se fait lentement : les passes sont étroites, et notre steamer a les allures pesantes d'un vaisseau de guerre. La descente des voyageurs est accompagnée du tohu-bohu des grands ports d'Orient. Ce sont des cris assourdissants de gens qui s'agitent dans tous les costumes, voire même dans celui qui n'en est plus guère un. Des charrettes basses, attelées de petits bœufs à bosse, appelés zébus, attendent les gros bagages. Une scène touchante attire mes regards : une orientale de je ne sais quelle race et quelle religion, drapée richement dans de longs voiles qui ne lui cachent pas la figure, descend avec nous de l'*Indus*. Douze ou quinze personnes, habillées comme elle, l'attendaient avec des guirlandes de fleurs. Toutes l'embrassent affectueusement sur l'épaule et lui jettent à l'envi les guirlandes autour du cou. On aurait dit quelque scène biblique, comme le retour d'une Rébecca quelconque.

Du port à l'hôtel la distance est longue : elle le paraît bien davantage à cause des difficultés d'une douane minutieuse, qui ne compte ni avec le temps, ni avec les cris des cochers et les impatiences des voyageurs! Quel aspect bariolé offrent les rues de Bombay! Des gens de toute couleur, de toute race, y pullulent. On dit que c'est la ville qui offre le plus d'échantillons de la race humaine. En tout cas, la pauvre humanité y semble, en général, bien misérable, travaillant durement sous le soleil qui la brûle, au milieu d'arbres dont la splendeur contraste avec l'air chétif des hommes, et dont la végétation variée semble se réserver toutes les douceurs et les facilités de la vie. L'opposition est poignante entre le luxe abondant de la nature inanimée et l'aspect fatigué de la race humaine, qui s'agite ici parmi les lourds travaux.

La première nuit à Bombay a été, non pas reposante, mais étrange, comme un rêve des vieux conteurs orientaux. Tous les bruits imaginables se faisaient entendre. A quatre heures, une voix de femme ou d'enfant s'est mise à entonner, en je ne sais quelle langue, une cantilène très monotone, qui ressemblait à une prière en forme de litanies. Le chantre avait l'art de s'exciter, comme une alouette qui s'élève dans les airs et répète perpétuellement son refrain ; était-ce un hymne au soleil levant ? — Puis ce fut le tour des oiseaux, des corbeaux par milliers, qui logent partout ici. L'Inde est le pays sacré de toutes les bêtes : les Hindous les respectent ; ils ont établi à Bombay un hospice pour les vieux animaux.

Nous commençons nos visites par une excursion à Malabar-Hill. C'est une colline haute de plusieurs centaines de pieds, qui s'avance dans la mer et domine toute la ville. On a du sommet une vue large et pittoresque, qui me rappelle certaines impressions éprouvées à Constantinople sur les hauteurs de Péra, par une belle matinée de juillet. La route, qui conduit à Malabar-Hill, est large, bordée, d'un côté, par les plus belles maisons, d'abord du quartier européen, puis du quartier indien ; de l'autre, par une mer ressemblant à un grand lac. Toute la colline est transformée en une sorte de parc, dans lequel les riches Hindous ont construit des villas aux couleurs fraîches et vives, qui respirent la gaieté. On se croirait, à voir les arbres, les plantes et les fleurs, dans une serre immense d'Europe, dont on aurait enlevé les verres. Et quelle serre! Ni Londres, ni Paris n'en pourraient montrer d'aussi riches. Toutes les variétés de palmiers, de cactus, de cocotiers, etc., s'élèvent au-dessus de fleurs et de plantes d'une variété infinie. Il semble que le bon Dieu ait voulu faire admirer les mille façons dont il peut former et peindre ses plus petits tableaux.

Au-dessus de cette réduction de paradis terrestre, qui ne parle que de joie, un spectacle lugubre arrête nos regards. Des vautours, par centaines, à la tête pelée et repoussante, sont posés en grappes sur des palmiers, qui ont peine à les porter, sur des pans de rochers et sur des tours blanches, sans style, ressemblant à des fours à chaux de notre pays. Quel contraste après la gaieté de la montée! Nous entrons dans l'enclos, qui domine Malabar-Hill. L'horizon est encore plus large et plus varié : il s'étend par-dessus la ville. Les arbres et les fleurs sont encore plus soignés et plus vigoureux que le long du chemin.

Mais les affreux vautours vous inquiètent ; ils sont de plus en plus nombreux ; j'en compte jusqu'à vingt dans un paquet. Ils ont l'air d'être repus. Cependant quelques-uns changent de place ; ils volent lourdement sur les tours. Qu'attendent-ils donc dans ce jardin si embaumé de parfums et si resplendissant de couleurs ? Ils attendent l'heure de leur service : ils sont fonctionnaires de la mort ; ils doivent déchiqueter et dévorer les cadavres de Parsis, qu'un cortège funèbre leur apportera. En effet, au bas de la colline, je rencontre une procession de Parsis en robes et en coiffures blanches, qui suivent un mort porté sur les épaules de quatre hommes également en blanc. Le cadavre est simplement couché sur une planche, sous un voile blanc léger et transparent. Dans un instant il servira de repas funèbre aux vautours.

La religion de ces Parsis me fait rêver et me semble de plus en plus étrange. Elle prêche la résurrection de la chair, la survivance de l'âme ; elle doit même admettre la valeur des prières pour les morts, si j'en crois ce que font les prêtres parsis. Dans le jardin des *tours du silence,* — c'est le nom du lieu — j'entends et je vois même, du dehors, dix de ces prêtres, en robes blanches, qui psalmodient, en chœur, des chants funèbres. Ces chants ressemblent à celui de nos chanoines, quand ils célèbrent l'office sans accompagnement de musique. J'aperçois, par la fenêtre ouverte, un prêtre qui, un voile blanc sur la bouche, tourne autour d'un feu qu'il alimente avec de l'encens ou du bois de santal ; de petits nuages de fumée se dégagent à chaque fois. Pendant ce temps il continue à psalmodier. Je voudrais voir de plus près ; mais mon guide, un Parsi, m'empêche alors de monter sur un banc.

La visite aux tours du silence me laisse une impression d'autant plus durable, qu'elle réveille en moi le désir d'étudier plus à fond ce vieux culte des Parsis encore si vivace ici, où ses adeptes sont les rois du commerce et de toutes les professions libérales. Ils sont peut-être plus de quarante mille, sur un million d'habitants que possède Bombay. Or ils ont, à eux seuls, plus de richesses que tous les autres habitants ensemble. Aussi certains monuments publics portent en sculpture le portrait d'un riche Parsi, fondateur ou bienfaiteur d'une œuvre de charité ou d'instruction. Leur costume sévère, leur bonnet bizarre, de cuir bouilli, en forme de tête de vache sans cornes, les font reconnaître immédiatement.

Mlle Ménan, qui continue l'œuvre de son père, mort membre de l'Institut, promet de donner un ouvrage très documenté sur la religion et le culte des Parsis. Ces gens ne veulent point faire de prosélytisme ; ils restent dans un cercle fermé. — On m'a donné quelques détails sur la cérémonie de leur mariage. Un prêtre met les deux époux face à face et les enroule d'un long peloton de fil, qu'il dévide en chantant des prières. — Mais je renvoie ma curiosité au futur livre de Mlle Ménan (1).

(1) *Les Parsis.*
Legouz nous dit que les Parsis ont abandonné la Perse, leur pays d'origine, lors de la conquête d'Omar, successeur de Mahomet. Ils ont conservé leur couleur blanche parce qu'ils ne se marient qu'avec des personnes de leur nation. Généreux,

Hier soir j'allai visiter le temple hindou d'Eléphanta, dans une île, à une heure et demie de Bombay. La vue de ce temple me jette dans un monde encore plus mystérieux et plus compliqué que celui des Parsis. Son antiquité, son excavation en pleine montagne de pierre dure, ses proportions gigantesques, ses solides piliers, taillés dans le roc vif, ornés de chapiteaux cannelés et agréables à l'œil, ses hauts reliefs énormes, beaux quand même, qui contiennent chacun de nombreux personnages, exécutés pour rendre aux yeux du peuple des faits mythologiques d'une théologie compliquée, et grave cependant, intéressent par les rapports qu'on entrevoit avec la tradition chrétienne : tout, dans ce temple d'Eléphanta, vous fait rêver et penser à la grandeur passée des peuples qui ont habité ce pays. Ces peuples devaient être dans un état de civilisation dont nous n'avons plus les notions suffisantes pour expliquer sa prodigieuse grandeur.

traitables, laborieux, ils sont cependant détestés des Hindous « à cause de leur beauté, de leur adresse et de leur force de corps » dit Legouz. Je crois plutôt que leurs richesses sont la cause principale de cette haine.

Ils croient que Zoroastre, cinq cents ans avant Jésus-Christ, leur a rapporté du ciel, où il avait été enlevé près du trône de Dieu, le feu sacré et leur livre sacré, le Zend-Avesta. Ce livre contient cinq préceptes pour les laïques, onze pour les prêtres, treize pour le grand prêtre. Quant au feu sacré, il ne doit jamais s'éteindre. Il est le symbole du Dieu unique qu'adorent « les Parsis, « être infini et éternel, aimable et adorable en « tout temps et en tout lieu également. — Pour faire leurs « prières, les Parsis doivent se tourner de jour du côté du soleil, « de nuit du côté de la lune, parce que ce sont deux témoins « de la lumière divine, opposée aux diables qui se délectent « dans les ténèbres. »

On a publié bien des études sur Eléphanta. A-t-on interprété les anges qui dominent toutes les scènes des hauts reliefs ? Quel rapport ont ces anges avec ceux de notre foi ? A-t-on trouvé les raisons, naturelles et surnaturelles, de ce que veulent enseigner ces images ou plutôt ces récits en images de pierre ? A-t-on suffisamment montré le côté réellement beau de ces sculptures, le sentiment des personnages ?

Nous parlons toujours de progrès, et semblons vouloir passer pour les inventeurs du monde, depuis 1789. Or, plus nos recherches nous ramènent loin en arrière, plus nous trouvons de constructions humaines qui défient notre imagination et nos explications.

14 *décembre*. — Je rends visite à l'archevêque de Bombay (1). Il est de nationalité allemande Il me fait un accueil cordial et me propose de m'emmener, avec l'archevêque de Bagdad (2), un dominicain, de passage à Bombay, dans une visite à plusieurs communautés de la ville. J'accepte et, l'après-midi, je me rends avec lui chez les jésuites allemands du collège Saint-François-Xavier.

Les Pères ont quatorze cents élèves, tous externes : douze cents dans une maison et deux cents dans l'autre. Ceux de la première maison sont comme les élèves d'Eton : ils se préparent à leur brevet d'immatriculation. Ceux de la seconde se préparent aux divers degrés universitaires, correspondant à ceux d'Oxford et de Cambridge. Les collèges ont été fon-

---

(1) Mgr Théodore Dolhoff D. D. I. T. sacré en 1892.
(2) Mgr Altmayer.

dés, il y a près de quarante ans, sur un terrain donné par l'État, qui a encore fourni la moitié des fonds pour la construction. Aussi les Pères paient-ils *une roupie* (1) de location par an. Les élèves sont en majorité catholiques; cependant il y en a qui appartiennent aux cultes parsi et hindou. Les Pères, qui se louent du gouvernement, blâment pourtant, comme nous faisons en France, la forme étroite et imposée des programmes. Toutes les classes se font en anglais. On nous dit que les jeunes Hindous tendent à faire prévaloir davantage les langues de leur pays. Il paraît que les élèves les plus intelligents sont les brahmines. Un Père nous fait visiter les cabinets de chimie, de physique et d'histoire naturelle. qui, pour un ignorant comme moi, semblent sur le modèle de ceux que l'on voit en Europe. Leur curiosité vient de ce qu'ils soient faits pour des enfants hindous, pour des frères de ces pauvres hères sans vêtements, qui se promènent indolents dans les rues de Bombay.

Le soir, à 8 heures, je vais dîner au palais de Malabar-Hill-Point, chez le gouverneur, lord Northcote, qui, à cause de mes relations avec lord Lytton, avait eu l'obligeance de m'inviter dès son retour d'une inspection dans sa province. M. Chailley (2) était également invité. A sept heures et demie, une victoria, attelée de deux chevaux arabes fringants et conduite par un cocher en grand costume turc, accompagné lui-même d'un valet de pied, nous mène au palais.

(1) La roupie vaut à peu près 2 fr. 50.
(2) M. Chailley était venu aux Indes pour faire des études sur la colonisation anglaise. Sa science aimable et son obligeance avaient fait le plus grand charme de la traversée.

Ma prélature fut traitée avec une courtoisie parfaite. Je me serais cru dans une famille angevine. Je fus gracieusement invité par lord Northcote à bénir la table. Pendant ce temps, les quinze assistants étaient debout, la tête penchée respectueusement. Lady Northcote, une Canadienne, rivalisait d'amabilité avec son mari, pour m'être agréable. Du reste, je ne puis imaginer salon français où j'aurais été l'objet de plus de prévenance que dans cette maison. Je fus particulièrement enchanté de ma conversation avec lord et lady Northcote, ainsi qu'avec lord et lady Jersey, alors les hôtes du gouverneur. Nous parlâmes beaucoup des différences de l'éducation anglaise et de l'éducation française. Lady Jersey prétendait que ses jeunes compatriotes étaient plus lourds que les miens. Je protestai, en disant que les siens se développaient, tout en jouant, et se faisaient une instruction étonnante, rien qu'en regardant marcher et vivre le monde autour d'eux, et qu'ils étaient, plus que les miens, de bons élèves de l'expérience des choses.

Parmi les convives anglais, un seul était catholique, M. G***, officier d'ordonnance de lord Northcote. Par sa valeur personnelle, il en valait bien dix autres. Du reste, lady Northcote prenait plaisir à me répéter qu'elle n'avait jamais rencontré jeune homme aussi accompli, ayant tous les talents et semblant l'ignorer. « C'est un saint », me disait-elle. J'ai moi-même été ravi de mes relations avec lui. Un catholique parfait, dans une situation comme la sienne, est une prédication vivante, dont l'influence est bienfaisante autour de lui.

Au retour, notre cocher arrêta notre voiture devant

la porte ouverte du cimetière musulman et hindou. Il était onze heures du soir et il faisait nuit noire. Nous entrâmes. Une centaine d'Hindous, aux figures noires ou jaunes, sommairement vêtus de leurs guenilles, allaient et venaient en silence, éclairés par des torches de bois résineux qui faisaient ressortir leurs traits sauvages dans l'obscurité de la nuit. Les uns achetaient du bois à un vendeur assis dans un misérable bureau ; d'autres le pesaient à une sorte de bascule très primitive. Ce bois était long et lourd : on aurait dit des madriers pour échafaudage. Quand la pesée était faite, les acheteurs, c'est-à-dire, les membres de la famille d'un défunt, emportaient les morceaux de bois près du corps de leur parent pour construire son bûcher. Je suppose que les bûchers sont plus ou moins appréciés, suivant la quantité du bois acheté, c'est-à-dire, suivant la richesse ou la piété de la famille. Nous aurions voulu pénétrer là où entraient les porteurs et où l'on apercevait de grandes lueurs ; mais un gardien, à l'air farouche, grommelait déjà parce que nous étions entrés. Il est vrai que, notre cocher lui ayant expliqué que nous étions de grands personnages, revenant de chez le gouverneur, il devint presque souriant et porta la main à sa tête en signe de respect. Pendant ce temps, à vingt ou trente mètres, dans une mosquée, je suppose, se faisaient entendre des cris horribles, poussés par des Musulmans. Était-ce des prières ? Était-ce des pleurs ? En tout cas, ces cris faisaient un accompagnement à souhait pour la scène shakespearienne à laquelle nous assistions.

La doctrine religieuse des peuples se traduit dans

les rites funèbres dont ils accompagnent la mort. Les Egyptiens, les Grecs, les Romains et les Arabes ont respecté les corps d'où l'âme s'est envolée, sans doute avec la croyance qu'un jour la réunion se referait pour une vie éternelle. Ils ont érigé à leurs rois, à leurs grands hommes, à leurs saints ou à leurs parents des tombeaux qui sont souvent des monuments. Les Chinois ont également honoré les cadavres de leurs parents. L'Hindou qui croit au panthéisme, au retour de l'âme dans l'être divin où elle doit s'abîmer, méprise le corps comme une guenille ; il le fait disparaître. Aussitôt que l'âme l'a quitté il le livre aux flammes. Ainsi les vieilles doctrines du Brahmanisme se perpétuent dans cette crémation, qui semble si étrange aux autres nations.

Pour nous autres Européens c'est un spectacle singulier : autour d'un cadavre enveloppé de bandelettes des ministres du culte chantent de vieilles prières qu'ils ne comprennent plus ; les parents du mort, drapés dans leurs manteaux, se tiennent immobiles comme des statues, l'œil sec, et regardent les flammes qui dévorent leur père, leur mère ou leur enfant. Ils semblent pressés de faire disparaître l'enveloppe mortelle devenue inutile à l'âme chérie qui l'a habitée, comme s'ils voulaient effacer toute trace matérielle de cette divine exilée sur la terre.

CINQUIÈME LETTRE

15 *décembre* 1900.

Je sors d'une visite à un établissement d'instruction tenu par des Sœurs du Canada, dont la maison-mère est à Lyon, en face de la basilique de Fourvières. La supérieure nous fait un tableau très vivant de ses classes et de ses élèves. Elle nous peint l'abus traditionnel de la domesticité chez les Hindous, qui veulent tous se faire servir. Au fond, ils méprisent ceux qui travaillent. On dirait que ce mépris vient de quelques vieux restes d'une tradition primitive. A cause de cela, les religieuses ne peuvent avoir de sœurs converses : les domestiques hindoues, qui les verraient travailler, les mépriseraient. Quand le cuisinier va au marché, s'il achète une livre de café, il ne l'apporte pas lui-même, il la fait apporter derrière lui par un coolis (1). La moindre petite fille, à peine vêtue et

---

(1) Le coolis est le serviteur, l'homme de peine, le laboureur que l'on loue à la journée.

pauvre, quand elle vient à l'école, se fait suivre d'un autre enfant encore plus pauvre, qui porte solennellement le livre et l'ardoise.

Le plus misérable *guenillon* veut être suivi de son *guenillon*. La Mère demande à l'enfant pourquoi elle ne porte pas elle-même son livre ou son panier; l'enfant, tout étonnée, de répondre sérieusement : « J'ai mon *boy* (1), qui le porte. » — Lady Northcote me disait que sa femme de chambre recevait d'une autre femme de chambre la robe qu'elle présentait à sa maîtresse. Chaque chien, chaque cheval de la Résidence a son domestique. Notre *boy*, Cheik Imann, appelle un domestique pour vider l'eau sale de nos cuvettes. Je n'ai jamais eu tant de gens à mon service que depuis que je suis aux Indes, et je n'ai jamais été si mal servi.

Je suis vivement intéressé par les récits que l'on me fait sur les prêtres goanais et sur les beaux noms de famille des plus pauvres gens : de Silva, de Saldana, etc., etc. : tous grands noms portugais, portés par les Hindous venus de Goa pour travailler à Bombay, depuis que leur patrie est ruinée. — On prétend que, malgré ce qu'ils disent, ils n'ont de portugais que le nom. On donne cette explication : quand saint François-Xavier est venu à Goa, il a dû baptiser en foule les Hindous, sans s'inquiéter du nom de famille, qui n'existait peut-être même pas. Il donnait aux enfants baptisés le nom d'un saint, leur patron, et le nom de leur parrain ou de leur marraine, qui étaient Portugais et le plus souvent de la meilleure aristocratie.

(1) Le *boy* aux Indes est le domestique.

Quant au clergé goanais, on nous dit qu'il a été longtemps très ignorant et très abaissé. Chaque famille goanaise voulait avoir un prêtre parmi ses membres. On avait ordonné un trop grand nombre de prêtres ne sachant rien, dépourvus de fonctions. Les familles pauvres avaient compté sur l'enfant prêtre pour subvenir aux besoins de leur misère ou de leur fainéantise. Souvent on voyait un homme, habillé comme les autres, allant pieds nus ; le lendemain il paraissait en soutane et montant à l'autel. Les évêques de Goa ont commencé à remédier à ces abus et à se montrer plus sévères pour les ordinations. Aussi j'ai rencontré nombre de prêtres goanais d'une grande piété et d'un zèle très édifiant.

SIXIÈME ET SEPTIÈME LETTRES

Abu-Road, 17 *décembre* 1900.

Partis hier soir de Bombay, à neuf heures, nous sommes arrivés ici à cinq heures du soir. Le réveil s'est fait ce matin dans un paysage qui me rappelait certains coins de la vallée de la Loire : de riches cultures, des arbres au milieu des champs, couverts de feuilles très vertes. Par-ci, par-là, des troncs énormes, aux longues branches desséchées, pour rappeler que, dans cette surabondance de vie, la mort conserve toujours ses droits. Des champs mal délimités, desservis par des chemins sans aucun entretien, bordés quelquefois de haies de cactus, annoncent, par la vigueur des herbes et des arbustes, la richesse d'une terre profonde, imprégnée d'humidité pendant les mois de juin, de juillet et d'août. La pluie commence le 15 juin et finit le 15 septembre; elle tombe en plus grande quantité qu'en tout autre pays du monde. Après cette continuité de pluies, le soleil, qui échauffe la terre et lui fait rendre une partie de ce qu'elle a reçu, forme comme un immense bain de vapeur, très fatigant pour les Européens.

Le long de la route parcourue de Bombay à Abu-Road la terre est noirâtre, ou plutôt couleur de charrée ou cendre de lessive. Que de ravissants tableaux vus au passage depuis ce matin! D'abord les premiers feux du jour rougissent doucement les larges troncs des arbres, ou filtrent en mille jets nuancés à travers les feuilles. A un moment, la lumière sur le gazon donne à l'herbe l'aspect du duvet des poulets à peine éclos : ce sont des nuances d'un jaune très délicat. — Les champs sont presque tous possesseurs d'un petit abri de paille, monté sur quatre pieds, à une ou deux couvertures superposées. Ceci me rappelle l'abri des gens qui, en Palestine, gardent les plantations de concombres. Cependant l'abri des champs hindous est plus petit. Il sert au gardien des moissons.

Un enfant ou un jeune homme perché sur le toit de chaume regarde vers l'horizon de son champ. Si quelque bande d'oiseaux s'approche, il frappe dans ses mains, crie de toutes ses forces pour effrayer les maraudeurs ailés. Il se gardera bien d'user d'armes à feu; car il n'est pas permis de tuer des animaux. La religion le défend. Aussi les oiseaux s'enhardissent. S'ils s'éloignent au premier bruit, ils reviennent très vite, en bandes nombreuses et dévorent les semences du paysan débonnaire.

Les corbeaux pullulent dans les plaines de l'Inde. Leur cri sinistre, peut-être plus triste que dans d'autres pays, semble au voyageur refléter la tristesse du pauvre paria. Puis leurs habitudes vous reviennent en mémoire et vous font une impression mélancolique. Ils vivent de corps morts : aux Indes ils remplissent les fonctions de la voirie. Ils dévorent les petits animaux qui sont tombés de vieillesse ou de maladies. Plus qu'ailleurs s'attache à ces oiseaux l'idée de destruction et de mort. Comme ils abondent dans les campagnes cultivées et dans les arbres des villes, ils contribuent beaucoup à vous donner une certaine mélancolie qui ne vous quitte guère dans ce pays où l'homme semble si malheureux.

L'abondance des animaux, le respect religieux dont on les entoure, leur familiarité avec les hommes leur ont donné une place importante dans l'imagination et par là dans la littérature des Hindous. Ils sont l'objet de poèmes et de romans nombreux. Je ne sais si les contes de nos fabulistes ont réellement leur origine dans les Indes. Mais certainement les Indes étaient un pays prédestiné à la littérature qui chante les faits et gestes des animaux. L'éléphant, le singe, le bœuf, le serpent y sont sacrés. Le chacal y vit en troupe. Dans les palais des rajahs, dans les temples des dieux on voit souvent mêlés ensemble bêtes et gens. Personne ne s'avise de frapper le paon, le singe ou la vache qui se promènent dans les parvis ou dans les cours. La gent animale, de par la métempsychose, recueille les âmes des défunts.

Il faut la respecter. Ses actions plus raisonnables qu'elles ne paraissent au vulgaire, sont dignes d'être chantées. Les poètes hindous l'ont bien compris, eux qui ont célébré tous les animaux et qui ont tiré de leur vie des chefs-d'œuvre de naïveté que l'on admire encore

De temps en temps, des troupeaux de chèvres, de buffles, d'ânes, de vaches, animent la campagne. Je remarque que chaque troupeau n'a qu'une espèce d'animaux. Les oiseaux, en abondance et de tout ramage, égaient la route ; les uns sont perchés sur les fils du télégraphe ; d'autres sur les arbres ; d'autres en troupe pillent la moisson du pauvre laboureur. Je ne connais l'espèce que d'un petit nombre, comme des colombes, des paons, des huppes. Mais la variété est innombrable. Et que de jolies couleurs ! — Des bandes de singes s'ébattent dans les arbres ou sur les talus des champs. Quelques-uns sont gros comme des chiens de garde. A ce propos, je me rappelle ce que me racontait un Grec, M. Damala, qui habite l'Inde depuis six ans. Il se trouvait dans la campagne, où un grand singe venait, toutes les nuits, découvrir en partie sa maison ; il n'osait pas tuer l'animal, de peur se susciter une affaire avec les habitants. Il se contentait, après chaque désastre, de remettre les tuiles en place. A la fin, il s'avisa de couvrir le toit avec des épines. Quand le singe revint, il se piqua, et ne reparut plus. M. Damala avait ainsi évité de tuer un animal qui, aux yeux des Hindous, possédait peut-être l'âme d'un ancêtre.

Les PP. Jésuites me disent que l'Hindou, pour cette raison de théologie enfantine de la migration des âmes, ne tue ni chats, ni rats, ni souris. Quelques-uns respectent jusqu'aux poux et aux puces qu'ils se contentent de jeter loin d'eux. L'Inde est réellement le paradis des bêtes, et trop souvent l'enfer des pauvres humains. Quand on dérange les notions chrétiennes de l'univers, c'est l'homme qui en souffre. L'Européen n'a point entamé l'âme de l'Hindou, depuis trois cents ans qu'il la travaille. L'Hindou est toujours aussi aveuglément plongé dans ses superstitions, dans ses mille pratiques, les unes sauvages, les autres d'une poésie touchante.

Hier soir, avant de quitter Bombay, j'allai m'asseoir sur le bord de la mer, pour voir le soleil se coucher dans les flots. Deux hommes, à turban de soie en forme de petit croissant, vêtus assez richement d'une jaquette et d'une robe blanche, vinrent pour s'installer près de moi. Le plus jeune, qui pouvait avoir trente ans, s'éloigna à vingt mètres, tout près de l'eau. Il sortit de son sein un mouchoir enveloppant quelque chose ; je crus que c'était du linge pour se baigner. Mais il prenait et dénouait ce mouchoir avec un respect qui m'étonnait. Il attendit une grosse vague, dans laquelle il jeta ce que contenait le mouchoir. Puis il joignit les mains, sembla murmurer une prière, prit de l'eau pour s'en frotter le visage, et resta respectueusement, pendant cinq ou six minutes, les yeux fixés sur ce qu'il avait jeté, attendant que les vagues montantes vinssent l'emporter. Quand l'eau eut en effet entraîné l'objet mystérieux, il vint s'asseoir près de son compagnon. Je ne résistai pas à satisfaire ma curiosité : je demandai à l'Hindou une explication de ce qu'il venait de faire.

« J'ai, dit-il, jeté à la mer les fleurs que j'avais offertes
« à Dieu, hier, dans ma maison. Il n'est pas conve-
« nable que ces restes, devenus sacrés par l'offrande,
« soient laissés dans la rue et foulés par le pied des
« hommes. » — « Mais, lui dis-je, là où il n'y a pas
« de mer, comment fait-on ? » — « On jette les fleurs
« dans l'eau des puits ou des fontaines. » Il m'apprit
qu'il était Hindou, de la secte des Banyans. Né à
Surat, il avait appris l'anglais à l'école de la Mission.
Maintenant il avait une bonne place de fonctionnaire
dans la douane de Bombay.

Les sectes des Hindous sont innombrables ; elles
se distinguent par la pratique de cérémonies, d'usages
particuliers. Extérieurement elles se font reconnaître
par des marques imprimées sur le front : marques
rouges, jaunes, bleues, les unes perpendiculaires,
d'autres horizontales, d'autres en forme de points
rouges, quelques-unes en lettres mystérieuses ; certains Hindous portent comme une petite page
d'écriture sur le front. Mais mon ignorance m'empêche
de déchiffrer ces archives vivantes et ambulantes.

Ce matin, j'aborde un jeune Parsi de vingt ans, à
l'air ouvert et intelligent. Je lui demande quelques
notions sur son culte. « Quand l'enfant a une dizaine
« d'années, me dit-il, le prêtre lui remet une sorte
« de chemisette blanche venant au-dessous de la cein-
« ture, retenue par plusieurs cordelettes légères. »
Je vis la robe et les cordelettes ; mais je ne pus comprendre leur symbolisme. Je me renvoie encore moi-
même au livre futur de Mlle Ménan.

A Abu-Road, je trouve M. Pereira, docteur-méde-
cin C'est un indigène, mais le meilleur catholique de

l'endroit. Il m'avait retenu une chambre, et disposé les choses nécessaires pour la visite des temples. Il m'apprend que pendant six mois la famine, dans le district qu'il dessert, a fait mourir chaque jour plus de cinquante personnes Quatre hommes étaient attachés à son service pour les enterrements. Comme il a plu, cette année, en juillet, août et septembre, la famine a cessé ; mais les fièvres s'emparent des pauvres gens, qui n'ont plus que les os et la peau. La faiblesse est telle qu'au bout de deux ou trois jours de fièvre les malades succombent. Il y a dans le petit hôpital d'Abu-Road plus de deux cents fiévreux. Les fièvres ne touchent point aux riches, qui, par un contraste pénible, sont presque tous gras à lard. Mais quel spectacle lamentable que celui de ces pauvres squelettes ambulants, qui assurément ne pourraient fournir en toute leur personne une livre de graisse! Quels fuseaux que leurs jambes, qui sortent, longues et sèches, de sous leurs pauvres guenilles!

J'ai visité le petit bazar d'Abu-Road ; il est, en réduction minuscule, l'image de celui de Bombay, dépourvu d'objets intéressants, curieux seulement par les différences qu'il présente avec nos marchés européens. Parmi les vendeurs de menues choses, trois ou quatre jeunes filles se distinguent par les bagues, les pièces de monnaie, les anneaux d'argent qu'elles portent au nez, aux oreilles, aux bras, aux doigts de pied. Les pauvres filles! elles ont beau orner la statue, elles ne la font ni plus belle, ni plus attrayante qu'elle n'était dans sa simplicité.

Ma chambre à coucher pour cette nuit (et on me traite en privilégié), est une petite salle d'attente de la station. J'aurai pour lit un sopha en bois cannelé, sans draps, ni couvertures. Une espèce de *mameluk*, à l'air plus rébarbatif que la réalité, me sert de domestique. Que nous sommes loin des douceurs du *home angevin* !

Je rêve, en dormant, à ces pauvres affamés que m'a dépeints le docteur. Ils s'en allaient d'un village à l'autre, poussés par la faim, habituellement le long de la ligne du chemin de fer, dans l'espoir vague d'attendrir le cœur des Européens qui passeraient, et qui peut-être, touchés par leur air hâve et décharné, leur jetteraient quelques *annas*. — L'anna vaut dix centimes. — Ils tombaient le long de la route, quand ils avaient épuisé le reste de leurs forces ; puis ils mouraient. Souvent les oiseaux ou les bêtes féroces les dévoraient avant qu'ils eussent expiré. Le récit du docteur était lamentable et empreint de la pitié d'un cœur très bon qui a vu les grandes souffrances de tout un peuple. Il nous raconta avec attendrissement les sublimes charités du missionnaire catholique qui l'aidait, et qui baptisait les nombreux enfants sur le point de mourir. Sa voix donnait encore l'impression de visions horribles revenant pendant de longs jours. Elle arrachait les larmes.

18 *décembre, minuit.* Je descends du mont Abu, où se trouvent des temples hindous d'une splendeur et d'une richesse d'architecture uniques dans l'Inde. Après avoir quitté la station d'Abu-Road, à cinq heures du matin, traîné dans un *rickshaw* par des coolies, je fis une ascension de six heures sur les pentes d'une montagne, haute de douze cents mètres. L'aurore était douce aux regards, et charmante pour

l'esprit ami des beaux spectacles que Dieu a ménagés dans ses grandes œuvres. La jungle, qui couvre les flancs de la montagne, était animée d'oiseaux de toutes couleurs et de petits animaux, tels que : écureuils, rats, lézards variés. Il paraît que les tigres et les ours habitent ces parages. Le sommet change complètement d'aspect ; des roches énormes, noires, ayant l'air d'avoir été rejetées par des volcans, dressent leurs dos arrondis en forme de figures monstrueuses.

Abu est un gros village, perché sur la montagne, possédant toute l'administration du district. Aussi voit-on de belles maisons, dont les entrées sont couvertes de berceaux de fleurs roses ou jaunes. Un petit lac s'aperçoit de mon hôtel. Malgré la population assez nombreuse, il règne un silence de tombeau dans Abu et ses environs.

Un cheval me conduit, à deux milles de là, aux vieux temples des Jaïns, secte considérable des Hindous. Ces temples furent construits par deux frères, mille ou douze cents ans avant Jésus-Christ. Ils communiquent ensemble et n'ont qu'une entrée commune. La description m'en est impossible. A l'extérieur, ils présentent un aspect de forteresse Trois dômes, plus élevés que les autres, dont deux couvrent la *cella* du principal Bouddha, rappellent les dômes de nos plus riches églises. — Puis l'on voit une série de petits dômes en longue file, tout le long des murailles extérieures. A l'intérieur, les piliers et les voûtes, en marbre blanc, sont sculptés et fouillés dans toutes leurs parties. Ils n'ont pas, je pense, une surface de deux pouces qui n'ait été travaillée par le ciseau du sculpteur, ou plutôt des sculpteurs ; car il a fallu la vie de bien des hommes pour achever ce travail immense de dentelle en pierre. Les ornements géométriques alternent avec des personnages finement modelés, qui tous jouent des rôles, exécutent des danses ou des combats. L'Inde est le pays de la patience. Les temples d'Abu sont un des témoignages les plus éloquents de la patience infatigable de ses anciens artistes. Une soixantaine de chapelles, au moins, sont établies tout autour des temples. Dans chacune est assis un Bouddha ; sur les montants de la porte quelques scènes de sa vie sont écrites en marbre. On nous refuse d'entrer dans les deux *cellas* principales, au fond desquelles on aperçoit à peine, par la porte, seule ouverture, de gros bouddhas aux yeux brillants d'émeraudes, chargés de pierres précieuses. Quel peuple unique que ces Hindous, qui, dans leur misère, trouvent le moyen de dresser des chefs-d'œuvre incomparables à leurs idoles !

Ces deux temples d'Abu s'appellent temples de *Dilwarra*. A cinq milles plus loin, dans la montagne, on en trouve d'autres, plus anciens, la plupart en ruines. Le premier, *Achilghar*, conserve encore des parties très curieuses, couvertes de sculptures, moins achevées que celles de *Dilwarra*, mais non moins intéressantes, parce qu'elles sont plus vieilles. On remarque un bœuf en cuivre, d'une belle stature, des peintures représentant des seigneurs à cheval. Les chapelles ne contiennent plus des bouddhas, comme à *Dilwarra*, mais le fameux *lingam*, que l'on trouve dans les plus vieux temples. Devant les ruines d'*Achil-*

ghar, se voit un étang, très connu, paraît-il, dans la Mythologie hindoue. — Il est entouré de restes de constructions en pierre noire. Au centre s'élèvent encore les piles d'un pont, à l'entrée duquel se dressent trois bœufs et un personnage, sculptés en pierre, d'une belle facture.

Il faisait déjà noir quand nous quittâmes Abu ; et nous ne devions arriver à la station d'Abu-Road que le matin. La nuit dans la jungle donne des impressions bien particulières. Tandis que les villes sommeillent et que les campagnes ordinaires, cultivées le jour par le laboureur, se reposent silencieuses, les êtres qui habitent la jungle, lions, panthères, tigres, oiseaux de proie, se mettent en chasse : ils ont dormi pendant le jour ; le beau soleil n'est point fait pour leurs yeux. Mais aussitôt que tombent les ténèbres leurs sens engourdis s'éveillent, leurs regards s'aiguisent ; ils sortent de leur retraite. Les uns courent à travers la forêt, d'autres se mettent à l'affût, guettant la proie qui passe. Que d'yeux tendus de bêtes farouches dans cette jungle de l'Himalaya que nous traversons !

C'est ainsi depuis l'origine du monde dans ces forêts vierges, que l'homme n'a point encore travaillées ; la chasse des fauves s'y fait chaque nuit et toujours de la même façon. Les lions, les serpents et les vautours emploient les mêmes industries pour attraper leur butin. Les procédés éternels de leur férocité ont quelque chose d'effrayant. Cependant sont-ils plus cruels que ceux de l'homme, qui perfectionne indéfiniment l'art de faire la guerre à son voisin et de détruire ses ennemis ?

Le seul bruit de la jungle vient des insectes qui remuent et dont la petitesse n'a rien à craindre des fauves. C'est un bruit léger de feuilles qui se froissent, de brins d'herbes qui se brisent, peut-être de petits êtres qui se battent eux aussi sous les feuilles pour la conquête d'une mouche ou d'un ver. Il y a des brigands de nuit dans ce petit monde comme dans le grand.

Les ténèbres de la nuit aux Indes sont très profondes.

Plus qu'ailleurs l'esprit est attiré vers des choses qu'on ne voit point, mais qui se laissent soupçonner. Quand l'imagination est avivée par l'obscurité, elle se représente facilement mille choses plus grandes que nature.

Puis aux Indes le parfum des plantes, développé par la chaleur, vous excite alors que vous ne voyez rien : vous vous demandez d'où viennent ces odeurs. Pendant cette nuit, où j'ai descendu les pentes de l'Himalaya à travers la jungle, j'ai ressenti des émotions bien étranges mais très agréables : il me semblait que j'étais dans un monde plus rapproché de Dieu que nos campagnes, puisque la main de l'homme n'y avait modifié en rien l'œuvre du créateur. La nature a gardé dans ces forêts vierges toute la puissance sauvage des siècles passés. La culture ne l'a ni adoucie, ni civilisée.

Nous avons fait dans la journée 65 kilomètres en rickschaw. Au bas de la montagne, enveloppée alors d'une brume froide, je m'arrêtai devant une sorte de hutte en terre, dans laquelle huit indigènes, rangés autour d'un bon feu, chantaient au milieu de la fumée, en s'accompagnant d'instruments des plus primitifs. Mes porteurs et les chanteurs furent ravis que Saheb voulût bien honorer de sa visite la cabane enfumée et s'asseoir à côté des artistes. Leur sourire découvrait leurs belles dents blanches, qui ressortaient singulièrement sur le noir de leur visage. Leurs yeux brillaient de joie, à l'éclat du foyer. Mais je ne pus, à cause de la fumée, jouir bien longtemps de leur hospitalité.

20 *décembre*. — Hier je m'arrêtai à Ajmere, pour visiter les sœurs angevines de l'Esvière. Je les trouvai installées dans un couvent presque confortable pour l'Orient. De grandes pièces, très hautes, servent à tous les exercices communs. Le joli costume angevin ne détonne pas, par ses couleurs voyantes, sur le costume bariolé, mais si pittoresque, des indigènes. Ce fut une grande joie pour les bonnes sœurs de voir quelqu'un du pays de la maison-mère ; et moi-même je fus très ému de ma visite et de l'accueil qu'on me fit. L'œuvre de ces pieuses filles est admirable, mais très dur : élever des enfants hindous dans une langue qu'elles-mêmes doivent apprendre tout d'abord. Il faut une force de volonté peu ordinaire. Or le climat des Indes débilite et affaiblit la volonté tout autant que le corps. Le simple voyageur s'aperçoit vite de cette diminution d'énergie. Les pauvres sœurs ont été bien éprouvées ; depuis cinq ans qu'elles sont aux Indes, elles ont perdu sept compagnes, enlevées en quelques jours par les fièvres. Je leur ai doucement reproché de trop travailler et de ne pas assez donner de repos à la nature. Pendant la famine,

elles ont recueilli un grand nombre d'enfants. Comme me disait le Père capucin qui m'accompagnait : « Le temps de la famine est le temps de la moisson spirituelle. Les sœurs ont baptisé par milliers des enfants sur le point de mourir ; et les chers petits anges s'en allaient directement en paradis. »

Le Père me fit, à son tour, un tableau lamentable de la famine : On les voyait, disait-il, ces pauvres gens, quittant leurs villages, avec leurs animaux qu'ils poussaient devant eux, allant à la recherche d'un pays où ils pussent trouver à manger. Mais la famine était partout ; ils épuisaient leurs économies ; ils vendaient leurs moutons, leurs chevaux pour quatre ou cinq roupies, puis *bullock* (leur bœuf) pour deux roupies — pas le prix de sa peau. — A la fin ils abandonnaient leurs enfants et ils mouraient. »

Actuellement beaucoup d'orphelins recueillis par les sœurs, anémiés par les souffrances endurées, sont minés par les fièvres. J'en ai vu cinq qui allaient mourir. Leur pauvre petit corps a perdu toute énergie, à force de souffrir et de se mal nourrir. Quelques enfants valides étaient occupés à moudre le blé et les graines de millet entre des meules de pierre. — Le long des rues de la ville on entend toute la journée le bruit des meules, que font tourner les femmes et les enfants pour préparer la nourriture des familles.

Ajmere est une vieille ville musulmane, qui possède des mosquées très fréquentées autrefois. Les Anglais y ont établi de grandes usines pour le matériel des chemins de fer. Dans le voisinage, ils ont fondé un splendide collège de marbre blanc, en style du pays, pour les fils des Rajahs. Les différents États ont construit tout autour de petites villas ou palais, dans lesquels demeurent les princes écoliers. Le collège porte le nom de Mayo, du nom même d'un vice-roi assassiné, qui le premier avait eu l'idée de ce genre d'établissement.

Jeypore, 20 décembre. — Je suis dans la ville *rose* des Indes, qui possède un rajah puissant, surveillé cependant par un résident anglais. L'aspect est unique : les rues principales, larges comme les boulevards à Paris, sont bordées de très hautes maisons ou de monuments publics peints en rose avec des dessins blancs. L'ensemble produit un effet qui me rappelle certains coins de notre Exposition de 1900.

Les vieilles pagodes hindoues, aux clochers surchargés d'ampoules superposées, dominent les maisons. Au centre des rues se dressent de petits autels, où les bouddhas ont leurs *cellas* remplies de fleurs déposées le matin. Dans la plupart des pagodes les Hindous seuls peuvent entrer, nu-pieds. Cependant on nous permet d'entrer dans une, où *Parvati*, habillée richement, occupe la *cella* du centre et reçoit force fleurs, graines de millet ou autres. Une femme lui apporte devant nous des graines sur un balai et les jette aux pieds de la statue. Un gros *Ganesh* semble, après *Parvati*, avoir les préférences des visiteurs. Pauvres Hindous! quelle conception bizarre ils ont de la divinité! Quand ils ont achevé leur prière, ils font tinter les cloches; il y en a quatre suspendues dans cette pagode.

On nous parle beaucoup des castes. L'Hindou invite toute sa caste à ses noces. Aussi est-ce une occasion de ruine. Car les Hindous aiment les voyages : les trains toujours bondés en font foi. — Ils viennent donc de très loin pour assister au mariage ou aux funérailles d'un homme de la caste. Ainsi les funérailles mangent ce que le défunt avait amassé.

Je visite un atelier de tapis. Des centaines d'enfants travaillent ; ils ajustent les fils d'après les indications d'un camarade plus grand, qui, les yeux fixés sur un dessin en papier, crie à tous la couleur qu'il faut mettre, le point qu'il faut faire actuellement. Tous les travailleurs répètent le cri indicateur, et exécutent fidèlement ce qui est dit. Ces enfants doivent être bien intelligents, si j'en juge d'après leur mine futée et leurs jolis travaux.

Je visitai le palais du rajah, ses étables, les crocodiles de son étang. Du dehors on dirait un ensemble de palais séparés, très brillants de loin, à cause du marbre et des dessins roses, jaunes et blancs, qui couvrent les murs. A l'intérieur, on est choqué du désordre, de la saleté des oiseaux qui pénètrent partout, et du mauvais goût de l'aménagement qui rappelle certains déballages de *rossignols* parisiens.

Les chevaux, par contre, sont superbes et choisis avec soin parmi les meilleures races d'Orient. A Jeypore, on rencontre des hommes à cheval, à chameau, à éléphant, même à dos de bœuf. Je n'avais encore rien vu de si bizarrement animé dans sa variété que les rues de cette ville, ce matin, à 10 heures. Trois fakirs, dans un carrefour, avec des figures d'hommes à idée fixe, les cheveux descendant jusqu'à la ceinture, chantaient, assis, en s'accompagnant d'instruments à cordes. Les gens, en nous voyant nous arrê-

PALAIS D'AMBÈRE

ter, firent cercle autour de nous. Bientôt nous étions le point de mire de plusieurs centaines d'yeux, bien noirs, curieux de deviner, je pense, comment, étant habillés en européens, nous pourrions nous intéresser à ces fakirs.

Visite à un Angevin capucin, le P. Chéné, de la Poitevinière. J'ai vu réunis chez lui une dizaine d'enfants de 10 à 17 ans, qu'il veut préparer au sacerdoce, et, s'ils ne sont pas assez intelligents, au rôle de catéchiste. C'est une belle idée et une noble occupation. La plupart de ces enfants sont orphelins. On me signale le plus intelligent, fils d'un Anglais marié à une indigène. Le Père Chéné est là depuis 10 ans. Il n'a que peu de fidèles. Cependant, il ne se plaint pas, et ne regrette pas sa Poitevinière : le bon Dieu est avec lui.

22 décembre. — Hier le P. Chéné me conduisit au vieux palais d'Ambère, où habitèrent les maharajahs jusqu'en 1730, époque à laquelle le prince d'alors, un astronome remarquable, quitta sa capitale pour Jeypore, afin, dit-on, de créer une ville mieux orientée selon les données de sa science et plus commode pour ses études. Certains m'ont affirmé qu'il voulait spéculer sur les terrains, comme un vulgaire agioteur ; car les habitants suivirent la cour. En tout cas, il fit une ville unique aux Indes pour la largeur de ses rues, et unique au monde pour le beau rose de ses maisons. — Les monuments publics, comme l'école des arts, le collège du rajah, sont d'un aspect ravissant, tant les détails de sculpture sont multipliés avec goût.

Le palais d'Ambère est posé comme un nid de vautours, au-dessus de la vieille ville en ruines, où dominent encore quelques tours de temples hindous, au-dessus également d'un grand lac, que retient une chaussée chargée de jolis petits kiosques. Il est dominé lui-même, à quelque distance, par le fort où se trouvait le trésor de l'État, transporté à Jeypore. Il possède des salles en marqueterie, destinées aux femmes du maharajah, et jouissant d'une vue splendide sur le lac et la vallée. Elles sont ornées du haut en bas et au plafond ; les unes, de fleurs incrustées dans le marbre ; d'autres, de dessins représentant des scènes de la mythologie hindoue ; d'autres, de milliers de petits morceaux de verre formant glace, si bien qu'on voit sa figure réfléchie à l'infini, comme dans le palais des glaces de l'Exposition. Quelques-unes de ces glaces, plus grandes que les autres, contiennent au milieu une fleur. Les dessins de fleurs sont du reste ce qu'il y a de plus séduisant ; ils sont encore très frais. La grande salle du Conseil, avec ses piliers en marbre sculpté, est digne des chambres. La base des murs et les plinthes en marbre ont des branches de lis sculptées en pleine pierre. Ce palais témoigne du goût le plus délicat, qui, cependant, n'est point d'importation européenne. Les vieux Hindous savaient goûter la poétique beauté de la fleur, la fraîcheur de ses couleurs, le charme de son port si souple et si élégant. L'éducation esthétique des sens ne dépend point de la civilisation européenne : elle est plus parfaite chez maints peuples de l'Orient que chez nous.

Mon ami défunt, M. Loir-Mongazon, aurait pu,

devant ces jolis semis de roses, d'œillets, de lis en marbre, ajouter un chapitre à son livre : *Fleurs et Peintres de fleurs*.

A côté du gracieux, l'horrible : dans ce palais, trône une déesse, que l'on invoque, nous dit-on, pour la variole (est-ce pour l'avoir, est-ce pour en être guéri ?). Elle a son temple tout près des chambres de repos et de plaisirs des Ranis. Or, dans le vieux temps, on lui offrait des sacrifices d'enfants ; on nous montre encore des images de ces sacrifices, conservées avec soin, images dorées, où l'on voit le sacrificateur en plein office. Pauvres petits êtres sacrifiés à l'ignoble idolâtrie ! Maintenant on n'immole plus que des moutons. Mais, chaque matin, on en tue un en sacrifice devant l'idole. J'ai vu les taches de sang sur le marbre et sur la hache ; il n'y avait pas deux heures que le sacrifice avait eu lieu. Le maharajah doit venir lui-même une fois par an faire fonction de sacrificateur. Ordinairement, ce sont les brahmes de ce temple qui accomplissent le sacrifice. J'aurais voulu connaître le rituel de leurs cérémonies et le sens théologique qu'ils leur donnent. Mais je n'ai pas trouvé à qui adresser mes questions. Je songeais, en revenant sous le soleil brûlant de midi, aux belles pages de Joseph de Maistre sur le sang et le besoin de sacrifices dans la vieille humanité.

Il paraît qu'Ambère et la plaine qui est au-delà de la montagne ont été le lieu de batailles terribles au moyen âge. La vieille ville, avec ses collines fortifiées, ne devait pas être facile à prendre.

On me dit que le maharajah actuel, homme de 40 à 45 ans, est d'une ignorance crasse et d'une oisiveté révoltante ; il sait seulement signer les actes publics ; il passe ses journées à manger des sucreries. Cependant il a une belle meute dont un vétérinaire a le soin, deux cents chevaux de toute race et très beaux, des éléphants superbes, dont les clochettes se font entendre sans cesse dans les rues. Il possède même une soixantaine de gros crocodiles dans le lac de son palais. Quant aux paons et autres oiseaux qui peuplent ses bosquets, ils sont innombrables. Mais lui ne sort guère de son palais, excepté dans les grandes cérémonies. Alors son peuple le vénère comme un Dieu. Pour lui parler, il faut être d'un certain rang et avoir droit de porter au pied l'anneau d'or, et non le simple anneau d'argent laissé au vulgaire. Il a cinq femmes légales, dont les enfants pourraient lui succéder. On me dit que, dans son enfance et dans sa jeunesse, il était simple paysan. Mais, comme l'ancien rajah était vieux et sans enfant, on chercha un fils de roi pauvre, qui pût lui succéder. A force de chercher, on trouva ce jeune paysan qui, paraît-il, descendait réellement d'une famille royale. Est-ce pour lui, est-ce pour Holkar d'Indore, que l'histoire se raconte ? En cherchant un fils adoptif, un rajah, qui allait mourir, fut guidé ou plutôt fixé dans ses recherches par ce fait prodigieux : l'enfant dormait au soleil ; or, pour le garantir, un cobra (1) tenait, au-dessus de l'imprudent, sa large tête complètement développée en éventail.

Que d'histoires on m'a racontées ! Il paraît qu'un rajah fort riche était allé au jubilé de la reine en

(1) Le cobra est le plus dangereux des serpents. Sa morsure est mortelle.

Angleterre ; il s'était souillé, en communiquant avec des infidèles. A son retour, il fut appelé au tribunal de sa caste pour se disculper. Il ne le put. Alors il fut condamné à payer cinquante mille roupies, à se couvrir de cendre pendant des mois et des mois, à faire de longs pèlerinages, à boire, pendant quarante jours, une boisson fort dégoûtante, fournie par une vache sacrée. Il ne voulut pas se soumettre. Il est excommunié de sa caste. Personne ne peut plus communiquer avec lui : il souillerait ceux qui l'approcheraient, lui parleraient ou lui donneraient quelque chose. Il paraît que, pour beaucoup de castes, ces jugements publics sont fréquents ; ils maintiennent l'ordre et la stricte observance de la religion.

L'Hindou ne doit manger, boire, fumer qu'avec des gens de sa caste. Si vous regardez la nourriture d'un pieux Hindou, il jettera cette nourriture, comme souillée par vos regards. De fait, je ne vois jamais ces gens manger, ni boire. C'est tout l'opposé de l'Europe, où règnent le cabaret et le petit restaurant en public. Ici il n'y a pas de ces lieux d'impur mélange. Pour fumer, les Hindous pauvres enveloppent d'une guenille blanche le tuyau de la pipe qui est introduit entre leurs lèvres. C'est ainsi que mes porteurs du Mont-Abu se passaient l'un à l'autre, et sans danger de souillure, leur maigre pipe allumée.

Avant de quitter Jeypore, j'ai voulu revoir les rues bariolées d'hommes, de bêtes, d'étalages en plein vent. Tous les cinquante pas, se voient de petits autels, au milieu de la rue, avec une cella renfermant un dieu ; devant brûle une petite lampe, qu'entourent quelques fleurs jetées sur la pierre. Ce peuple de vieux enfants a un sens religieux très profond et très expressif.

Dehli, 23 décembre. — Ce nom me rappelle Bernier, qui visita la ville en 1665, alors qu'elle était dans sa splendeur. Maintenant elle n'est plus que l'ombre de sa grandeur passée. Tout ce qui demeure de son ancien éclat (et il y a encore de beaux restes), est dans ses palais abandonnés ou dans ses cimetières déserts. La mort a conservé le plus sûrement la trace des millions d'hommes qui ont habité ici. C'est la même chose en Égypte. Il semble du reste que ce peuple d'Orient pour honorer ses morts, ait toujours épuisé, avec ses trésors,

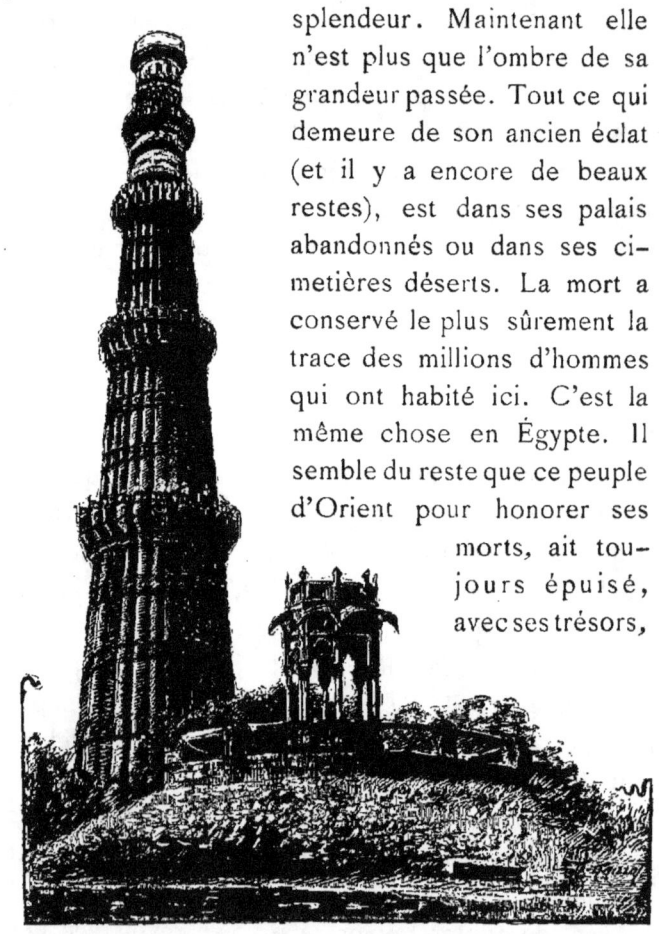

KUTUB-MINAR (1)

les ressources de tous les arts : architecture, sculpture, peinture. On compte dans le vieux Delhi (on dit qu'il y a eu jusqu'à sept villes, depuis que la première a

(1) Page 92.

été fondée au xv⁰ siècle avant Jésus-Christ), des kilomètres de ruines, presque toutes composées de tombeaux.

Arrivé hier, à 10 heures, je passai l'après-midi à visiter le fort ou ancien palais. Il est sur les bords de la Jumna, affluent du Gange, au centre d'une vallée immense, à terre profonde, légère, fertile, qui, parce qu'elle pouvait facilement les nourrir, a toujours attiré des peuples nombreux dans ses riches campagnes. Il fut abandonné en 1857, quand les Anglais, après la *mutinerie*, eurent expédié le dernier roi à Rangoon. Il date du xvi⁰ siècle. Il avait été construit par Shah-Jehan-Austin de Bordeaux, un Français, qui avait volé les princes d'Europe, en leur vendant des pierres fausses, et qui, s'étant réfugié à Delhi, devint le favori de l'empereur et le principal auteur des jolies décorations du palais. Comme à Ambère, les appartements des femmes sont en marbre blanc semé de fleurs et d'oiseaux incrustés. Mais ici il y a, dans l'ensemble des décorations, dans les semis de fleurs, plus de discrétion qu'à Ambère. On n'y trouve plus les jeux enfantins des milliers de glaces. Partout règne un goût classique, qui me rappelle le xvii⁰ siècle français. A l'époque où furent faites ces décorations, on aimait bien les fleurs en France; je ne sais si l'on en fit pourtant un si parfait usage que dans le palais de Shah-Jehan. Bien que Austin eût été voleur en Europe, je ne pus m'empêcher de me réjouir que son chef-d'œuvre d'Asie fût d'un Français.

Les chambres de bains, l'une pour le roi, l'autre pour la reine, les chambres de repos pour les femmes avec leurs treillis en marbres, percés à jour comme les grilles en bois de nos couvents, mais dans une forme plus harmonieuse, sont les parties les plus riches et les plus artistiques du palais. Des vers persans disent : « Si le paradis est sur terre, il est ici — il est ici et pas ailleurs. » Heureusement il n'est pas sur la terre. Les ruines actuelles de ce palais le proclament.

De ces chambres, les habitants dominaient les plaines sans fin de la Jumna, qui venait baigner le pied du palais. L'eau circulait au milieu des galeries, jaillissait dans des bassins de marbre et rafraîchissait l'atmosphère trop chaude de ce pays du soleil. On voyait, paraît-il, dans la salle des audiences publiques, un trône d'une richesse incomparable, souvent décrit par les voyageurs, par Bernier en particulier. Il a été emporté à Téhéran. En 1857, on avait commencé à blanchir à la chaux les murs de ce palais, pour punir les indigènes. Heureusement on n'a commis cette faute de goût que pour la partie la moins intéressante.

Dans ce palais se trouve la perle des mosquées, d'une grâce parfaite par ses proportions, par ses sculptures, par la forme de ses arceaux. Elle est petite, toute en marbre blanc. On ne peut rien imaginer de plus doux à l'œil, qui, du premier coup, voit l'ensemble et les détails, et n'en trouve aucun à blâmer ou à discuter.

Toute la nuit, nous avons des éclairs, du tonnerre et de la pluie à torrent. Vu la grandeur et la forme de la plaine de Delhi, je me rappelle ce que dit Virgile des champs de la vallée du Pô, quand les pluies tombent comme ici et changent les rizières en marais,

FONTAINE PRÈS DU VIEUX DELHI

qui deviendront fertiles sous les rayons du soleil.

Je continue avec vous ma promenade de vendredi soir. Dans la ville indigène du Delhi actuel, j'ai visité la plus grande mosquée ; elle s'élève majestueuse au-dessus des bazars et des maisons. On y arrive par des escaliers très larges et très hauts. Elle se compose d'une cour immense qui me rappelle celle du temple de Jérusalem, et des *mirahbs* habituels de toutes les mosquées. Les deux tours des muezzins pointent jusque dans la région des nues. Le tout, en pierre rouge, produit, par ses vastes proportions, une belle impression de grandeur, bien faite pour un temple dédié à Dieu.

Les rues du bazar, bordées de petites échoppes d'artisans et de marchands, ressemblent à celles des autres villes musulmanes, où la vie est toute au dehors. Les catholiques sont ici peu nombreux : quelques Européens, dont la plupart sont Irlandais. A ma messe du dimanche assistent cent à cent cinquante soldats irlandais, dont la tenue est parfaite. Ils ébauchent une génuflexion en entrant et en sortant ; quelques-uns la font même comme de bons séminaristes. Ils viennent, commandés par un officier. Je songe par contraste à notre pauvre France, où l'église est interdite à l'armée. Comment le bon Dieu pourrait-il bénir un gouvernement athée ? Ici le capucin italien, qui dessert l'église, reçoit des Anglais deux cents roupies par mois pour le service religieux. Le gouvernement des Indes a la sagesse de respecter les choses divines et les croyances des hommes. Tous les missionnaires reconnaissent sa libéralité.

Il n'y a à Delhi même, à cause du mauvais climat,

que 400 soldats européens, la plupart irlandais, et 2.000 indigènes. Les fièvres règnent ici continuellement et font de nombreuses victimes. Le jeune capucin, né à Naples, qui n'est à Dehli que depuis un an, a constamment la fièvre. Seul le zèle religieux peut le retenir dans son poste.

Visite au vieux Dehli. Je vais jusqu'à seize kilomètres et je suis encore au milieu de ruines amoncelées de mosquées et de tombeaux. Je vois les monuments les plus remarquables que l'on montre habituellement aux touristes, laissant, à droite et à gauche, souvent très loin, des dômes nombreux qui abritent de nobles Persans ou Mogols dormant là leur dernier sommeil. Cet immense champ de la mort, où les siècles n'ont respecté que les tombes, mêlées maintenant au vert des grands arbres, fait songer, naturellement, aux fourmilières humaines qui ont dû habiter ces plaines pendant des siècles et des siècles, et qui ont disparu, chassées ou plutôt dévorées les unes par les autres.

Le premier monument visité est un tombeau immense, renfermé dans un vaste enclos entouré de murs, comme une forteresse. Le tout est en pierre rouge. Une terrasse autour du mausolée donne une vue très étendue sur la plaine de la Jumna. C'est le tombeau d'Humazun, mort en 1555, à qui sa veuve fit construire cet admirable monument. L'épouse y fut enterrée plus tard. Cependant, comme ce mausolée a coûté, dit-on, plus de huit millions de francs, je crois que la veuve inconsolable eût été plus utile à l'humanité, si elle avait employé ce trésor à fonder une école d'arts ou d'agriculture pour les enfants de son peuple. Que de folies coûteuses les riches ont faites ici pour les morts, et combien peu de soin ils ont pris des vivants!

Je visite à quelques kilomètres plus loin, la tombe de Nizamudin-Aulyia, un saint, disent les uns, un sorcier et chef de société secrète du Khorazan, disent d'autres, un assassin, disent des troisièmes. Après sa mort, il a eu la bonne fortune de réunir autour de son corps les tombeaux des riches et dévots personnages, pour lesquels on a prodigué le marbre blanc et les sculptures les plus fines. Il est entouré de petits monuments funéraires qui sont de purs chefs-d'œuvre ; les portes sont particulièrement bien ouvragées. Le corps du vieux sorcier est gardé par cinquante descendants de sa sœur (lui n'était pas marié), qui vivent de sa dépouille en dépouillant les voyageurs. Ils demeurent là et racontent des prodiges extraordinaires : dans la vieille mosquée en ruines est suspendue une lampe, qu'ils disent en or, et qu'on n'a jamais pu voler. Un voleur tenta une fois de la prendre ; il devint aveugle.

A quelques pas de là est la tombe très vénérée d'un grand poète, auteur de cent ouvrages, la plupart perdus, dont quelques-uns cependant sont encore populaires. Ce poète, *le Perroquet de l'Hindoustan*, s'appelait Amir Khussan ou, de son vrai nom, Abul' Hassan. Son grand-père vint dans ce pays du temps de Gengiskhan. Le poète fut le favori, à Delhi, de sept empereurs successifs. Je vous recommande ses poésies, pour étudier la façon dont ce pays l'inspirait et parlait à son imagination d'étranger.

Près du tombeau du poète se trouve un bassin

profond dans lequel des plongeurs se jettent d'une hauteur de 50 à 60 pieds.

A deux ou trois kilomètres plus loin se voient, le Kutub-Minar entouré de ruines, une grande mosquée, des tombeaux en marbre blanc habités et exploités par des espèces de brigands, une très vieille colonne en fer, de grandes portes de triomphe. Kutub-Minar, en pierre rouge, produit l'effet d'un gâteau de savoie sans fin. Construit en 1052, à plus de 250 pieds d'élévation, il semble être un monument de victoire. De son sommet, on a un horizon à perte de vue, dans toutes les directions. Un auteur dit qu'un empereur construisit cette tour, pour que sa sœur bien-aimée pût avoir la vue de la Jumna. C'est touchant ; mais comment la pauvre femme pouvait-elle monter l'escalier de plus de 250 pieds ? Le repos devait être bien doux après l'ascension.

Noël! Agra. — Messes dans la cathédrale d'Agra. Je me sentais loin de Saint-Aubin et d'Angers, mais d'esprit j'y étais, au milieu de mes élèves. Il est si facile, quand on est près du bon Dieu, de s'unir aux absents ! Dieu est le lien tout naturel, puisqu'il est et avec eux et avec nous.

Il était dix heures du soir, quand je quittai mon hôtel pour aller à la messe de minuit. L'église était à deux kilomètres. Comme il n'y avait ni gaz ni clair de lune, j'eus quelque peine à trouver mon chemin. Tout à coup j'entendis dans la campagne des hurlements sinistres, qui m'effrayèrent un peu : je crus que c'était une bande de loups. Les rares Hindous que je rencontrai me rassurèrent par l'air tranquille de leur marche. Ils ne pressaient point le pas. Ils s'avançaient en silence, drapés dans leur pauvre manteau de toile.

Comme ils étaient pieds nus et marchaient dans la poussière, ils ne faisaient aucun bruit. Arrivé près de l'église j'appris d'un chrétien le nom des animaux qui m'avaient effrayé. C'étaient des chacals. Ces animaux se promènent par bande et viennent jusqu'aux portes des villes ou dans les rues des hameaux pour chercher leur nourriture.

La cathédrale d'Agra est desservie par des capucins italiens, dont l'un est archevêque. En ce moment, celui-ci est à Rome. Des religieuses de Lyon tiennent ici un pensionnat et un orphelinat. On m'assure que les catholiques sont 4.000 ; la plupart, je pense, se disent descendants des Portugais, comme à Bombay. A la messe de minuit, l'église était remplie ; dès neuf heures, des gens attendaient à la porte pour retenir leur place. Des idolâtres même vinrent pour voir ; parmi eux, le fils d'un rajah. A ma première messe, je vis des soldats anglais en grande tenue, des groupes de femmes accroupies, enveloppées dans leurs voiles blancs ou rouges, du plus joli effet. A la fin, quand elles sortaient, drapées dans leurs vêtements très amples et très brillants, faisant sonner les bracelets de leurs bras et de leurs pieds nus, elles avaient toutes des allures de grandes dames, pas pressées, qui ont conscience de leur dignité.

J'ai vu le Tadje, la merveille des merveilles en architecture. Certains auteurs disent qu'il est le monument du monde le plus parfait parmi ceux qui sont intacts. Je comprends ces éloges : ce mausolée est si joli en tous ses détails, si éblouissant dans son ensemble, si harmonieux en toutes ses parties, si mesuré en ses effets, que l'on admire sans pouvoir trouver un point à critiquer. Il n'est ni gigantesque, comme les tombeaux d'Égypte, ni mignard, comme certaines œuvres du style arabe. Il a quelque chose de grec pour la justesse de ses proportions, qui plaisent sans étonner. Il n'est cependant pas sorti de l'art grec.

Il est tout en marbre blanc, dans lequel sont ou taillées en bas-reliefs de jolies et plantureuses feuilles et fleurs du pays, des iris, des lotus, des lis, ou incrustées, avec une infinie variété de pierres, des fleurs plus délicates, toujours prises parmi celles que l'on voit aux Indes. J'ai compté jusqu'à trente morceaux de marbre pour composer les pétales d'une de ces fleurs. Ces incrustations me rappellent celles du palais de Delhi. Quand on songe qu'Austin de Bordeaux était l'ami du Sha d'Agra et mourut dans cette ville, on ne peut s'empêcher de croire qu'il fut pour quelque chose dans cette décoration. En tout cas, l'idée et l'exécution dénotent un goût extrêmement pur. Voilà le bon réalisme : transporter jusque dans la sculpture ce que la nature environnante a de plus séduisant. Je suis persuadé que, si les rochers arides de la Grèce avaient fourni des fleurs aussi riches et aussi variées, nous en aurions vu l'image dans le marbre de ses beaux temples. Mais dans les arts grecs, ces fleurs hindoues n'auraient pas eu de couleur locale : l'artiste, du reste, n'aurait pu les imaginer, ni les faire d'après nature.

L'arrivée au Tadje est ménagée pour produire

LE TADJE AU CLAIR DE LUNE

l'effet le plus puissant. On entre d'abord dans une grande cour entourée d'un cloître en pierres rouges, d'où l'on ne voit rien. Puis l'on tourne à gauche, et l'on aperçoit une porte ou plutôt un arc triomphal, vrai portique d'église, d'une architecture très élégante, surmonté de petits dômes. Je crus tout d'abord que c'était le Tadje, et je fus déçu : j'avais vu de nombreux arcs aussi beaux. Mais, quand je fus en face de cet arc, j'aperçus au travers, s'ajustant avec l'ouverture qui faisait cadre, la merveille elle-même, le Tadje, à deux ou trois cents mètres. Dire l'effet produit est impossible. Imaginez l'architecture déifiée voulant produire sur vous, avec ses lignes droites ou courbes, avec ses angles, ses ronds, ses pans coupés, ses mille manières de projeter des masses sur le ciel, avec ses plans qui avancent en balustrades. ses portes en retrait et ses larges fenêtres superposées, la fascination du regard et de l'imagination ; et vous pourrez peut-être vous rendre compte de ce que l'on ressent à la première vue du Tadje à travers l'arc triomphal. Puis on se sent attiré vers lui, pour le voir plus en détail, pour l'admirer davantage, pour en jouir, en un mot, comme de tout ce qui est beau.

On s'avance lentement, soit par peur de passer trop vite des endroits dont la vue est plus belle et met mieux les détails en relief, soit par une sorte de timidité qui s'allie avec le désir de jouir, quand on est devant les spectacles sublimes. Je m'assieds à moitié chemin, au milieu des allées de fleurs et de plantes qui font un accompagnement parfait au monument. L'entourage le met dans toute sa valeur. Je ne regrette qu'une chose, c'est de ne pouvoir arriver ici pour la première fois au clair de lune. Il paraît que les gourmets d'architecture ne négligent pas cette précaution. Mais maintenant la lune est nouvelle et son croissant trop mince pour éclairer le Tadje. L'intérieur ne le cède pas à l'extérieur pour sa beauté harmonieuse. Au premier étage, dans une salle octogone, où se trouvent sur les murs les belles fleurs incrustées dont j'ai parlé, est renfermée par des grilles en marbre taillées en pleine pierre une sorte de cella contenant deux tombeaux, celui de Sha Jehan et celui de sa femme. Les deux sont en marbre blanc incrusté de fleurs en pierre, dont les unes ont un grand prix. On a enlevé, il est vrai, le plus gros diamant, pour le donner, m'a-t-on dit, à la reine d'Angleterre. — Le tombeau de Sha Jehan est plus vaste que l'autre, comme il convenait. Un caveau correspond juste au-dessous à la cella. Là se trouvent les vrais tombeaux, semblables à ceux d'en haut et contenant les corps. La lumière discrètement tamisée, qui pénètre dans la cella à travers les grilles de marbres, est douce, appropriée à ce lieu de repos éternel. Tout autour se trouvent des chambres communiquant entre elles. Le tout est dominé d'une vaste coupole et de quatre campaniles. A soixante ou quatre-vingts mètres du mausolée s'élèvent quatre hauts minarets blancs, avec deux mosquées, l'une à droite, l'autre à gauche.

Qu'est-ce donc que le Tadje et pourquoi a-t-il été bâti ?

Il est probablement, dans l'histoire de l'humanité, le plus beau mausolée qu'ait fait élever l'amour d'un homme pour honorer sa femme. Sha Jehan avait eu de son épouse favorite, appelée « l'orgueil du Palais », sept enfants. Ils étaient mariés depuis quatorze ans, quand cette femme mourut dans le Décan, en 1629. Sha Jehan inconsolable fit apporter son corps à Agra et lui éleva ce tombeau sur les bords de la Jumna, en face du palais royal, afin que jour et nuit il pût avoir sous les yeux ce monument et penser à la femme bien-aimée qui l'avait quitté. En effet, de presque toutes les chambres du palais, qui est sur l'autre rive, on aperçoit le Tadje. Ce Sha Jehan devait être un grand artiste et un cœur profond. Il mit sept ans à construire le Tadje, et y dépensa bien des millions. Ici encore, comme dans le vieux Dehli, les monuments de la mort sont demeurés les plus beaux.

27 décembre. — Bien cher ami, au lieu de vous écrire de longues lettres affectueuses pour vous exprimer combien souvent je suis en esprit à Saint-Aubin et à l'Université, je vous envoie seulement les notes en désordre que j'ai prises après mes visites aux villes indiennes. Je n'ai pas eu le temps de relire pour corriger les fautes d'orthographe ou de français. Corrigez-les vous-même pour moi.

Comme vous le voyez, je prends le chemin des écoliers ; mais je ne fais que suivre les avis des plus sages, et même les vôtres. Je ne reverrai jamais les merveilles de ce vieux monde. Il me semble qu'à mon retour je serai rajeuni, pour finir ma carrière de vieux professeur. Adieu. Bonjour affectueux à tous. Cordialement à vous.

HUITIÈME LETTRE

Agra, le 27 décembre 1900.

Après la visite du Tadje, je fis celle de la forteresse, immense château-fort, qui renferme plusieurs palais et une mosquée, grande, éclatante de blancheur, en marbre blanc. Les palais bâtis par les empereurs mogols sont pour la plupart bien conservés. On restaure les plus vieux, qui sont détériorés. L'un d'eux n'a que des ornements hindous. — La vue que l'on a sur la Jumna, des appartements impériaux, est ravissante. On nous montre le lieu où les éléphants se battaient contre les panthères et les lions. Bernier, mon compatriote, décrit longuement les batailles d'éléphants, dont il faillit être victime.

Hier visite à Fathipour Sikri, à 22 milles d'Agra. Ce palais, qui est grand comme une petite ville, a été construit en entier par Akbar. Comme celui d'Agra, il contient plusieurs palais distincts, en particulier deux pour les femmes : les Musulmanes et les Hindoues. Akbar était tolérant ; il voulait gagner l'affection de tous ses peuples. La mosquée est très vaste, en pierre rouge du pays, ainsi que tous les palais. Une seule chose en marbre blanc, et d'une beauté admirable par la finesse et la variété des sculptures : c'est la tombe d'un prétendu saint : Cheik Chisti, conseiller d'Akbar qui avait grande confiance en lui. Les supports extérieurs du toit sont ajourés dans le marbre et d'un travail exquis. — Une des portes de la cour de la mosquée s'appelle : *porte de la Victoire*. Elle est ornée d'inscriptions à la louange d'Akbar. Plusieurs contiennent un sens mystique touchant, comme celle-ci : « La vie est un pont. — Passe dessus, mais n'y bâtis point de maison. » Un des palais, d'un style particulier, a été construit pour une des femmes d'Akbar, nommée Myriam, qui, selon certains historiens, était chrétienne. On croit reconnaître sur les murs des traces de peintures religieuses, se rapportant à la sainte Vierge.

De sa ville-palais, Akbar dominait une plaine immense. Pourquoi l'a-t-il quittée pour Agra ? Pourquoi tant de palais et d'œuvres d'art abandonnés aux oiseaux ? Les uns prétendent qu'il manquait d'eau potable. Il avait cependant, au pied des murailles, un lac immense, dont l'eau par les machines savamment combinées était montée à tous les étages et courait à travers les bassins et les cascades. A force d'être riches et puissants, les empereurs de l'Inde n'avaient plus l'air de tenir à leurs demeures, même aux plus belles. La satisfaction de tous leurs caprices leur enlevait l'amour tenace de ce qui est beau. Les deux villes qui entouraient le palais, Fathipour et Sikri, ont été, elles aussi, abandonnées par leurs habitants.

Le retour de Sikri, à travers les villages, tous construits en terre, sous des ombrages puissants, nous offrit le spectacle de scènes intéressantes. Nous rencontrions des véhicules de toute forme et de tout attelage. Quand l'homme n'est point entré dans le moule uniforme de notre civilisation européenne, il s'abandonne davantage à son inspiration capricieuse : chacun a sa manière de s'habiller, de se coiffer, de faire et d'atteler sa charrette, d'allumer et d'entretenir son feu. Que de façons de souffler sur le feu pour l'animer, depuis la peau manœuvrée à pleine main en guise de soufflet, jusqu'à l'éventail en feuilles! Qui pourrait compter les coiffures différentes dont les Hindous d'une même ville couvrent leur tête ? Il n'y a point de mode uniforme comme à Paris : chacun a la sienne.

C'est la même variété pour toutes choses. Les sonnailles que les femmes traînent à leurs pieds, ou les boucles qu'elles portent dans leur nez sont de toutes formes et de toutes grandeurs. Cette variété produit le plus heureux effet et plaît aux regards de l'Européen fatigué de voir l'insipide monotonie de nos modes, qui veulent que, pendant telle saison, les femmes et quelquefois les hommes portent les habits de telle nuance et taillés sur tel patron. Les Hindous nous apprendraient le pittoresque. — Les femmes ont des façons charmantes de porter leurs fardeaux : elles rappellent l'art des Grecs. Ces façons sont jolies à regarder et donnent à la stature des porteuses des airs de suprême élégance. On ne voit point de personnes voûtées ou à moitié bossues. Elles portent les gros fardeaux sur leur tête et les plus légers sur la paume de leur main gauche renversée à la hauteur de l'épaule ; ce qui est extrêmement gracieux. Mais, hélas ! ce qu'elles portent ainsi n'est pas toujours fait pour tant d'élégance : c'est quelquefois de la fiente de vache, qui séchera pour alimenter le foyer de la famille.

Le lendemain de mon voyage à Sikri, j'allai à Sicandra visiter le tombeau d'Akbar. Il est en belle pierre rouge de Sikri et précédé d'un grand portique, à la façon du Tadje. Mais ici il n'y a en marbre blanc que l'étage supérieur, dont le cloître et la cella sont d'un travail de sculpture très délicat. En arrière de la tombe, se trouve une petite colonne en marbre, sur laquelle était, fixé dans l'or, le diamant du Prince, le Koh-I-Nur qui est le plus beau joyau du trésor royal d'Angleterre. — L'eau va toujours à la rivière.

De Sicandra, nous allons voir un tombeau renommé du XVIe siècle et bien conservé, sur la rive gauche de la Jumna. Il est petit, mais fort intéressant par sa situation au-dessus du fleuve, par ses peintures sur marbre blanc et par ses incrustations. Les peintures représentent des fleurs dans des vases : de grosses roses, des iris, le tout d'une végétation grasse et puissante.

Lucknow, 29 *décembre*. — Après une visite d'adieu aux religieuses d'Agra (sœurs de Marie-Jésus de Lyon), qui me reçoivent aussi cordialement que si j'étais leur supérieur ecclésiastique, je prépare mes bagages. Mais, avant de quitter Agra, je veux voir le Tadje au clair de lune. A neuf heures du soir, je m'y fais conduire. La douceur de la lumière, le silence de la nuit qui n'est troublé que par le bruit monotone du fleuve, donnent des impressions en harmonie avec celles qu'inspire le monument. Ce n'est pas gai, ce n'est pas triste, mais on est saisi par des sentiments de rêverie mélancolique. Sha Jehan devait aimer ce décor d'étoiles et de lune quand, de son palais, il contemplait son œuvre et songeait à sa femme bien-aimée.

Hier visite à Cawnpore, où j'ai vu le Gange pour la première fois. Quoiqu'il roulât peu d'eau, la largeur de son lit, la blancheur cendrée de son sable, la grandeur de ses horizons, firent sur moi une impression en rapport avec la célébrité de son nom.

Les Anglais s'arrêtent et aiment à ce que l'on s'arrête à Cawnpore, parce que ce fut, en 1857, une des deux villes les plus tristement célèbres par les massacres. Ils montrent une belle église romane commémorative, qui contient de nombreux tombeaux d'officiers et de soldats, puis, dans un grand parc, un monument funéraire original, au-dessus duquel s'élève un ange tenant deux palmes. Ce monument recouvre le puits où furent jetés plus de deux cents femmes et enfants, massacrés par les rebelles. On voit, sur les bords du Gange, l'endroit où s'embarquèrent quelques femmes trop confiantes dans les paroles de Mada, et où elles furent fusillées ou noyées.

Je suis arrivé hier soir à Lucknow, la seconde ou la première place de rébellion. On me montre les ruines de la résidence et on me donne des explications sur les péripéties du siège qui dura plus de cinq mois. Ce siège ne cessa que lorsque les rebelles virent arriver les canons traînés par des chevaux ou à mains d'hommes depuis Calcutta. — Il n'y avait point alors de chemin de fer.

Le cimetière, qui est près de la résidence, contient les restes des soldats tués. La tombe de H. Lauwrence, le brave défenseur de la place, porte inscrits ces simples mots dictés par lui :

« Ici repose H. Lauwrence qui essaya de faire son devoir.
« Que Dieu ait pitié de son âme. »
Né en 1806, mort en 1857.

Visite au collège de la Martinière. Ce collège porte le nom d'un de nos compatriotes, Martin, qui, après avoir servi dans l'armée française, vint à Chandernagor, entra dans l'armée anglaise, puis se mit au service du Rajah et gagna une fortune colossale. Il laissa cette fortune « pour un collège chrétien ». Je crois que, dans sa pensée, il s'agissait d'une institution catholique. Le gouvernement a interprété à sa façon : c'est un collège protestant, assez riche pour entretenir largement deux cents élèves. Martin était ami de de Boigne. Il mourut à la fin du xviiie siècle.

Il serait intéressant d'étudier la vie et la fortune des Français qui vinrent ainsi aux Indes mettre leurs armes et leurs talents au service des rajahs, et de peindre le prestige de leur énergie et de leur science au milieu de peuples oisifs et désordonnés. Les Indes, comme l'Amérique, rendraient bon témoignage de l'énergie de certains Français du xviiie siècle.

ON BRÛLE LES MORTS SUR LES BORDS DU GANGE A BÉNARÈS

Bénarès, le 30 décembre.

Je suis depuis quatre heures dans la ville sainte des Hindous, que l'on pourrait appeler la ville sale. Ce que j'ai vu m'a rempli de tristesse. Les pauvres gens! les pauvres gens! Tant de piété pour des choses si laides! Tant de dévotion pour des créations enfantines d'imaginations malades! Sans doute, le sentiment de la divinité domine toutes les cérémonies de religion puérile que j'ai vues; mais pourquoi tant d'efforts et d'actes humains ne sont-ils pas pour le vrai Dieu, pour Notre-Seigneur Jésus-Christ?

A peine arrivé à l'hôtel, j'ai pris une voiture pour aller au Gange. Bien que je le connusse depuis Cawnpore, j'avais faim et soif de le voir près de la ville sainte qu'il sanctifie lui-même. Il est beau, sans doute, grand, profond, roulant des eaux plus propres qu'à Cawnpore, présentant des rives fertiles avec de grands horizons ; mais les ghats, c'est-à-dire, les escaliers, où les Hindous, sous les regards des brahmes installés à l'ombre de grands parasols permanents, viennent faire leurs ablutions, sont bien délabrés et bien sales. Il était trop tard : j'ai dû refuser un *boatman* qui voulait me conduire sur le fleuve. J'ai vu quelques fidèles se lavant les mains, la figure, et buvant ensuite de l'eau sacrée.

Ma seconde visite a été pour le *Temple doré,* sorte de labyrinthe, dont je n'ai pu parcourir que les couloirs extérieurs. Malgré la sainteté du lieu, la curiosité et l'amour du *bakchich* n'ont point perdu leurs droits. Dans le mur se trouve un large trou, percé comme par accident, qui me permet de voir les fidèles faisant leurs prières devant Shiva. Ils allument des lampes, ils prennent de l'eau dont ils s'aspergent la tête, les yeux, la figure ; ils déposent des fleurs parmi lesquelles les jaunes dominent ; ils joignent pieusement les mains et font leurs prières, les uns debout, les autres accroupis. Quelques-uns touchent du front le bord d'un bassin, près de la statue du dieu. Plusieurs m'aperçoivent par le trou et me demandent un *bakchich ;* ce sont évidemment les moins pieux. Tous ces priants, qui entrent et qui sortent par la porte ouvrant sur un étroit couloir, sont pieds nus. Ils marchent dans la saleté, car le pavé est mouillé et souillé par les vaches qui se promènent en liberté. J'aperçois une de ces vaches dans l'intérieur du temple ; d'autres sont à côté dans une de ses dépendances. On me montre un superbe *bul-*

lock, plus gros que tous ceux que j'avais vus. Il semble roi en ce sanctuaire.

Ici et là des figures horribles de Shiva ou d'autres divinités, presque toutes salies, par dévotion, de couleurs rouges ou jaunes.

Le couloir, que je parcours et qui fait le tour du temple, est bordé d'échoppes où l'on vend des fleurs, des objets religieux en bronze, des petits shivas aux couleurs vives.

J'ai vu un homme tirer dévotement de ses habits une espèce de chapelet qu'il déposait devant le dieu. Je n'ai pu voir s'il le reprenait. A la porte deux hommes, assis en tailleurs, armés d'une grande cuiller, versaient de l'eau dans les mains des fidèles, qui la jetaient avec respect sur leur tête ou qui la buvaient. Ils recevaient pour cela de chacun quelque menue monnaie. Cette eau était puisée dans une fontaine réputée sacrée.

Ce temple est appelé *d'or*, parce que le dôme central et une des tours sont dorés. — La seconde tour ne l'est pas. — Pour se faire une idée exacte des tours des temples hindous, qu'on se figure une flamme énorme sortant d'un brasier et montant bien droit. Cette flamme, en sortant du brasier, a de nombreuses branches qui diminuent à mesure que la flamme monte; et, à la fin, il n'y a plus qu'une langue qui représente la pointe de la flèche.

Que de têtes étranges dans ce Bénarès! Près de la porte du temple un *fakir* couvert de cendre et de haillons, les cheveux en corde lui descendant jusqu'aux genoux, regarde les passants avec des yeux fixes qui semblent ne rien voir. Il est absorbé dans une rêverie mystique. L'agitation des hommes ne le trouble pas.

31 décembre. — Ce matin, je suis retourné au Gange, à huit heures. Du pont d'un petit bateau, conduit par quatre rameurs, j'ai assisté à des spectacles bien curieux. Aux différents escaliers qui descendent au fleuve et que l'on appelle ghats (il y en a bien quinze), des Hindous prenaient leur bain liturgique, accompagné de prières et de cérémonies multiples ; les uns jetaient l'eau aux quatre points cardinaux et s'en frottaient pieusement les yeux et le front ; d'autres se plongeaient tout entiers ; d'autres se lavaient, buvaient, se frottaient les dents avec un bois particulier. Le premier que j'aperçus était un pauvre vieux qui semblait vouloir mourir dans le fleuve sacré, tant il demeurait longtemps la tête plongée dans l'eau. Il allait en effet se noyer, si des assistants ne l'avaient tiré déjà à moitié asphyxié.

Chaque grand escalier a son histoire et ses privilèges ; les uns ne sont que pour les hautes castes ; d'autres, les plus simples, sont réservés aux basses castes. Les gens arrivent quelquefois en bandes comme par processions de pèlerinage. Tout le long de la rive, outre les escaliers, se dressent des palais, des temples, des petites chapelles ornées d'affreuses statues ou objets de culte. De temps en temps se remarquent des têtes de dieux ou de démons plus grands que nature et horribles pour la plupart. — Le long des temples, rôdent mélancoliquement des vaches sacrées ; leurs gardiens permettent aux fidèles de toucher la queue, moyennant un *bakchich*, que l'on discute. — Des guirlandes entourent les statues ; des paquets de fleurs fanées flottent sur les eaux limpides du fleuve.

Tout semble en confusion dans ce spectacle. Par certains côtés les escaliers et les palais font songer à Venise, dont les beaux monuments se baignent dans les canaux. Mais ici les escaliers sont plus hauts ; puis bon nombre de temples ou de palais sont à moitié écroulés dans le Gange ; le sol qui les portait s'est affaissé, parce qu'il n'est qu'un sable mouvant. — Ici rien ne se répare. — Le nombre de palais s'explique par la foi des Hindous. Comme ils se croient sauvés, s'ils meurent dans Bénarès, la plupart des rajahs ont voulu, pour leur salut, avoir ici la maison de leurs dévotions et de leur mort.

Je suis monté sur le minaret de la principale mosquée. La vue s'étendait, admirable, sur tout Bénarès et bien loin à l'entour. On dirait que les Musulmans, en petit nombre ici, ont voulu élever leur temple bien au-dessus des grossièretés de la religion hindoue.

Sur la rive du fleuve, je vis les bûchers de deux corps que l'on brûlait. Un troisième était préparé. Le corps enveloppé d'un drap, enduit de beurre, d'huile et de lait, est placé entre des morceaux de bois. Ce bois est vendu par un officier public qui a le privilège de la vente. Les pieds du mort sont tournés vers le Gange. Les parents répandent de l'eau, chacun à son tour, sur la tête du défunt, pendant que des brahmines chantent des prières mortuaires. A la fin, les cendres sont jetées dans le fleuve. Les Hindous sont toujours près de la mort, qui ne semble pas les effrayer autant que nous. Ils sont lâches et fuient dans le péril des batailles, mais ils ont le mépris de la vie et se laissent mourir avec sérénité.

En revenant du Gange, j'ai parcouru les rues étroites qui forment un labyrinthe au-dessus de ses rives. J'ai vu des centaines de petits temples, sur lesquels, de temps en temps, j'ai aperçu quelques sculptures intéressantes, mais la plupart de conception et d'ordonnance bizarres. Très petits en général, ces temples contiennent autour du dieu des décorations de fantaisie orientale.

Dans l'un, je vis une femme occupée à ses dévotions. Elle prenait du rouge dans une boîte, en mettait sur les différents objets du culte, s'inclinait, priait, en mettait sur son front. — Elle puisait de l'eau dans un vase et la répandait sur tous ces objets en faisant le tour de la *cella*. — Elle mettait à ses doigts un chapelet et recommençait sa procession, en joignant les mains et en s'inclinant de temps en temps. Que le bon Dieu ait pitié d'elle et qu'il lui montre un jour la lumière de la vraie religion !

Bénarès, 1er janvier 1901. — Un siècle vient de finir ; un autre est commencé depuis huit heures. Or je suis précisément dans le pays qui ne compte point les siècles d'après la venue de Jésus-Christ. Aussi les gens qui m'entourent ne sont en rien occupés des pensées qui envahissent mon âme.

A minuit, j'ai dit ma messe dans l'église catholique, au bruit d'un tonnerre violent, de pluies torrentielles, et à la lumière des éclairs. C'était un accompagnement un peu terrible, mais bien solennel, et fait pour imprimer le respect de Celui qui prépare et dirige

BÉNARÈS. — LA MOSQUÉE

les siècles. Cet enterrement du xix⁰ siècle, au son de pareille musique, dans une chapelle fréquentée seulement par quinze fidèles, m'impressionna vivement. Je ne pouvais détacher ma pensée de cette ville sacrée des Hindous, qui était à côté de moi, plongée dans ses pratiques idolâtres, pendant que je tenais dans mes mains le vrai Dieu. Quelle opposition! Quand est-ce que le Dieu de toute miséricorde éclairera ces pauvres gens? J'ai prié pour eux; j'ai surtout présenté aux bénédictions de Notre-Seigneur les vœux de bonne année que je formais pour tous mes amis de France Il me semble qu'ils ont été d'autant plus fervents, ces vœux, que j'étais plus loin d'Angers. Mon isolement ajoutait à la profondeur de mes sentiments; je sentais vivement quelle place tient l'amitié dans la vie. Puis j'ai demandé à Notre-Seigneur d'utiliser encore pour son service ce qui me reste d'années à vivre.

A ma messe ont communié les personnes présentes, parmi lesquelles le magistrat européen, sa femme et sa fille, de braves Irlandais, qui ont conservé la foi édifiante de leur patrie. Une des rares familles catholiques d'ici que j'ai visitée est celle d'un Eurasien, tuteur d'un jeune rajah du Bengale qui a son palais ici pour le *Wor'ship*, c'est-à-dire, pour le culte.

Mes deux clercs, deux indigènes, jeunes gens de dix-huit à vingt ans, sont en soutane rouge, mais nupieds, par respect pour le lieu saint. La question des pieds nus est importante dans ce pays. Mon domestique n'entrerait pas chez moi sans ôter ses chaussures, s'il en avait; mais il garde son turban. Dans les hôtels, on affiche une note qui défend aux servants indigènes de paraître dans une pièce de l'hôtel avec leurs souliers. C'est d'un effet singulier de voir ces nombreux domestiques qui servent à table, marchant autour de vous avec le turban sur la tête et les pieds nus et noirs au bout de leurs pantalons blancs. Par contre, quand l'Européen pénètre dans quelque lieu sacré des Hindous, on le prie d'ôter son chapeau par respect. Il serait curieux de faire la philosophie de ces usages, de leur origine, de leur première signification. Il y a peut-être quelque chose d'attribuable au climat, mais certainement beaucoup à la religion.

La façon de saluer des Hindous est charmante d'expression : ils portent leur main à leur front avec tant de grâce et d'un air si soumis ; ils ont dans le regard tant de résignation à votre volonté, que vous êtes porté à leur témoigner de la bonté. En cela ils sont aux antipodes de certains Européens, leurs maîtres. Aussi, quel contraste entre ces pauvres domestiques noirs, si doux, si soumis, et ces maîtres si hautains, si durs, si dédaigneux, qui souvent ne répondent aux avances de leurs serviteurs que par des rebuffades maussades ! Je n'ai pu m'empêcher de protester contre la façon dont un jeune marchand anglais traitait le boy, gagé pour un voyage de vacances. Les brutalités du maître ne purent décourager la douceur soumise du valet.

Darjeeling, le 3 janvier 1901. — Il me semble que je n'ai pas écrit depuis un siècle. Il est vrai que je suis à quarante-huit heures de chemin de fer de

Bénarès, où j'ai rédigé mes notes pour la dernière fois. De Bénarès à Calcutta, j'ai traversé des vallées sans fin et sans horizon borné, riches comme celles de la Loire, avec un sol beaucoup plus profond. Cette vallée du Gange a, je le comprends, de quoi attirer tous les conquérants et tous les peuples forts en quête de fortune. Sa richesse doit expliquer pour une bonne part les grandes invasions des Indes. Aussi comme elle est peuplée ! Les hommes s'y multiplient comme les plantes, dont l'aspect opulent vante la bonté du sol.

Comme dans les grandes capitales, la foule est si nombreuse en vingt endroits de Calcutta, que vous vous figurez toujours être dans le centre le plus fréquenté de la cité. Près du palais du vice-roi, près du bazar, sur les bords du fleuve vous êtes entouré de flots humains, qui vont et viennent en tous sens, plus pressés et plus agités qu'en aucune autre ville des Indes. Quand je traversai l'Houghi sur un bateau-mouche, la foule était si compacte que l'on avait peine à se remuer. La variété des costumes et des types d'hommes que l'on rencontre vous étonne tout d'abord. Les uns, pauvres parias mendiants ou fakirs, sont demis-nus, les fonctionnaires élégants sont vêtus de fine mousseline, qui retombe en longues bandes sur leurs jambes. De temps en temps on rencontre des palanquins en forme de longues boîtes, ouverts sur le côté, dans lesquels sont couchés des rajahs ou des richards hindous, que deux pauvres hères portent sur leurs épaules.

Au bout de grands parcs, où les officiers anglais jouent au polo, se trouve le jardin zoologique, le plus beau du monde, disent les guides. Assurément il est difficile d'imaginer plus de merveilles de végétation. Des allées de palmiers de toute espèce, hauts comme des grands chênes, vous donnent l'impression d'un monde poétique. Un auteur anglais du XVIIIe siècle prétendait que le Paradis terrestre était sur les bords du Gange, à quelques lieues de Calcutta. La beauté du jardin, que l'on a créé aux portes de la capitale, autoriserait les suppositions de cet écrivain.

Calcutta mérite son nom de capitale par la grandeur de ses rues, de ses parcs, de ses avenues : le tout taillé en grand dans un champ libre. Les quartiers neufs ressemblent à ceux des capitales européennes. Ils ont des tramways, du gaz, de l'électricité. Le palais du vice-roi tient bien son rang par sa grandeur et par son parc. Mais, en réalité, cette capitale est une ville de puissant commerce, sans un monument très intéressant. J'ai visité la cathédrale catholique, qui n'est que convenable, un orphelinat et un collège tenus par des Jésuites belges. Ce collège compte sept cents élèves, dont trois cents catholiques, les autres hindous, mahométans, parsis, protestants. Dans l'éducation, comme dans la vie, toutes les races, ici, sont mélangées.

J'ai vu dans un parc de la ville un jeune fakir, de peut-être vingt-cinq ans, tout couvert de cendre, assis au pied d'un arbre, près d'un feu que trois hommes entretenaient pieusement pour lui. Il ne parlait que par signes. Un Hindou lui ayant allumé une pipe, il la prit et la fuma avec volupté, après avoir dessiné un rond en l'air autour du feu et avoir enveloppé le tuyau avec un linge. Il était vêtu aussi sommairement

CHEMIN DE FER DANS L'HIMALAYA

que possible. Il grelottait un peu. Il semblait intelligent et même rusé. Il ne daigna pas me regarder, tant il se tenait attentif aux soins que lui prodiguait un Hindou. Celui-ci lui toucha, à plusieurs reprises, la plante des pieds, se frottant ensuite la tête à chaque fois ; puis, à la fin, il lui fit des adieux émus, en joignant pieusement les mains. Ces mendiants me semblent pour la plupart d'habiles exploiteurs. Ils vivent aux dépens de la foi naïve et de la bonté du peuple hindou.

Le voyage de Calcutta à Darjeeling est un des plus pittoresques des Indes. Il dure vingt-deux heures. A environ cent milles de Calcutta, on traverse en bateau un fleuve puissant, un des bras du Gange, qui semble profond comme le Rhin et large comme la Loire à son embouchure. Les terres énormes qu'il rejette sur ses rives changent son cours, souvent dangereux aux bateliers qui ignorent la profondeur.

Les cinquante derniers milles du voyage se font dans un train minuscule qui, par un chemin à voie étroite, monte pendant huit heures les premières pentes de l'Himalaya, à travers la jungle sauvage, remplie de plantes et d'arbres superbes. Ce train serpente continuellement, tantôt au-dessus des précipices, tantôt dans des tranchées en pleine roche. La montée à elle seule vaut le voyage. La route est semée de maisons et de villages qui semblent avoir poussé là depuis la création du chemin de fer.

Je suis en plein Himalaya, à plus de sept mille pieds anglais au-dessus de la mer. Il fait froid ; mais quel splendide panorama de montagnes ! Ce matin, à six heures, j'ai assisté au coucher de la lune derrière le pic Everest, et à six heures et demie au lever du soleil dans les glaciers éternels : *les cinq trésors de neige*. C'était un spectacle unique. Après avoir admiré la clarté tempérée, douce à l'œil, pleine de mélancolie pour l'esprit, que projetait sur les sommets blanchis la lune en son plein, j'aperçus dans le flanc oriental du principal pic, comme un immense incendie. Je vis d'abord un point unique s'enflammer ; je croyais même distinguer la fumée blanche, jaillissant de la première étincelle. Le pic entier s'alluma. Un second prit feu, puis un troisième, puis tous devinrent embrasés et éblouissants. Leur image se reflétait au-dessous dans un lac immense. A côté un sommet de neige se détachait comme pour faire relief. Toutes les couleurs ardentes du rouge, de l'or et de l'argent fondus se succédaient. De la neige en feu ! c'est difficile à imaginer sans le voir, et impossible à décrire, même quand on l'a vu. Je songeais aux feux du Sinaï entourant Moïse. Ce lever du soleil a été un des beaux spectacles que j'ai contemplés dans ma vie.

NEUVIÈME LETTRE

Madras, le 12 janvier 1901.

Ma dernière note est de Darjeeling, où il gelait. Ici nous avons vingt-huit et trente degrés de chaleur, et cependant c'est le printemps. Aussi le madras, le classique *madras*, qui se voit au bazar, ne doit pas se porter la nuit pour se couvrir la tête. Entre parenthèse, ils sont charmants, de couleurs vives, les vrais *madras*, ainsi que toutes les indiennes peintes, fabriquées dans ce pays. Bien que les gens qui tissent et qui peignent ces indiennes soient des indigènes, ils savent se draper si élégamment dans leurs cotonnades, qu'ils peuvent nous disputer la science du bon goût et de l'élégance dans le vêtement.

Je reprends mon récit à Darjeeling. J'ai rencontré en cette ville un Thibétain, interprète du gouvernement, qui m'a vivement intéressé par ses récits sur son pays, sur le bouddhisme, sur les lamaseries. Selon lui, il n'y aurait que trois millions d'hommes dans le Thibet, dont trois cent mille lamas. Beaucoup de couvents contiennent deux ou trois mille habitants.

Le grand Lama actuel, qui est le gouverneur civil et religieux, n'a que vingt-deux ans. Il est regardé comme une incarnation de Bouddha. Mon interprète m'a expliqué comment on était arrivé à le trouver, d'après les indications laissées dans une lettre fermée de son prédécesseur. Les astrologues et les savants furent mis à contribution. L'astrologie joue un grand rôle dans le gouvernement et dans la religion du Thibet. Le grand Lama étant sacré, ses ongles et ses cheveux font des reliques. Quand il paraît en public, tout le monde se prosterne. Il prend ses conseillers dans les lamaseries. Mon guide m'a beaucoup vanté la science et la philosophie de certains lamas : il avait étudié sept ans sous l'un d'eux, dont il portait au bras, comme souvenir, une sorte de chapelet. « Je l'aimais « comme mon père, disait-il ; il a donné la lumière à « mon esprit. » Je lui demandai en quoi consistait cette lumière : « Il m'a appris à me détacher de plus « en plus de mon individualité, pour me rapprocher « du Nirwana. — Le Nirwana est le souverain « bonheur, parce que c'est, dit-il, l'absorption, le « retour de l'individu dans le *tout*, dans l'absolu. » Il m'a parlé avec chaleur des saintes gens qu'il avait vus se détachant peu à peu de leur individu et s'absorbant de plus en plus dans la contemplation. Il prétend que certains ont vécu cent cinquante et d'autres deux cents ans, retirés dans les neiges de l'Himalaya. Il a l'air de bonne foi en disant ces choses. Il m'a montré, écrits de sa main, en anglais, son *credo*

MOULIN A PRIÈRES AU THIBET

philosophique et religieux et une théorie ingénieuse du plaisir et de la douleur. Il sait un peu de dessin et de peinture ; il a représenté pour sa dévotion personnelle des scènes de Bouddha. — Il m'a expliqué le rôle de la religion dans la famille thibétaine. Après la naissance d'un enfant, la maison est purifiée avec de l'eau sainte par un lama. On offre des présents à la mère, si l'enfant est un garçon. Puis l'interprète m'a raconté longuement les cérémonies et les suites de la mort : « Pendant quarante jours, dit-il, l'âme « du défunt, tout étonnée de n'avoir plus de corps, « erre effrayée de monde en monde, ne sachant où « se reposer, sur qui s'appuyer ; tout lui fait défaut : « c'est effroyable. »

Mon Thibétain m'a montré un temple de son pays, bâti et fréquenté par ses compatriotes de Darjeeling. A la porte se dresse un moulin à prières, haut cylindre de cinq ou six pieds, contenant à l'intérieur des bandes de papier, sur lesquelles sont des prières. A ce moment un fidèle faisait tourner le moulin qui, à chaque tour, rendait un son pour compter les dévotions. Un missionnaire me raconte que dans le Thibet on a installé sur des rivières des moulins à prières, que l'eau elle-même fait marcher. C'est la prière perpétuelle, mais trop mécanique.

Dans le temple, devant une statue, je vois des vases pleins d'eau, des fleurs, des instruments de musique, des rouleaux de papier contenant, me dit-on, les lois du bouddhisme, des peintures grossières représentant des scènes de la vie de Bouddha. Ce temple est au milieu du village thibétain qui forme une partie de Darjeeling. Ici, en effet, les Hindous sont rares ; ce sont des Mongols qui occupent le district : des Bouthyas, des Sikims, des Népaliens, des Thibétains, des Chinois. Ils sont petits, trapus, pleins de santé. Les femmes surtout, qui servent de coolies et font les gros travaux, ont des figures rougeaudes, très différentes des figures émaciées des Hindous. — On se dirait au-delà de l'Himalaya.

Le bazar, le dimanche matin, est très curieux, à cause du mélange de tous les peuples qui habitent les environs de Darjeeling.

Les PP. Jésuites de Belgique desservent l'église catholique et dirigent un beau collège de quatre cents élèves, venus pour la plupart de Calcutta pour jouir du bon air de la montagne.

Le retour à Calcutta m'a paru encore plus intéressant que l'aller. En descendant les circuits sans fin du chemin de fer, je contemplais devant moi les vallées de la jungle.

A Calcutta, une invitation à dîner chez le vice-roi m'attendait. Lord Curzon m'a paru un homme d'une haute intelligence. Il est jeune encore. Sa figure calme et reposée me rappelle celles de nombreux Anglais que j'ai rencontrés. Il est cadet d'une très vieille famille normande. Ses ancêtres français s'appelaient, je pense, les de Courson. Il doit à ses talents et à ses qualités sa haute fortune. Sa femme, fort aimable, me parle avec émotion des *petites sœurs des pauvres*. Elle professe une grande estime pour un P. Jésuite, le P. Lafond, savant physicien, dont la science a une réputation universelle dans les Indes. Elle me confirme ainsi la théorie d'un religieux qui me disait : « Nos Pères savants maintiennent notre prestige ; ce qui est beaucoup parmi les Indiens et les protestants. »

Le dîner était tout intime : une dizaine de convives, dont un général, un clergyman d'Oxford et des officiers du palais. On me donne la place à droite de lady Curzon, dont la conversation, fort spirituelle et en excellent français, m'intéresse vivement, parce qu'elle a pour objet des observations faites sur le vif dans les différentes provinces de l'Inde. J'avais grand plaisir à entendre parler si pertinemment des mœurs et des idées de ce pays par une femme intelligente, si bien en mesure de les connaître.

De Calcutta à Madras, cinquante-deux heures de chemin de fer à travers un admirable pays, coupé de nombreux étangs, au bord la mer. — Des montagnes volcaniques bordent longtemps l'horizon du couchant. Des champs fertiles, verts de moissons entretenues par des irrigations habilement ménagées, reposent les yeux. — Les puits jouent un grand rôle dans la campagne : l'eau se tire habituellement avec un seau, attaché au bout d'une longue perche, comme dans les champs de Saint-Laud, près d'Angers. Quelquefois cependant, comme dans les plaines de Dehli, ce sont deux bœufs qui montent une outre pleine, suspendue à une corde et envoient l'eau sur les cultures voisines du puits.

En quittant Calcutta, nous avons, paraît-il, changé de langue ; nous avons certainement changé de type d'hommes. Ici, les indigènes me semblent plus beaux, plus intelligents. Ils sont plus noirs ; leurs longs cheveux et la façon dont ils les arrangent leur donnent un grand charme.

J'ai fait visite à l'évêque de Meliapore (1), successeur de saint Thomas, dont la cathédrale et l'évêché dominent la baie du Bengale. Son diocèse se compose d'enclaves prises dans les autres diocèses, depuis l'Himalaya jusqu'au cap Comorin. C'est un vestige de l'ancien empire religieux des Portugais, qui ont obtenu de Rome la faveur de conserver ce diocèse, fait de pièces et de morceaux. Les Portugais étaient les premiers occupants dans tout le sud de l'Inde. Ce sont les diocèses des autres nations qui sont venus se former sur leur territoire. On ne leur a laissé que de maigres lambeaux de leur manteau royal.

Quelques idées de l'évêque de Meliapoore me semblent bonnes à noter. Selon lui, une tête d'Indien reçoit tout ce qu'on y met, mais ne rejette rien ; si bien que l'idolâtrie reste toujours au fond avec ses superstitions. Dans les diocèses de Kandy et de Colombo, il a trouvé chez plusieurs familles des prières en portugais défiguré. Ce qu'il y a de plus solide encore dans le catholicisme des Hindous vient du Portugal, de ces hommes à main de fer du XVIe siècle, dont la foi et le zèle égalaient l'énergie. Les castes sont un des plus grands obstacles aux conversions. Certaines, comme celle des blanchisseurs, ne comptent peut-être pas un seul catholique.

Le vicaire général me fait un grand éloge des articles écrits par le P. Suau, mon ancien élève, sur la mission du Maduré ; il en admire le style et la poésie. Envoyez ces éloges à leur adresse.

(1) Mgr Theotonio Emmanuel Rebeira Vieira de Castro.

Je trouve chez l'évêque l'armée habituelle des domestiques dans les bonnes maisons de ce pays-ci. Chacun ne faisant qu'une chose, il faut un grand nombre de bras pour entretenir tous les services de la maison.

Si les Français ou les Portugais étaient restés maîtres des Indes, il y aurait actuellement plus de quarante millions de catholiques. Les Anglais s'occupent peu de religion ; ils laissent tranquille dans sa paix l'ancien état de choses des idolâtres. Ils ont, il est vrai, ouvert les carrières libérales, et les examens qui y préparent, aux Hindous qui s'élèvent un peu au dessus des autres. Ils ont multiplié des maisons d'éducation sur le type de celles qui sont en Angleterre. Ils transportent leurs collèges, comme leur *home*, avec eux, et font partout où ils sont une petite image de la mère patrie.

Je sors du bazar, un des plus animés que j'aie vus. Le pittoresque abonde. Pendant quelque temps, ce fouillis de couleurs crues, rouge, jaune, bleu... me divertissait. Les yeux sont flattés par cet assemblage de gens habillés si diversement et ne se souciant en rien, semble-t-il, de copier les façons de leurs voisins. Mais à la longue la tristesse m'a envahi ; j'ai cherché en vain sur ces figures quelques indices de la douce bonté du catholicisme ; Jésus-Christ n'était point en ces hommes. Puis je voyais tant de traces de leurs folies superstitieuses ! Ils ont pour la plupart sur le front des marques étranges : je suppose que ce sont des indices de leur culte ou de leur caste. Ces marques sont de toute sorte et de toute grandeur. Les unes couvrent le front en entier ; d'autres sont peintes sur la poitrine et sur les épaules. Puis les fakirs, le corps couvert de cendre, passaient près de moi en mendiant. Mon impression était réellement pénible : tant d'âmes, et presque pas une ouverte à la douce lumière de l'Évangile, pas une qui connût les bontés de Jésus-Christ! Presque tous abandonnés aux superstitions imbéciles du démon!

Madras attriste par d'autres côtés. Cette ville ne conserve plus rien de la gloire passée des héros français, qui l'ont prise et occupée quelque temps au milieu du xviiie siècle. Le fort Saint-Georges, dominé par l'église Sainte-Marie, a un air de forteresse française. Ses jolies proportions, l'aspect agréable de ses murailles extérieures, réjouissent les yeux. Les sables accumulés par la mer devant sa façade lui donnent encore un éclat de reflet. Devant lui, la mer toujours forte, souvent formidable et bruyante, parce qu'elle n'est retenue par aucun rocher, par aucun cap, est de temps en temps visitée par les typhons terribles du golfe de Bengale. Peu d'endroits de l'Océan ont vu se briser plus de vaisseaux et se noyer plus d'hommes.

Le 10 septembre 1746, La Bourdonnais, un vrai Breton, audacieux et avisé, prenait le fort Saint-Georges et s'emparait des clefs de la ville. Il se faisait payer une rançon de plus de neuf millions de francs. Pour cela, il avait dû, avec quelques vaisseaux, équipés par lui et montés seulement par plusieurs centaines de marins français et de noirs de l'île Maurice, battre la flotte de lord Peyton et disperser l'escadre de Barnet qui protégeait Madras. — Vingt-trois jours après la reddition de la ville, un cyclone terrible coulait bas trois des vaisseaux vain-

VIEUX LAMA (HIMALAYA)

queurs : le *Duc d'Orléans*, le *Phénix*, le *Lys*, avec douze cents hommes. C'était le premier des malheurs qui devaient tomber sur la fortune si brillante du grand capitaine. Quelques mois après, la capitulation était rejetée par Dupleix. Mais j'ai hâte de détourner ma pensée de ces souvenirs !

Sur quatre points de la banlieue de Madras on montre les places où, en 1758, Lally Tollendal avait installé ses batteries pour reprendre la ville aux Anglais et faire une brèche à cet empire de nos voisins, qui se fortifiaient de plus en plus dans les Indes.

Maintenant le peu qui nous reste dans la grande péninsule, Pondichéry, Chandernagor, Mahé et Karikal, éveille bien des regrets et suscite bien des questions au voyageur français. Pourquoi la colonisation anglaise a-t-elle meilleure réputation que la colonisation française ? Les journaux et les revues reviennent sans cesse sur notre infériorité. Les causes doivent être nombreuses. Nous n'avons point l'amour de l'aventure et du voyage. Nous n'aimons point à quitter notre belle France. Éloigné de son pays, le Français pleure son clocher et se croit exilé. Le gouvernement de la Métropole traite les colonies comme une préfecture de la France ; il leur applique les lois et l'administration étroite de nos départements. N'a-t-il pas imaginé de les faire représenter par des députés et des sénateurs, comme si les Hindous ou les Tonkinois pouvaient faire un choix éclairé de leurs représentants !

Une des causes les plus apparentes de notre infériorité, c'est que nous avons transporté dans nos colonies, en l'aggravant encore, la passion du fonctionnarisme. Les Anglais qui administrent les Indes sont peu nombreux ; ils travaillent beaucoup, ont de gros traitements et reçoivent pour la plupart, au bout de vingt-cinq ou trente ans, une retraite des plus honorables. Pour toute une catégorie, la retraite est de vingt-cinq mille francs. Le goût de plus en plus violent des Français pour les fonctions de l'État a multiplié, dans nos colonies, les employés de l'État, qui abondent dans les bureaux, se gênent les uns les autres et absorbent les revenus de la terre, bien que chacun soit peu payé et ne prétende qu'à une retraite dérisoire. Le colon ou le commerçant, qui n'aurait besoin que de liberté et de protection, ne trouve trop souvent que des obstacles à son initiative, dans ces règlements que sont en train de fabriquer et de lui appliquer tous les *gratte-papiers* des bureaux du gouvernement. Quelquefois on se croirait à Constantinople ou à Pékin, tant nos administrateurs, qui sont légion, ont des airs d'Orientaux amis des discussions stériles et décourageantes.

14 *janvier*. — J'ai déjeuné chez le gouverneur de Madras, lord Ampthille. Il est jeune, trente-deux ans peut-être, et père de deux enfants charmants. C'est le type de l'étudiant d'Oxford athlétique, grand rameur et joueur de cricket. Il parle fort bien le français, ainsi que sa femme, qui se montre maîtresse de maison d'une grâce parfaite. Tous les deux sont très aimables envers moi et me parlent des Lytton, leurs parents. Lord Ampthille était secrétaire de M. Chamberlain et vient d'arriver à Madras. Son palais, ouvert

à tous les vents et à tous les oiseaux, selon la coutume des Indes, est fort agréable à habiter à cause de la brise de mer, qui souffle continuellement. L'hospitalité qu'on y reçoit est faite de tant de dignité et de cordialité, qu'elle vous repose agréablement de vos longues courses à travers les Indes, en vous reportant en esprit dans les châteaux les plus aristocratiques de la Grande-Bretagne.

Un trait de mœurs bien particulier : hier matin, j'allais dire ma messe à la cathédrale de Méliapore; je trouvai l'évêque en mitre, sous le vestibule de son église, accompagné de ses prêtres, en train de faire des cérémonies extraordinaires. Je m'approchai ; je vis qu'il baptisait neuf Hindous, dont six adultes. Pour ces derniers les cérémonies furent très longues. Les baptisés étaient dirigés par un *frère gris*, seul survivant d'une petite communauté indigène. Le pauvre frère avait l'air bien heureux de sa conquête ; c'est lui qui avait catéchisé les adultes.

De retour à son palais, l'évêque me parla de ses nouveaux diocésains. J'appris avec un certain étonnement que, parmi les baptisés, étaient le domestique de l'évêché, sa femme et trois de leurs enfants. Or ce domestique était à l'évêché depuis 20 ans. J'arrivais juste pour voir un évêque baptiser ses domestiques et pour partager sa joie.

La réception que le bon évêque fit aux neuf baptisés fut des plus touchantes. Il leur donna à chacun un chapelet et une médaille. Il caressait les enfants, les prenait sur ses genoux. L'un d'eux, âgé de trois ans, sans costume, semblait un peu teigneux ; le charitable évêque lui prodiguait ses caresses, à la grande joie de la mère, qui s'inclinait jusqu'à terre. Tout ce monde, à genoux autour de l'évêque, rayonnait d'une joie pure et franche. C'était un tableau ravissant, digne de tenter la palette d'un peintre. La réception dura bien vingt minutes.

Comme on s'habitue vite, là où le cœur trouve ses satisfactions! L'accueil de l'évêque de Méliapore et du gouverneur anglais m'avait en quelques jours tellement attaché au séjour de Madras que je le quittai avec peine, malgré la chaleur de son climat. J'avais trouvé tant d'objets à ma curiosité! Les quartiers de la ville, très distants les uns des autres, ont les aspects les plus divers. J'ai parlé du bazar, où les Hindous vivent, serrés comme des lapins, dans leurs pauvres maisons faites de planches ou de boue. Les rues y sont étroites et tout le jour encombrées d'acheteurs, de fakirs, de flâneurs en quête d'impressions agréables. Ailleurs, les quartiers européens présentent des villas cachées dans de grands jardins, sous les ombrages des cocotiers et des palmiers. Les fleurs abondent, plus vives de couleurs que les nôtres et exhalant des odeurs puissantes et particulières aux tropiques. L'odorat est peut-être le plus flatté des sens dans ces pays, où le goût fait maigre chair, où le soleil vous brûle, où les oreilles entendent rarement une musique agréable. Est-ce pour cela que les Hindous font une si grande consommation de fleurs pour leurs dieux et pour leurs fêtes? Les jardins de Madras annoncent la grande ville, où l'Européen s'est créé une habitation aussi confortable qu'à Paris et à Londres.

Me voici depuis ce matin à Bengalore, dans le collège Saint-Joseph, où j'ai été accueilli avec une bonté parfaite. Deux missionnaires m'attendaient à la gare : le P. Froger et le P. aumônier (1) du Bon-Pasteur. Après ma messe, j'ai salué les sœurs dans la salle de la communauté ; je me croyais revenu au Bon-Pasteur d'Angers.

Bengalore, le 18 janvier 1901. — Cher monsieur et ami (2), je voudrais posséder votre science des choses coloniales pour vous parler pertinemment de l'un des objets les plus intéressants qui s'imposent à l'étude d'un voyageur dans les Indes : je veux dire le gouvernement anglais. J'entends dire et beaucoup de bien et beaucoup de mal de la façon dont nos voisins administrent leur immense empire colonial. Les uns disent : » Les Anglais vivent trop grassement sur une terre pauvre... » D'autres : « Si les Anglais se retiraient, les flots de sang de la guerre civile couleraient jusqu'à la mer Rouge. » Tout d'abord l'esprit est un peu déconcerté par deux jugements si opposés. Peu à peu je remarque que ceux qui parlent mettent dans leurs appréciations leurs passions personnelles ; puis souvent leurs jugements portent sur des choses très différentes de l'administration anglaise. Les uns viseront la prospérité temporelle, d'autres les intérêts religieux, d'autres l'influence de ce qu'on appelle la civilisation européenne.

Je vous donne à mon tour le fruit de mes petites

---

(1) Le R. P. Vallet.
(2) Lettre adressée à M. J. Joûbert d'Angers, qui a beaucoup étudié les choses coloniales et a écrit sur elles de nombreux articles, très appréciés des connaisseurs.

observations. Je trouve que la terre est très riche ; mais celui qui la cultive est très pauvre. La vallée du Gange est plus fertile que celle de la Loire et peut-être cinquante ou cent fois plus vaste ; mais l'Hindou qui l'ensemence et l'arrose est resté dans une routine enfantine, qui ferait sourire nos cultivateurs. Sa charrue, traînée par un pauvre bœuf, est un soc de bois qui gratte à peine l'écorce de la terre. Malgré cela, l'eau et le soleil tirent d'un sol de cendre très riche de superbes cultures. En ce moment, on voit des moissons à tous les degrés de la croissance et de la maturité.

On reproche aux Anglais de trop pressurer d'impôts le cultivateur. Je ne saurais apprécier la valeur de l'accusation. Puis, le Français est tellement chargé d'impôts qu'il a peine à trouver son pareil, même aux Indes. Ce qui est certain, c'est que tous les administrateurs anglais sont grassement payés. Mais ils travaillent beaucoup, sont peu nombreux dans les emplois : je connais un jeune homme de trente-deux ans qui est seul magistrat et collecteur d'impôts, pour une population à peine une fois moins grande que celle de l'Anjou.

Si l'on voulait juger ce qu'ont fait les Anglais, il faudrait écrire un gros livre avec de nombreux chapitres, dont les conclusions seraient très différentes entre elles.

Malgré tous leurs efforts, les Européens n'ont que légèrement entamé l'esprit et les mœurs des Hindous. L'eau a coulé sur une pierre dure sans la pénétrer ; à peine remarque-t-on de temps en temps quelques points attaqués par cette eau. Aussi je me figure être dans le même vieux monde qu'ont envahi les Mongols et plus tard les Turcs, monde qui semble fier de ne pas ressembler au nôtre et qui a si peu de nos sentiments et de nos façons de vivre, que vous lui croiriez une tête organisée autrement que la nôtre. On m'a dit que cette tête, même quand elle recevait quelque chose d'européen, ne perdait rien de ses préjugés nationaux.

Les Hindous, dans leur conduite, ressemblent à de grands enfants, faciles à mener par la peur, par la flatterie, par les hochets de n'importe quelle distinction. Les fameuses castes, que tant de fois les Européens ont voulu briser, résistent aux attaques, parce qu'elles constituent les quartiers de noblesse de la meilleure partie de la population. Elles compliquent singulièrement la vie sociale ; elles multiplient inutilement les domestiques, puisque celui qui cire vos souliers ne peut toucher à vos habits. Mais cependant ce sont les impies qui les rejettent absolument. Il sera peut-être plus facile de convertir les Hindous quand ils n'auront plus de castes ; mais il est à craindre qu'alors ils ne soient devenus incrédules. La caste entretient le sentiment religieux ; elle l'avive par toutes les cérémonies dont elle est le principe dans les familles.

Cependant, que de mauvaises graines dans cette piété! D'abord la pluralité des dieux est admise ; et quels dieux! Les uns sont méchants et ressemblent au diable. Ce sont ceux-là à qui l'on sacrifie le plus souvent, pour les empêcher de nuire. La religion ici est une loi de crainte, et non de charité et d'amour, comme la nôtre. — Kali, la déesse de la peste. est une des divinités les plus honorées. Elle est laide à faire peur ; elle montre ses dents et sa langue ; elle a les allures d'un Bacchus en ivresse. Son image annonce une âme de démon. Nous avons peine à nous imaginer que des adorations humaines puissent s'adresser à un être si méchant et si laid...

DIXIÈME LETTRE

Colombo, le 24 janvier 1901.

Bien cher ami, je suis, comme les gens qui veulent trop entreprendre, toujours en retard. J'avais l'intention de mettre mes notes à jour et de vous écrire longuement demain. Or, on m'annonce que la *poste hebdomadaire* part dans une heure; et je suis à huit kilomètres de la ville de Colombo, perdu dans une forêt de cocotiers, sur les bords d'une mer agitée, mais fort agréable aux yeux.

Je laisse mon compagnon d'excursion, M. Christophe Richemond, sous-lieutenant anglais, pour vous envoyer un bonjour. Je suis séparé de vous et d'Angers par près de deux mois *sans nouvelles*. Vos lettres me sont arrivées, mais après quels détours! On avait eu à Colombo la fâcheuse idée de les envoyer au devant de moi; jugez de leur retard. J'ai reçu la dépêche du jour de l'an, le 19 janvier, et votre lettre du 1er décembre, aujourd'hui même. J'ai été vivement touché du télégramme. J'ai prié Notre Seigneur de bénir ceux qui m'envoyaient ainsi leurs vœux malgré les distances et les tarifs de la poste.

Remerciez M. et Mme de Terves.

J'ai hâte de vous dire que jusqu'ici Dieu a béni mon voyage. Pas de maladie. Beaucoup de choses vues, sommairement étudiées, assez vivement senties cependant pour faire un fonds de réflexions, peut-être utiles pour les dernières années de mon professorat. C'est un monde étrange que cette Inde, et très compliqué, où les folies s'allient à de grands sentiments. Le goût de certains conquérants a enfanté des merveilles d'un art extraordinaire, beau cependant à sa manière, où la fantaisie domine sans souci de l'ordre ou de l'utilité. Après tout, l'art est-il si lié que plusieurs le croient aux idées pratiques ? La fantaisie n'est-elle pas surtout sa bonne déesse ? En voyant les vieux temples hindous (et j'ai visité les plus célèbres), je songeais par contraste à Viollet-le-Duc, qui s'est efforcé de montrer que la perfection du gothique venait de l'utilité de tous les ornements. Chez les Hindous, on pourrait dire que tout est inutile et laissé à l'inspiration de l'imagination ; et cependant que de beautés !

Adieu : on demande ma lettre. J'ai vu les sœurs de Bengalore, de Mysore, de Colombo. Je suis enchanté de cette visite qui, je crois, leur sera utile. Dans dix jours je partirai pour Melbourne. — Bonjour affectueux à tous.

J'ai visité tous les religieux angevins habitant sur mon chemin ; il y en a cinq ou six ici (1). J'espère que vous avez reçu les paquets de notes que je vous ai envoyés pendant mes courses.

---

(1) Les R. P. Euzé, Brault, Davy A., Davy P., Lefrère, Réthoré.

UN COIN DU TEMPLE DE TANJORE

Cher ami, je ne vous ai pas fait part de mes impressions après ma visite aux grands temples hindous ; je vous les envoie aujourd'hui. Les plus célèbres et les plus beaux de ces temples sont dans le sud de l'Inde, tandis que les tombeaux et les palais sont dans le Nord, là où ont dominé les empereurs musulmans.

TRICHINOPOLI

La célébrité de cette ville vient de son fleuve sacré, le Gange du sud, le Cavery, que j'avais déjà vu près de Mysore, et dont l'eau a pour l'Hindou toutes les vertus du fleuve de Bénarès. Aussi des sanctuaires célèbres, dès la plus haute antiquité, ont illustré ses bords. Tandis que les temples de Mont-Abu ont été construits par les Jaïns, en des lieux sauvages, peu abordables et peu fertiles, ceux d'ici au contraire sont au centre d'une vallée très fertile, dont les revenus fournissent les moyens de subvenir aux besoins d'un culte dispendieux. Les aumônes des fidèles riches doivent être plus abondantes ici qu'à Mont-Abu. — Puis, pour les Jaïns, les temples qui sont sur des montagnes saintes ne doivent pas être entourés de demeures humaines. Les fidèles, en pèlerinage, ne peuvent coucher en ces lieux sacrés.

Le premier temple que je visitai ici est dans la ville même de Trichinopoli, sur un rocher isolé qu'il occupe tout entier. On y entre par un porche que supportent des piliers grossièrement sculptés et couverts de pierres énormes. On dirait l'entrée d'une grotte de géants. Un éléphant sacré est à l'entrée; une bande de musiciens, qui font un vacarme assourdissant par leurs chants et par leurs instruments, vous prépare à quelque chose d'extraordinaire. Des enfants s'agitent autour de vous, en vous proposant de vous servir de guides.

Au bout du porche, commence un escalier de proportions gigantesques, taillé dans la montagne ; il conduit aux différentes salles du temple. En réalité, on voit peu de choses intéressantes, jusqu'à ce que l'on soit arrivé sur les terrasses, d'où l'on découvre la ville, le cours de la rivière et la vallée toute verte à vingt ou trente milles à la ronde. Après une nouvelle ascension plus pénible que la première, par des marches légèrement entaillées dans le roc,

TEMPLE DE TRICHINOPOLI

on arrive enfin au sommet, qui supporte le sanctuaire du dieu. On aperçoit la statue vénérée au fond d'une cella, mal éclairée par une lampe. Des fidèles apportent des fleurs, des fruits et des parfums, qu'un fakir, muet volontaire, reçoit de l'intérieur où il se tient. — Au-dessus de la cella, une esplanade permet de voir tout l'ensemble du temple, le dôme doré, que l'Hindou montre avec orgueil, et les étangs sacrés où se lavent les fidèles.

Mais le temple le plus intéressant pour le visiteur européen est celui de Sri-Rangam, dans une île du Cavery, à une lieue de la ville. Toute l'île semble faire partie du temple, tant sont nombreux les porches et les pavillons, qui annoncent un lieu sacré par leur structure et le sujet religieux de leurs sculptures.

Le temple proprement dit renferme une petite ville avec ses rues et ses bazars. Aux quatre points cardinaux, s'élèvent des porches ou grandes portes triomphales, surmontées de pyramides énormes, amoncellement fantastique de personnages, de bêtes, d'arbres en hauts-reliefs, aux couleurs vives, où il est impossible à un simple touriste comme moi de démêler le sens et la suite des scènes représentées. Aux signes verticaux, rouges ou bleus, qui marquent le front des personnages légendaires, des animaux mythiques, du dromadaire vivant attaché à une porte, ainsi que des nombreux fidèles, assis ou marchant dans les rues, je reconnais un temple dédié à Vishnou. Je remarque même que nulle part ailleurs je n'ai vu le signe impur exécuté avec plus de soin et en plus éclatantes couleurs.

Mais que peuvent bien représenter ces monstrueux

personnages mythologiques, qui, le long des quatre pyramides, s'enchevêtrent les uns dans les autres, sur une surface de quarante à cinquante pieds de large et à la hauteur de cinq ou six étages? C'est un fouillis inexplicable de têtes, de bras, de jambes; le même personnage a quelquefois deux ou trois paires des mêmes membres. Des démons semblent se mêler aux hommes et aux bêtes. On dirait le produit d'imaginations en délire. Comment cela exprime-t-il des croyances religieuses? Comment cela peut-il entrer dans l'art humain et produire une sensation esthétique? Que nous sommes loin des Grecs, si simples en leurs conceptions, loin même des artistes gothiques, toujours préoccupés de l'utilité en leurs inventions les plus libres! Cependant on ne peut nier ici tout effet esthétique. On est tout d'abord étonné; mais la forme générale vous plaît et vous semble grandiose. Au bout de quelque temps, les couleurs vous agréent; vous êtes retenu malgré vous devant ces monuments. Je ne connais aucun Européen, au goût le plus athénien, qui se soit senti pressé de fuir, en apercevant ces étrangetés, qui peu à peu attirent et vous charment, tout en déroutant vos règles apprises et en vous laissant la conviction que dans l'art, comme dans la nature, il y a toujours des voies inconnues et inexplorées de vous, par lesquelles la beauté peut un jour vous atteindre. Vous n'aurez jamais épuisé les ressources de la beauté.

Le mur d'enceinte, dans lequel s'ouvrent les quatre grands porches d'honneur, renferme, avec la ville, je ne sais combien de sanctuaires gardés par des brahmes. On voit des salles immenses ornées de piliers et de colonnes. L'une est appelée : *Salle des mille colonnes*. On se demande pourquoi cette forêt d'arbres en pierre, si rapprochés les uns des autres, qu'ils ne laissent pas de place pour des cérémonies. Les colonnes sont disposées de façon à produire de jolies perspectives dans tous les sens. J'ai remarqué une galerie où les piliers se composent de rois conquérants, montés sur des chevaux superbes, qui ont l'air d'écraser de pauvres captifs. Toute une rangée de ces cavaliers géants, en belle pierre noire, dure et polie comme le marbre, produit un effet grandiose. Certains murs sont chargés d'inscriptions écrites en plein granit.

Des chars de processions sont remisés aux portes du temple. Ils sont énormes, en bois sculpté, où l'on aperçoit des scènes nombreuses d'une mythologie compliquée, que je ne puis comprendre. Aux jours des solennités, des hommes les traînent à bras ; pour le plus gros, il faut jusqu'à 2.500 hommes. La foule alors est agitée, bruyante, folle de joie. Cependant on me dit que, même sans police, il n'arrive jamais d'accident grave en ces processions.

Les rues les plus rapprochées des sanctuaires sont occupées par les brahmes, qui sont ici très nombreux et fort à l'aise. L'un d'eux était en train, dans le vestibule de sa maison, de s'oindre d'huile comme un athlète. Il paraît que c'est la coutume des brahmes riches, pour donner de la souplesse à leurs membres et peut-être aussi pour se défendre contre la sueur dans ce pays de chaleur humide.

Les troupes françaises ont occupé le temple de Sri-Rangam, pendant le siège de Trichinopoli, en

1753. Sans doute quelques-uns de nos compatriotes dorment, à l'abri de ces murs, leur dernier sommeil. Il y a des sépultures françaises sur tous les points de la grande et riche presqu'île de l'Hindoustan. Nous avons semé sur cette terre ingrate ce que nos voisins récoltent. Le fort de Madras et ses belles fortifications sont l'œuvre d'ingénieurs français. Ils portent la marque de notre bon goût, dans l'agrément de leurs belles et sévères proportions. Le plus beau collège de Luknow est l'œuvre des libéralités du Français, dont il porte le nom : de la Martinière. Nos compatriotes du XVIIe siècle, les angevins La Boulaie et Bernier, allaient aux Indes pour satisfaire leur curiosité ; ceux du XVIIIe siècle y allaient par goût des nobles aventures, pour mettre leur épée au service des Rajahs.

Le Français demeure presque toujours chevalier dans ses grandes entreprises ; il s'expatrie plus volontiers pour le service d'une idée que pour le gain de la fortune.

Tanjore. — Un nom inconnu pour moi jusqu'ici, qui restera dans mon souvenir à cause des belles choses qu'il me rappellera.

J'arrivai le samedi, à neuf heures du soir. Il faisait nuit noire. On me conduisit dans le Dak-Bungalow, où l'on avait préparé l'une des deux chambres qui, pour une roupie par jour, sont mises à la disposition des voyageurs européens. Il n'y a point d'hôtels à Tanjore, ainsi que dans la plupart des petites villes de l'Inde. L'homme, qui a la garde du Dak-Bungalow, se charge de vous nourrir pour quatre roupies par jour. J'étais le seul hôte de cette maison du gouvernement, mise à la disposition des Européens de passage à Tanjore.

Comment vous faire la description de mon séjour dans le Dak-Bungalow de Tanjore, qui fut mon palais pendant deux nuits et un jour ? J'en fus pendant ce temps le seul habitant et comme le propriétaire. On m'y avait conduit à la lueur d'une lanterne, prise à la gare, à travers des chemins où des Hindous cheminaient comme des ombres, pieds nus dans la poussière. On m'y avait installé dans une pièce fermée seulement par des tapis en feuilles de palmier. J'y avais dormi tranquille, confiant en la garde de la Providence. Le matin les premiers rayons du soleil, filtrant à travers les fenêtres mal closes, inondèrent mon logis, qui me parut simple mais confortable. Dans ce pays de la chaleur, l'ombre seule suffit : le mobilier est presque inutile. Les maisons sont comme les hommes : elles semblent avoir horreur des tentures et des ornements trop abondants.

Le premier bruit que j'entendis fut le croassement des corbeaux, qui voletaient autour de ma maison. Ils demandaient à y entrer. La pensée du monde hindou qui m'entourait me rendit rêveur. J'étais à peine levé, que j'aperçus, se glissant le long de mon bungalow, des marchands hindous, chargés de curiosités à vendre, qu'ils déballèrent malgré moi. Le moyen le plus sûr de se débarrasser d'eux est de les laisser épuiser la série de leurs curiosités. Si vous n'achetez rien, vous avez du moins le plaisir d'admirer de belles couleurs. Le marchand vous sait déjà gré de votre admiration.

A huit heures, j'allai dire ma messe dans la chapelle desservie par un prêtre du diocèse de Méliapore. Je fus grandement édifié par l'assistance nombreuse, réunie de tous les alentours. Quelques fidèles étaient venus dans de petites charrettes à bœufs — le *bullock-car*; — je donnai la communion à plus de deux cents personnes, parmi lesquelles des hommes en grand nombre. Leur tenue était d'une piété très démonstrative; les femmes s'inclinaient jusqu'à terre après la réception de l'hostie. A l'élévation, des prières, ressemblant à des soupirs, s'élevaient de toute l'assemblée, allant en augmentant jusqu'à ce que la sonnette eût donné son troisième coup. Notre Seigneur doit compter de fervents adorateurs parmi ces braves gens, dont les cœurs vont si simplement à lui. Pendant ma messe une congrégation d'hommes chanta plusieurs fois en latin et, à la fin, en tamoul. Quand je m'en allai, je trouvai des groupes de jeunes gens qui m'attendaient, pour me faire escorte et pour me témoigner leur joie, disaient-ils, d'avoir pu prier avec moi.

Après déjeuner, je fis la sieste dans mon bungalow. Un vieil Hindou, installé en dehors, manœuvrait, à l'aide d'une longue corde, un *pantcha*, qui, par son mouvement régulier, agitait l'air et donnait de la fraîcheur à l'appartement. De temps en temps le bon vieux allongeait la tête à travers la porte, pour voir si je dormais : puis il recommençait à balancer le *pantcha*, comme on tire un soufflet de forge.

La sieste finie, j'allai visiter la pagode, qui passe pour la plus parfaite du sud de l'Inde. Elle date du xvie siècle ; mais elle est évidemment construite sur les fondements d'une autre plus ancienne de cinq ou

TANJORE — UN COIN DU GRAND TEMPLE

six siècles. Elle ne renferme point de rues, ni de ville, comme celle de Sri-Rangam ; elle a la forme du temple de Jérusalem. Après deux grandes portes, dont la première, surmontée d'une pyramide énorme sculptée, est séparée de la seconde par un couloir de pierres chargées de sentences tamoules, on voit une vaste cour dont les quatre murs d'enceinte sont bordés de galeries, ornées pour la plupart de scènes prises dans la vie de Shiva. Il était original, ce Shiva, troisième dieu de la trinité hindoue ; et sa vie fut bien aventureuse. C'est une vraie mythologie, pleine des légendes les plus étranges, dont quelques-unes cependant ont un sens assez philosophique. Shiva passe pour avoir toujours été bon envers les brahmes, qui l'appellent leur protecteur. Les rois l'aiment aussi : car le dernier roi de Tanjore, mort il y a deux ou trois ans, a fait repeindre en grand les légendes du dieu, sur un côté des galeries.

Dans la cour, se dressent plusieurs sanctuaires, abrités chacun par des pyramides chargées de sculptures. La plus haute pyramide, au centre, est la plus élevée que j'aie vue aux Indes : elle le cède de très peu en hauteur au Kutub-Minar du vieux Dehli. La description et l'explication de tous ses ornements comprendrait plus d'un volume in-folio. Ce sont des étages et des étages de sculptures sur les quatre faces du monument. L'enchevêtrement des personnages et des animaux, leurs luttes, leurs jeux, leur repos ou leurs airs menaçants, forment un ensemble incompréhensible au simple public ; et pourtant le public admire.

Le petit sanctuaire, surmonté d'un petit obélisque,

dans un angle de la cour, est regardé comme le bijou de ces sortes de monuments. Il est moins étonnant pour notre imagination, et plus rapproché de notre esthétique que les autres. Les lignes en sont harmonieuses, les sculptures très fines ; le vestibule du sanctuaire, en pierre noire, présente des personnages d'un travail très délicat. On dirait de belles statues romaines en marbre noir. Si Shiva a du goût, il doit préférer ce petit sanctuaire aux plus grands. Mais ses dévots actuels, ici comme ailleurs, manquent par trop complètement de ce goût. Ils conservent, remisés dans une grande salle voisine, des chars de fête bariolés et des statues horribles, barbouillées en rouge, en jaune et en noir, agrémentées d'yeux en verre peint et de bouches effrayantes. Ils traînent ces chars et ces statues aux jours des processions. Au-dessus de ces monstres, on nous fait remarquer la galerie de portraits des rois de Tanjore. Ils sont bien là une vingtaine dans leur pose hiératique, presque tous gras, d'expression peu intelligente et n'offrant guère d'intérêt que par l'étrangeté de leur costume.

Ma visite se fit dans de bonnes conditions. Un guide eut la patience de m'expliquer tous les tableaux représentant la vie de Shiva ; hélas ! j'ai oublié. Il me fit donner par un brahme, qui broyait du santal, une boule en pâte de ce bois odorant. Mes poches en furent parfumées pendant des semaines. Un paon, un habitué du temple, nous suivit partout, réclamant avec audace la pitance, que lui donnent les étrangers : il avait reconnu des Européens. Il leur demandait le bakchich.

Dans un coin de la cour, une femme faisait ses

dévotions ; elle jetait de l'eau sur une pierre ; allumait de l'huile ; faisait mille simagrées avec le plus grand sérieux. La galerie du fond de la cour est occupée par une série de petites chapelles, contenant par centaines des pierres noires, emblême de la génération des êtres. Toutes ces pierres, de grosseur différente, sont de même forme et établies ici dans les mêmes conditions que dans toutes les pagodes.

Près du temple, se trouve un étang sacré, dans lequel les gens viennent puiser de l'eau par trois escaliers : deux pour les Hindous, l'autre pour les musulmans et les chrétiens. On ne se lave pas dans l'étang ; on porte pour cela l'eau en dehors, parce que l'eau qui est bonne « comme le lait », sert de boisson à tous les fidèles hindous de Tanjore ; elle m'a semblé très sale et jaune de boue. Mon domestique voulut se laver les pieds ; il était justement à l'escalier des Hindous. Il s'éleva aussitôt une altercation violente ; on le traita comme un chien ; j'ai cru que nous aurions une affaire. Heureusement que dans ce pays la colère se décharge en paroles et va rarement jusqu'aux actes.

Dans le palais des rajahs, vide depuis quelques années, parce que les Anglais n'ont pas voulu reconnaître le fils adoptif du dernier roi, j'ai visité une des plus riches bibliothèques sanscrites des Indes. Dans des armoires sont rangés et bien étiquetés des manuscrits sur feuilles de palmier. Sur ces feuilles sont écrits au stylet les vieux poèmes épiques et les romans sans fin, dont nos savants d'Europe ont commenté les textes. En les voyant si abondants, si vieux, si bien rangés comme du linge dans une armoire, je songeais à la joie qu'avait dû éprouver jadis à leur vue mon compatriote, M. Théodore Pavie (1), et, en me repliant sur mon ignorance, j'étais obligé de m'humilier. Hélas ! je ne voyais que des noms de poèmes qui ne me donnaient que des souvenirs très confus. Que de beautés cachées dans ces vieux poèmes sanscrits, dont ne peut jouir qu'une petite élite de savants !

Dans les salles de ce palais, comme chez tous les rajahs des Indes, à côté de vieilles sculptures très belles, œuvres de l'art hindou, on trouve un mobilier de pacotille apporté d'Europe et, la plupart du temps, en loques. Les rajahs n'ont pas plus de goût que leurs peuples. Les commerçants européens trouvent en eux de bons clients, pour écouler leurs vieilles marchandises.

Le dernier roi a laissé six ou sept Ranis (2), qui vivent là sous la surveillance des Anglais, dont elles reçoivent une pension de quelques milliers de roupies. Elles ne peuvent quitter le palais, même pour aller à la pagode, sans la permission du résident. Mon *manager* du Dak-Bungalow m'a expliqué, à sa façon, la misère de Tanjore, qui « n'a plus de cour et partant plus de « luxe. Le roi a été puni de sa vie de débauches ; il « n'a pas eu de fils. Et maintenant qui entretiendra « la pagode et ses prêtres ? Qui fera vivre le com- « merce de Tanjore ? »

---

(1) M. Théodore Pavie, orientaliste du XIXᵉ siècle, professeur au collège de France, a publié sur les Indes, qu'il avait visitées, des récits de voyages et des légendes hindoues. Il a été professeur aux Facultés d'Angers.

(2) Princesses de la famille royale.

Madura.

Prononcez Maduré, parce que messieurs les Anglais prononcent *a* comme *é*. Ces conquérants font ici la loi, même quand ils se trompent. Ainsi Bunglow est devenu, à cause de leur prononciation : Bungalow.

J'ai vu le temple de Madura dans l'animation d'un jour de fête. Dès l'entrée, qui est occupée par un bazar et où les marchands vous assaillent, de toutes parts, pour vous vanter leurs marchandises, j'aperçois une sorte de procession précédée d'une musique très bruyante. Ce sont des employés du temple qui, perchés sur deux éléphants et abrités par de larges ombrelles, apportent de l'eau puisée au fleuve pour les cérémonies religieuses. Tout cela a une apparence bizarre; le sérieux liturgique est mêlé au bouffon. Je me mets à la suite de l'un de ces porteurs d'eau sacrée. Il descend de son éléphant et verse son vase sur un bœuf énorme, en cuivre, qui se trouve dans un sanctuaire du temple. C'est l'ablution du matin pour cet animal en métal. Après cela, l'éléphant est emmené par ses serviteurs.

Le temple de Madura, comme celui de Tanjore, a quatre *gopuras*, ou pyramides, au-dessus des quatre entrées. Ces pyramides produisent le même effet qu'à Tanjore; elles déconcertent l'imagination par le caprice de leurs figures en pierre, la plupart grimaçantes et dans des positions extraordinaires. Elles n'ont pas l'air de connaître les lois de l'équilibre. Cependant l'ensemble est agréable et réjouit l'esprit. Les belles lignes des angles se dessinent bien sur l'horizon; elles coupent le ciel éclatant de lumière avec une netteté que nous ne connaissons pas dans nos pays plus ou moins brumeux. Ceux qui ont construit ces pyramides avaient assurément de l'imagination, mais ils avaient aussi le sens de l'élégance, malgré leur amour de l'exubérant, et la grandeur de leur œuvre garde de jolies proportions. Les Hindous du XIXe siècle ont détérioré certaines parties de ce temple Pour le rafraîchir, ils ont badigeonné au lait de chaux des piliers, des colonnes et même des sculptures, qu'ils trouvaient trop salies par le temps. Heureusement quelqu'un m'a dit que lord Curzon avait ordonné d'enlever ce badigeon partout où l'on pourrait. Que ne l'a-t-il fait plus tôt! Car, hélas! il paraît que, justement pour la visite de ce vice-roi, les brahmes ont badigeonné autant qu'ils ont pu. Il semble qu'aux Indes, comme en Europe, l'âge d'or de l'architecture religieuse soit passé. Il faut regarder en arrière pour trouver les artistes architectes qui ont le mieux rendu, avec le plus de force et avec le plus de goût, le sentiment religieux de tout un peuple. Cette décadence de l'art le plus complet peut-être doit ramener notre orgueil moderne à l'humilité.

DOUZIÈME LETTRE

SUR L'OCÉAN INDIEN, 1ᵉʳ FÉVRIER 1901

Cher ami,

Quand on a parcouru les Indes de l'ouest à l'est, du nord au sud, de Bombay à Calcutta, de l'Himalaya à Madras et à Tuticorin, on est *envahi* par des impressions et des jugements si divers, quelquefois si contradictoires, qu'on a peine à mettre de l'ordre dans ses pensées et à se former une opinion bien nette sur la plupart des choses que l'on a vues. On a traversé un monde si différent de celui qu'on habite, que les idées habituelles en sont toutes bouleversées.

Tout d'abord, on est comme étonné qu'en dehors de notre monde européen vive une humanité si dense, capable d'écraser notre petit pays, si elle se mettait en mouvement. Or on prend conscience, en visitant l'Himalaya, qu'au-delà de ces monts vit un autre monde, différent du nôtre, différent de celui qu'on a sous les yeux et qu'on dit encore plus nombreux. On se demande avec une certaine inquiétude quelle est la justesse de tous les jugements qu'on a portés sur la race humaine, dont on avait chez soi un échantillon si petit et si différent des masses compactes que l'on découvre à mesure que l'on s'avance sous de nouvelles latitudes. Car cette humanité grouillante, qui travaille, peine ou prie dans les immenses vallées du Gange, de l'Indus, du Cauvéry, n'a ni nos habitudes, ni nos manières d'apprécier la vie.

Un Hindou nous regarde comme des êtres étranges, très dépravés, qui tuent les animaux, mangent de la viande, sans respect pour la vache, ou pour les oiseaux et les singes sacrés. On m'a raconté — et la chose me semble bien établie — que la principale cause de l'insurrection de 1857, qui pendant de longs mois a fait couler tant de sang et s'amonceler tant de ruines sur les bords du Gange, fut la croyance, perfidement propagée parmi les Cipayes, que leurs cartouches contenaient de la graisse de vache. Or ils déchiraient ces cartouches avec leurs dents ; quelle horreur ! quel sacrilège ! Persuadés de cette idée, les Cipayes devinrent furieux. Ils se révoltèrent contre le gouvernement impie des Anglais ; ils brûlèrent et saccagèrent les maisons, tuèrent les femmes et les enfants. Le puits de Kawnpoore contient les cadavres de plus de deux cents victimes.

Sans doute ces Hindous, au plus profond de leur être, ont, comme nous, la notion du bien et du mal. Mais, quand on voit où ils placent la vertu et ce qu'ils appellent le mal suprême, on se demande par quelle force mystérieuse de l'éducation, agrandie par une suite de longues générations, ils en sont arrivés à se composer un fonds d'idées morales si différentes des nôtres. Ainsi mentir, voler, en certaines circonstances manquer de fidélité dans le mariage, ne sont pas pour eux des fautes. Souvent même ce sont des actes réputés louables. Il y a eu certaines sectes où le vol était recommandé. Près de quelques temples la prostitution est une institution religieuse. Mais avaler un poil de vache est un grand crime ; manger un mets préparé par un *çoudra,* un homme sans caste, est une souillure. Puis quelle singulière idée ils se font de l'expiation ! Il n'est pas nécessaire que l'âme soit changée et se repente ; il suffit, pour laver ses fautes, même les plus graves, de se baigner dans le Gange, de toucher l'oreille d'un brahme.

La vue d'un monde où près de *trois cent mille* individus vivent et agissent en suivant ces principes, si différents des nôtres, nous inquiète et nous jette dans une tristesse profonde, la tristesse d'hommes qui ne comprennent pas et qui souffrent de constater qu'une si grande partie de l'humanité soit loin d'eux, séparée par ce qu'il y a de plus sacré : la religion et les idées morales. Le prêtre catholique se demande, anxieux, comment des masses si profondes seront entamées, comment et quand des âmes si réfractaires à la lumière évangélique pourront être éclairées.

Ces impressions vous envahissent surtout quand vous avez visité quelques grands temples, comme ceux de Tanjore, de Madura, ou quelques pèlerinages célèbres, quelques villes sacrées, comme Bénarès. La masse des fidèles, qui viennent prier en ces lieux et qui se soumettent fidèlement au cérémonial compliqué et absurde des brahmes, vous étourdit et vous confond. En ai-je vu défiler, dans les rues étroites, sales, mal pavées, puantes de Bénarès, de ces longues théories de pèlerins demi-nus, le visage et la poitrine couverts de cendre! Ils allaient au temple, ou ils revenaient de la Ganga, de la lumineuse Ganga, dont les eaux purifient les âmes souillées. En ai-je contemplé, sur les bords du fleuve sacré, de ces cérémonies inexplicables, exécutées sérieusement par des milliers de fidèles, venus souvent de très loin! Les uns jetaient de l'eau au soleil pour le saluer; d'autres en avalaient pour se purifier l'intérieur; d'autres lavaient leurs dents pour obtenir une bonne journée; d'autres se frottaient, se plongeaient jusqu'au cou; d'autres tordaient et purifiaient leurs vêtements. Pendant ce temps, des brahmes austères, à la figure rasée, établis sous de larges parasols en feuilles de palmier, prononçaient des paroles sacrées sur la foule, en l'honneur du soleil, en l'honneur du fleuve.

Près de là, des parents en deuil brûlaient leurs morts; la fumée montait le long des palais et des temples; les eaux du Gange roulaient, avec des fleurs jaunes, restes des offrandes, les cendres des corps déjà brûlés. Et pendant deux kilomètres, sur les marches des grands escaliers, à l'ombre des hautes murailles qui dominent le fleuve, on voyait se répéter les mêmes cérémonies. Ils étaient peut-être dix mille exécutants des rites sacrés. Ce spectacle, qui se reproduit tous les jours et qui exprime la foi mal éclairée de plusieurs millions de créatures humaines, vous bouleverse et vous afflige. Quand il n'est plus sous vos yeux, il vous poursuit encore comme un cauchemar. Pauvre humanité ! Pauvre humanité ! d'où te vient cette facilité à te mettre en esclavage pour des folies ! Comment se fait-il que tu te soumettes si aveuglément à des absurdités et que tu offres tant de résistance à la pure lumière de ton Dieu, du vrai Dieu qui t'a créée et rachetée ?

L'Hindou est timide et respectueux devant l'Européen, qu'il méprise pour son irréligion. Grêle, peu résistant, accoutumé depuis des siècles à être asservi par les Musulmans, par les Portugais, par les Anglais, il se défie de l'étranger qui l'approche : bien des fois j'ai vu fuir ceux à qui je voulais demander des renseignements. Il n'a pas l'idée de se révolter. Puis à quoi lui servirait la révolte ? Il n'a point le sens du groupement politique, de l'organisation sociale : il est incapable de diriger les mouvements d'attaque ou de résistance. A quoi cela tient-il ? A bien des causes assurément. Mais peut-être que sa religion, qui depuis tant de siècles le régit et qui a modifié son cerveau et son caractère, est pour beaucoup dans cette apathie, dans cette disposition à être facilement asservi par les autres.

Sa religion, en effet, qui se résout dans le panthéisme pratique, qui lui prêche, comme état de perfection, le détachement des biens terrestres, des affections humaines, des richesses et des plaisirs, choses périssables, indifférentes, l'amène à regarder aussi les formes politiques du pouvoir comme des vanités passagères sans importance. Qu'importe à l'Hindou, qui n'aspire qu'à retourner dans l'insensibilité de Brahma, qu'un homme vaniteux, sujet à la mort comme toutes choses, s'enorgueillisse pour un jour d'être le roi d'une terre qui lui survivra? Pourvu que lui, Hindou, il puisse, en suivant les rites de sa religion, atteindre l'état de parfaite indifférence, qui est le vrai bonheur, les accidents de la politique le touchent peu. Il n'a point l'âpre soif des conquêtes, qui tourmente la race musulmane; il est pour la rêverie et la contemplation. Or les poètes n'ont jamais été des conquérants ou de vigoureux guerriers.

Puis, les lois sacrées, qui séparent les castes, forment aussi un obstacle à la résistance commune et à l'action efficace contre un ennemi. Comment admettre dans un même effort politique ou social des gens qui sont séparés les uns des autres par tout un rituel de vie religieuse, par des barrières infranchissables d'habitudes et de pratiques, des hommes qui ne peuvent ni s'asseoir au même foyer, ni contracter ensemble des relations d'amitié ou de parenté? L'idée de mariage entre un brahme et la fille d'un çoudra semble à l'Hindou une chose plus monstrueuse que le plus grand des crimes; du reste, pour lui, il n'y songe pas : on n'unit pas des êtres d'espèce différente.

Sans doute vous trouvez des gens qui disent que la rigueur des castes s'en va, que l'influence anglaise en a relâché les liens; c'est vrai. Mais que ce relâchement est peu de chose, comparé à l'étendue et à la masse profonde du peuple qui couvre l'immense péninsule! Et encore faut-il remarquer que ceux qui ne respectent plus les lois de la caste sont, aux yeux des autres, des pervertis, des méchants, des gens qu'on doit fuir et qui sont indignes de toute influence politique ou sociale.

Les Anglais, pour faciliter la rupture des castes,

TEMPLE DE SERINGHAM : COUR DES CHEVAUX (FRAGMENT)

favorisent les voyages, qui permettent à l'Hindou de se frotter aux sociétés les plus diverses, d'élargir ses idées et d'être plus accommodant pour les opinions d'autrui. Pour trente roupies, mon *boy* a pu m'accompagner en troisième classe dans l'Inde entière. Aussi les trains sont bondés d'Hindous qui voyagent. Leurs costumes aux couleurs si vives et si variées, leurs façons originales et toutes personnelles de s'habiller forment dans les gares un spectacle bariolé, charmant à contempler. On les voit accroupis comme des singes sur les banquettes, regardant curieusement par les portières ces étranges Européens, dont on leur avait quelquefois parlé dans leurs villages. Ils n'en croient pas leurs yeux. Évidemment des hommes attifés et enveloppés dans des habits aussi incommodes que ceux des Européens, doivent être des gens maudits des dieux et présentement dans l'état d'une transformation expiatoire : l'Europe doit être un grand purgatoire.

Les Hindous voyagent sans frais d'auberge : quelques graines ou des fruits, trouvés dans une gare, suffisent à leurs besoins. Si le voyage est long, comme celui de mon boy, une petite marmite, complément des bagages, sert à faire cuire le riz acheté au bazar ; une cruche en terre contient l'eau nécessaire pour se laver la bouche et les dents suivant les rites, et pour servir de breuvage pendant les repas. Les puits des gares fournissent cette eau gratis. Je pense que l'Hindou peut vivre une semaine avec une roupie, c'est-à-dire, avec moins de deux francs.

La psychologie des Hindous en voyage serait bien curieuse. Si l'un de ces hommes avait écrit ses impressions, la première fois que, par le chemin de fer, il est entré dans la civilisation européenne, à Bombay ou à Calcutta, son journal contiendrait des renseignements précieux, surtout par ce qu'il laisserait deviner de son âme primitive, routinière, obscurcie de notions fausses et de pratiques transmises de ses ancêtres. Évidemment il nous prendrait pour des sorciers : la vapeur ne lui expliquerait pas suffisamment le mouvement de ces énormes chariots qui courent tout seuls, attachés les uns à la suite des autres. Les fils suspendus le long de la voie ferrée lui paraîtraient des instruments de sortilège, bons tout au plus à servir de perchoir, pour le repos, aux oiseaux fatigués d'un long vol.

J'ai souvent rencontré à Ceylan et aux Indes des hommes moins noirs que les autres, plus près de nous par le type général de la figure et aussi par les manières, que je prenais quelquefois pour des Européens. Chez les religieuses d'Adjmere, j'en vis un, que je croyais être un gentleman. Les sœurs me dirent que c'était un *Eurasien* mendiant. Ce mot Eurasien désigne les métis, fils d'un Européen et d'une Hindoue ou d'une Cingalaise. Les métis laissés par les Hollandais s'appellent aussi Burghers. A Colombo, beaucoup sont encore dans les fonctions publiques ; les autres sont commerçants. On me dit que bon nombre de planteurs de Ceylan ont, de mariages plus ou moins légitimes et durables avec des Cingalaises, des enfants qu'ils font élever dans les meilleures écoles de l'île. Ils remettent à des personnes de confiance une somme d'argent suffisante pour l'éducation et, plus tard, le mariage et l'établissement de ces enfants, qu'ils ne veulent pas reconnaître ni emmener avec eux en Europe.

Les Anglais administrent leurs colonies sans chercher à entrer dans l'affection des habitants, qui, pour la plupart, les verraient partir avec joie, comme nous verrions partir des commerçants venus chez nous pour faire fortune à nos dépens. Ils se regardent comme d'une condition si supérieure à celle de leurs administrés que, si un de leurs compatriotes, qui vivait publiquement avec une femme *native* sans être inquiété, s'avise de l'épouser en légitime mariage, il est immédiatement mis à l'index par les gens de sa société, exclu de tous les clubs : il est disqualifié en épousant une femme hindoue.

L'HINDOU ET L'ART

En dehors de la religion, je ne connais rien qui déconcerte plus un observateur européen, voyageant dans les Indes, que l'art des Hindous. Architecture, sculpture, peinture, musique — toute la série des Beaux-Arts — offrent avec les nôtres de telles discordances, de telles antithèses, qu'on est tout d'abord confondu. Si l'impression esthétique, plus forte que nos convictions et plus impérieuse que nos raisonnements, ne se produisait pas, quand même, violente et indéniable, devant les temples et les palais hindous nous serions tentés de refuser à ce peuple le sens artistique. Voyez au bazar de Madras ces étoffes bariolées de mille dessins sans ordre ; regardez cette frise de temple où les personnages, les animaux et les fleurs sont amoncelés sans laisser voir l'idée directrice de la main qui les a sculptés. Contemplez les pagodes de Sri-Rangam, de Madura, où les salles s'ajoutent aux salles sans plan d'ensemble, où les Gopuras sont un amas fantastique de figures, de membres humains, de monstres ou d'arbres. Qu'a voulu dire l'artiste? Son ciseau était-il vraiment un instrument destiné à rendre une idée ou un sentiment? N'est-on pas plutôt devant l'œuvre monstrueuse de milliers de sauvages en délire, qui ont entassé ces choses, comme sur nos plages d'Europe les enfants construisent, avec le sable, des châteaux imaginaires sans dessin et sans plan?

Évidemment, l'Hindou n'a point de la beauté la notion et les principes du Grec et de l'Européen. Nous voulons qu'une idée se trouve plus ou moins nette au fond de toute œuvre d'art, que les moyens pour l'exprimer soient subordonnés les uns aux autres et faciles à comprendre, que les détails ne soient pas plus importants que le tout, qu'ils n'arrêtent point pour eux-mêmes ni notre esprit, ni notre sensibilité, mais qu'ils servent à nous faire voir plus clairement, sentir plus vivement l'idée et le sentiment de l'artiste. Tous les détails du Parthénon sont admirablement proportionnés à l'ensemble. Chez les Égyptiens eux-mêmes, les pylones et les avenues de sphynx, qui précédaient leurs temples, étaient toujours en belle harmonie avec les monuments, auxquels ils conduisaient. L'unité et l'harmonie ont été pour les Grecs et demeurent pour nous des conditions essentielles de tous les arts.

Chez l'Hindou on ne peut découvrir que ces deux

MADURA. — TEMPLE DE MINAKSHI (COLONNADE)

qualités aient été requises pour la production du beau. Ses œuvres sont comme des gerbes de fleurs, que lieraient ensemble des enfants, sans se soucier d'harmoniser les couleurs pour composer un bouquet. Cependant la gerbe a sa beauté : elle contient tant de fleurs riches, plantureuses, aux couleurs vives ! Puis son abondance elle-même exprime l'idée de la richesse de la nature : elle la fait sentir plus vivement qu'un bouquet bien ordonné.

D'où vient cette conception de l'art chez l'Hindou ? Est-ce que sa tête serait rebelle à notre idéal de beauté ? Une statue grecque lui semblerait-elle moins agréable à contempler qu'une image tourmentée de Kali ou de Ganesh ? Le Parthénon lui paraîtrait-il moins satisfaisant pour le goût que le temple doré de Bénarès avec ses allées et ses salles en labyrinthe ? Peut-être. Notre goût dépend tellement de notre éducation ; et l'éducation de l'Hindou s'est faite d'après des idées si différentes des nôtres ! Puis, s'il n'a pas les vrais principes de l'art, ceux qui sont plus conformes à notre nature d'Européens, il a peut-être trouvé pour lui le meilleur moyen d'exprimer ce qui est au-dedans de son âme, c'est-à-dire, des idées très confuses, ressemblant à des rêves ? Comment mettre de l'ordre et l'unité dans les rêves ? Sa religion qui, comme toutes les religions, a le plus souvent inspiré ses créations artistiques, n'est-elle pas un assemblage fantastique d'imaginations sans coordination possible ? Alors, pour exprimer par la sculpture, par la peinture, ces conceptions de rêves, l'Hindou n'a-t-il point trouvé le meilleur moyen, bien que ce moyen soit en tout opposé aux règles de l'art grec ou français ?

Peut-être aussi, la nature au milieu de laquelle il vit, si luxuriante, si riche en puissants désordres, a été pour quelque chose dans ses conceptions artistiques. Que n'a-t-on pas attribué à l'influence des horizons limités de la Grèce sur l'idéal et les œuvres de ses plus grands artistes ? Les ouvrages des meilleurs génies portent toujours quelques traces de la nature, au milieu de laquelle ils sont nés.

TREIZIÈME LETTRE

BATEAU DE PÊCHE A CEYLAN

Dampfer « Friedrich der Grosse », le 2 février 1901

Cher ami,

En route pour l'Australie. — Ceylan, vu pendant dix jours, m'a paru réaliser l'idée que s'en forment les Européens, d'après les descriptions des voyageurs et les légendes des livres musulmans : il semble rester le paradis terrestre pour la beauté grandiose de sa végétation, pour l'éclat constant de son été éternel, qui fait croître et fleurir les plantes sans jamais les brûler. Les feuilles n'y sont point emportées toutes ensemble, à une saison précise, par le froid de l'automne ou de l'hiver. Elles se succèdent lentement et sans interruption dans leur croissance. Si l'une tombe aujourd'hui, elle est remplacée par une autre toute verte. On se figure que la mort naturelle des êtres, avant la faute originelle, devait avoir cette douceur, qui ne laissait rien apparaître de pénible aux regards.

Ceylan, par ses différentes altitudes, réunit tous les climats : il fait une chaleur humide sur les côtes, tandis que, sur les montagnes les plus hautes règne souvent un froid, qui va jusqu'à la glace. La végétation se ressent de cette variété. Les plaines qui avoisinent Colombo sont couvertes d'arbres verts, comme : cocotiers, palmiers, caoutchoutiers, jaquiers, manguiers. De la haute mer, on croit tout d'abord apercevoir une forêt sans fin, d'un vert sombre. Quand on aborde, on trouve la forêt moins épaisse que l'on ne se figurait : elle est habitée de huttes, de villages et même de villes. Mais les arbres sont mêlés aux maisons et se balancent au-dessus des toits ; les églises elles-mêmes sont abritées de grands cocotiers. Le cocotier pousse partout sur les plages, depuis la mer jusqu'aux montagnes. Il est l'espoir et la fortune des Cingalais : il leur fournit une boisson douce ou forte, suivant qu'il est exploité par le laboureur, qui cueille le fruit encore jeune, ou par l'industriel qui l'achète à la maturité pour en fabriquer l'arack. Le lait de coco est doux comme de l'eau chargée de miel. L'arack est violent comme nos eaux-de-vie les plus fortes.

Le Cingalais bâtit sa maison sous le cocotier, quelquefois autour : des feuilles sèches de l'arbre il couvre le toit ; des filaments du fruit il tisse les cordes, qui ajustent les pièces de ses radeaux. L'industrie européenne lui apprend à tirer de la noix de coco soit du savon, soit du sucre, soit de l'huile. Aussi avec quel soin le Cingalais cultive son arbre favori ! Il le plante partout où il peut, et remplace soigneusement les troncs morts. Un pied d'arbre en pleine croissance peut rapporter de deux à quatre francs par an. Or la forme élancée de cet arbre permet de planter beaucoup de pieds dans un espace restreint. On remarque que les cocotiers des côtes tournent toujours leur tête penchée vers la mer, comme si la puissance de l'Océan les attirait pour les féconder par la fraîcheur des pluies et des vents. Toutes ces têtes de grands arbres, chargées de feuilles et de fruits, sont pour le marin de la haute mer une invitation à venir aborder sur une terre si riche, à l'ombre de forêts si hospitalières.

COLOMBO

Le Cingalais. — Si vous arrivez, comme moi, le soir, de Tuticorin à Colombo et que vous débarquiez au clair de lune, une heure après le coucher du soleil, vous croyez entrer dans un monde de fées, qui n'a rien de commun avec notre Europe, ni même avec les Indes que vous venez de quitter. Le tronc d'arbre creusé, qui vous transporte du steamer au quai, vous semble un bateau fait pour des êtres qui n'ont pas de poids. Cependant trois rameurs le manœuvrent, avant que vous y preniez place. Une poutre, ajustée à ses flancs par deux perches qui la tiennent à la distance de plusieurs pieds, assure l'équilibre. Aucun clou ne profane le bois de cette embarcation : des cordes de cocotier lient et maintiennent ensemble toutes les pièces.

Sous la poussée des longues rames de mes trois noirs j'arrive rapidement au quai. Là, sous la lumière douce et mystérieuse de la lune, j'aperçois des personnes en robes blanches, dont la figure bronzée met en relief de belles dents d'ivoire, des yeux brillants et singulièrement ouverts. Des cheveux noirs et très abondants sont tordus par derrière en un chignon élégant; un large peigne rond, en écaille jaune et noire, est planté sur ce chignon et présente ses deux bouts, en cornes, au-dessus du front. Comme je n'aperçois pas de barbe, que les visages présentent des traits délicats et féminins, que tout le corps a une apparence un peu grêle, je me demande si j'ai devant moi des femmes, et si, dans cette île, comme à Darjeeling, le métier des coolies est abandonné au sexe faible. — Et encore, ici, comme ces êtres sont plus délicats, plus féminins en leurs allures que les vigoureuses Thibétaines, qui portent les paquets ou les pierres sur les pentes de l'Himalaya! Cependant les coolies de Colombo sont bien des hommes. Les femmes restent à la maison. Mais combien gracieuse, gentille, avenante est cette race d'hommes!

Le Cingalais doit être l'homme doux par excellence. De taille moyenne, de membres petits, mais harmonieux et souples, il porte avec tant de grâce son costume presque féminin, qu'il semble avoir conscience de ce qui convient le mieux comme habillement à sa nature. Fénelon disait aux demoiselles

CEYLAN. — RICK-SCHAW

de Beauvilliers que le changement des modes était contraire à tous les principes du goût et qu'il y avait pour chacun un costume qui, seul, s'adaptait au tempérament de l'individu et à la couleur de ses cheveux. Les Cingalais ont depuis des siècles trouvé le costume qui convient le mieux à leur nature ; ils feront bien de n'en pas changer. Le pantalon et le veston européens les déguiseraient et les enlaidiraient : s'ils coupaient leurs beaux cheveux noirs, ils perdraient une grande partie de leurs charmes. La pièce d'étoffe, habituellement blanche, qui s'enroule gracieuse autour de leurs reins et descend jusqu'à la cheville, leur fait un habillement très modeste. Elle produit l'effet d'une robe étroite, mais pas plus que celle qui est actuellement à la mode chez les dames de France. Leur buste couleur d'ébène, habituellement très flexible et bien lisse, se détache et se profile élégant au-dessus de la robe pliée et fixée à la ceinture. Un buste blanc choquerait par son air déshabillé.

Comme le Cingalais n'use pas de souliers, ni d'autres chaussures, il marche sans bruit. Dans tous les hôtels, les domestiques abondent : on est sans cesse surpris d'apercevoir à ses côtés des figures souriantes de gens qu'on n'avait pas entendus s'approcher. Un mot du maître de la maison en met en mouvement cinq ou six, qui se tiennent à votre service, le sourire aux lèvres ; et ce sourire montre toujours une belle rangée de perles blanches. — Est-ce coquetterie ? — Peut-être. Puis, ils s'approchent aussi de vous par curiosité. Ce sont des enfants : ils ont envie de savoir quel est cet étranger, qui n'est point fait

comme eux, qui ne possède ni leur langue, ni leurs
usages, qui se charge d'habits lourds et incommodes
et dont la tête n'a pas gardé le plus bel ornement
accordé à l'homme par la nature : la chevelure. Je
n'entrais jamais dans ma chambre sans voir aussitôt
apparaître la figure bronzée et souriante de mon boy,
dont la tête était ornée d'un chignon et d'un peigne.
C'était un Cingalais catholique.

Une des principales singularités de Colombo, aux
yeux de l'étranger qui arrive, est certainement le
moyen de locomotion. Du port à la ville, dans toutes
les rues et dans les allées des parcs, des centaines
de petites voitures à bras, surmontées d'une capote,
sont traînées par des hommes sommairement vêtus,
qui trottent comme les chevaux dont ils exercent les
fonctions. Ces voitures ne coûtent pas cher : une roupie pour deux heures. Sous un soleil ardent, le trotteur noir traîne le bourgeois : l'Européen, le Musulman, quelquefois l'ouvrier lui-même. Il sue malgré la
dureté de sa peau ou noire ou bronzée. La nuit, il dort
dans sa voiture. Ces véhicules s'appellent *rick-schaws*.

Les hommes qui les traînent ne vivent guère,
paraît-il, dans ce métier, plus de trois ou quatre ans.
Après ce temps ils meurent épuisés, sans que les
hôpitaux veuillent les recevoir. — Et les Européens
ont inventé les sociétés protectrices des animaux !
— On m'a donné pour raison de cette dureté que
les trotteurs, épuisés, n'étaient pas guérissables. La
plupart de ces hommes sont des Tamouls, venus
des Indes à Ceylan pour gagner leur vie, cette vie
chétive qui s'éteint au bout de quelques années. Je
connais des prêtres qui, par pitié et par respect pour

la dignité humaine, ne veulent pas aller en rick-schaw. Il est vrai que d'autres pourraient y aller par charité ; car les pauvres traîneurs de rickshaws n'ont que ce moyen de vivre et demandent avidement des clients. Quelques-uns, attelés à leurs petites voitures et trottant à pas bien rythmés, sont jolis à voir : leurs cheveux, bouclés en grappes noires, sautent et retombent gracieusement au mouvement de leur marche. Quelquefois de longues tresses flottent jusqu'au milieu de leur dos noir et sont jetées à droite et à gauche par le vent, mêlées à la frange du mouchoir qui ceint leur tête. Cette frange sert à essuyer la sueur du visage, quand elle coule jusqu'à obscurcir la vue des traîneurs. L'artiste peut trouver son compte à ce spectacle ; mais le cœur tendre d'un bon prêtre a de la peine à s'y faire et à user de l'homme du rick-schaw comme d'un vulgaire cheval. Je me sentais tout d'abord indigné contre les Européens, qui n'avaient pour le trotteur ni regard de pitié, ni mot de simple humanité.

Cependant, à tout considérer, l'échantillon de race humaine le plus distingué, le plus affiné, celui qui fait plus songer à l'esprit qu'à la matière, à l'âme qu'au corps, celui qui exprime le plus vivement au dehors les sentiments, cause de notre grandeur, ce n'est pas l'Européen massif, haut en couleurs, de formes athlétiques, qui soigne sa digestion par une marche uniforme ou par une sieste alanguie, mais ce Cingalais, au buste svelte, qui a juste assez de matière corporelle pour fournir une enveloppe et un instrument à l'âme et dont les mouvements expriment vivement ce qui se passe dans la partie la plus noble de son être.

La bête est trop forte et trop bien soignée chez le premier. Elle est et demeure tout à fait sujet chez le second. Aussi que de fois ai-je désiré que les rôles fussent changés : que certain Européen, pesant et fort en charpente, fût attelé au rick-schaw, et que le Cingalais, à jupe blanche, à figure fine et à membres gracieux, fût assis au fond de la petite voiture. Je recommande ce vœu aux futurs révolutionnaires qui composeront pour Ceylan une nouvelle Constitution des Droits de l'homme.

Un joli spectacle, le soir, quand les étoiles seules décorent le firmament et suppléent la lune pour éclairer la terre, c'est de voir se détacher en blanc sur les flots de la mer, le long de Gale-Face-Promenade, la robe des Cingalais. Par je ne sais quelle vertu physique, ce vêtement blanc semble contenir de la lumière et éclairer par lui-même, Est-ce effet des flots tout proches ? Effet de l'atmosphère ? Du reste, la lumière est partout ici, même dans la nuit : lumière mystérieuse, qui emprunte au silence des hommes un charme particulier. De tous côtés voltigent des points lumineux, que l'on dirait ou tomber du ciel, ou sortir de la mer, ou jaillir des cocotiers. Ce sont des mouches phosphorescentes. Qui en réunirait une centaine pourrait lire et écrire à leur lumière. Je rêverais cette lampe vivante pour relire *Paul et Virginie,* le roman classique du pays des cocotiers. Sa douce clarté, mêlée de mystère, conviendrait à la prose poétique de Bernardin de Saint-Pierre. Du reste, le souvenir de cet écrivain et de son idylle hantait mon imagination pendant mes promenades sous les plantureux cocotiers de Dambala-Pitya et de

Mount-Lavinia. Quantité de maisons simples, cachées sous la verdure, me semblaient dignes d'abriter l'enfance des deux héros de Bernardin de Saint-Pierre.

Un jour je m'égarai sur les routes de Dambala, qui ressemblent à des allées d'un parc immense, où le plus riche des rois aurait planté, à grands frais, les arbres les plus rares du monde et où des jardiniers sans pareils entretiendraient, à force d'or et de génie, les fleurs aux couleurs les plus éclatantes et aux parfums les plus subtils. Quelle végétation ! Je m'imaginais être égaré dans un coin du paradis terrestre. Point de souffrance dans les plantes ; aucune trace de mort dans les arbres. Partout la vie puissante : une poussée de sève sans interruption, qui monte, monte toujours de la terre aux branches des arbres, et qui enfle des fruits dix fois, vingt fois gros comme ceux de l'Europe. Si une noix de coco tombait sur la tête d'un homme, elle l'écraserait. Le fruit du jaquier est gros comme nos plus grosses citrouilles. Pauvres petits jardins de nos châteaux d'Europe, comme vous paraîtriez mesquins près de ce grand parc, que Dieu s'est créé dans la mer des Indes et dont ne prennent soin que le soleil et les nuages ! A eux seuls, ces deux jardiniers éternels enfantent des merveilles. Le soleil chauffe et attire à lui cette puissante frondaison, qu'il ne peut brûler parce que les nuages, par des pluies presque quotidiennes, maintiennent le pied des arbres dans une humidité constante.

La terre rouge de Ceylan est vraiment d'une souplesse merveilleuse. Sous l'influence de ces deux grands artistes, le soleil et la pluie, elle devient, en quelques semaines, arbres et plantes, fleurs et fruits. Il y a des bambous qui, en un jour, grandissent de plus d'un pied. Puis, quelle chimie puissante désagrège l'humus fécond et en prend, par sélection, les parties convenables à chaque espèce d'arbres ? Le bananier, qui s'abrite sous le cocotier, laisse à son voisin les sucs qui conviennent à la noix et se réserve ceux qui sont nécessaires à la banane. La distribution des cellules nourricières, si différentes dans leurs effets, doit, je suppose, contenir encore bien des mystères pour les plus grands savants. Et, ici, tout ce travail se fait si vite !

MISSION DE COLOMBO

Cher ami, tout bon prêtre a été missionnaire à certains moments de sa vie. Un évêque, qui venait au grand ou au petit séminaire chercher des recrues pour les missions de l'Athabaska ou des Grands Lacs d'Afrique, excitait l'imagination du jeune clerc et lui donnait le désir de partir sur-le-champ : désir très louable, sincère dans un cœur de pieux lévite, sincèrement donné à Dieu, mais désir qui, souvent, fondait, comme la neige au soleil, devant les raisonnements d'un directeur expérimenté. Les missions veulent plus que de beaux sentiments : elles exigent une grande force de volonté.

Jusqu'ici je n'avais vu les missions qu'en imagination, ou à travers les récits des missionnaires. Il faut plus que cela pour en avoir une idée complète : il faut les voir par soi-même. Or j'ai vu à Ceylan, dans

MOUNT-LAVINIA

l'archidiocèse de Colombo, une vraie mission, très active, florissante, riche en fruits de salut et plus riche encore en promesses. La vie religieuse y est plus intense que dans la plupart des diocèses de France. On y compte près de 300 000 catholiques, qui ne le sont pas seulement de nom, comme beaucoup d'Européens, mais qui pratiquent sincèrement leur religion. Le dimanche, les églises sont à peine suffisantes. A Négombo, la messe de quatre heures du matin réunit plusieurs milliers d'hommes. Sur la semaine, toutes les messes ont leurs assistants. Le premier vendredi du mois, en l'honneur du Sacré-Cœur, la cathédrale de Colombo se remplit de fidèles. Puis, quelle tenue pieuse, édifiante, de gens qui croient à la présence réelle de leur Dieu et se prosternent devant lui dans des sentiments de réelle adoration !

On trouve dans les paroisses de cette mission les mœurs et les habitudes de l'Église primitive. Les dépenses du culte sont supportées par l'assemblée des fidèles. Le précepte de la dîme subsiste encore : c'est un des commandements de l'Église. Parmi les pêcheurs de la côte de Ceylan cette dîme, prise sur les poissons, se vend et s'achète comme un titre de rente fixe : ainsi le marché de Londres vend les droits d'impôts de la Métropole sur les colonies. Dans l'intérieur des terres, la dîme se prend sur les cocotiers. Un chef de paroisse, choisi parmi les chrétiens les plus influents et les plus édifiants, préside le conseil qui administre les biens de la communauté catholique. Il est presque toujours le principal et l'indispensable auxiliaire du curé.

Quand un fidèle a commis une faute grave, il est soumis à une pénitence publique. Par exemple un voleur notoire, un homme coupable de violences ou de troubles sera condamné par le prêtre à porter publiquement dans l'église une croix, des chaînes, une couronne d'épines. Il se soumet à la pénitence ; autrement il serait délaissé de ses proches et de ses amis, fui comme un pestiféré par toute la communauté et obligé de s'expatrier. Le dimanche qui précéda mon arrivée à Négombo, un curé des environs avait, dans son église, infligé une pénitence publique à une dizaine d'hommes, qui avaient, quelques mois auparavant, soulevé une petite révolte contre son autorité. Ces hommes se soumirent à leur peine ; ils portèrent la croix en public, firent plusieurs fois le tour de l'assemblée des fidèles, reconnaissant leur faute et en demandant pardon. Après cela, la paix régna plus ferme que jamais : l'autorité du prêtre et de l'Église fut maintenue et consolidée.

Comme la vanité ne perd jamais ses droits et qu'elle se loge souvent là où devrait habiter seule l'humilité, il arrive, paraît-il, que quelques pécheurs, qui n'ont pas d'autre occasion d'attirer sur eux l'attention, ne sont pas trop fâchés d'être, pendant un jour, l'objet des regards du public, alors même que c'est dans une pénitence. Un autre cas se présente, plus conforme à la nature humaine, qui, emportée par sa passion, préfère se satisfaire dans le présent, même avec la certitude d'être punie dans l'avenir. Quelques hommes colères et passionnés se disent : « Je ferai la pénitence, mais actuellement je n'obéirai pas. »

J'assistai précisément à un cas de rébellion de

cette nature dans une des paroisses de Négombo, à Sea-Street. L'église, cachée sous de hauts cocotiers, à cent pas de la mer, réunit le dimanche, dans son enceinte ou dans ses vestibules, plusieurs milliers de fidèles. Presque tous les hommes sont pêcheurs. Le dimanche que j'étais là, on célébrait la fête patronale de Saint-Sébastien. Je ne sais pourquoi ce saint martyr a une statue dans toutes les vieilles églises de Ceylan, comme autrefois dans la plupart de celles de la Vendée angevine. — Il serait curieux d'étudier les origines de ce culte et les causes de sa popularité universelle. — Dès la veille, les Cingalais avaient brillamment décoré leur église et ses approches avec des branches de palmier, des mousselines, des lampes, des fleurs. Un saint Sébastien, de grandeur naturelle, à la figure rosée, aux yeux largement ouverts, au corps bien blanc, percé de flèches, dominait l'autel. Il était habillé d'un pagne en tissu d'argent. Il semblait bien vivant et dans la gloire. La blancheur de ses membres faisait un singulier contraste avec la couleur noire des fidèles, qui remplissaient l'église. Il semblait réellement d'une race supérieure et habitant d'un autre monde. Les Cingalais n'avaient pas fait comme certain peintre, que je vis à Tanjore, et dont les madones étaient bronzées, couvertes de bijoux, les bras, le nez et les oreilles chargés d'anneaux. On pourrait trouver des arguments pour soutenir chacune des deux pratiques. Après tout, les grands peintres vénitiens, quand ils peignaient des scènes évangéliques, ne suivaient pas une autre méthode que celle de l'artiste de Tanjore : ils accommodaient l'histoire aux mœurs et aux modes de leur époque.

La fête religieuse de saint Sébastien commença le samedi soir par un salut solennel, que je présidai. Les chants étaient bien fournis, sur un ton extrêmement élevé. On estima à plus de 3.000 personnes la foule qui remplissait l'église et ses alentours. Tout ce monde se tenait dans un recueillement édifiant, agenouillé sur ses talons, les femmes dans la nef, les hommes dans les bas-côtés ou dans le chœur. Les femmes, richement mais modestement vêtues, portaient sur la tête, en forme de voile, une pièce d'étoffe de couleur, plus ou moins riche suivant leur condition. Les hommes, ces pêcheurs qui le matin sur leurs bateaux avaient pour tout costume un mouchoir autour des reins, et à qui vous auriez offert l'aumône, étaient alors fort élégamment drapés dans leurs robes et leurs jaquettes. Peu d'églises dans les provinces de France pourraient offrir un spectacle aussi agréable aux yeux.

Après le salut, je dus, à travers la foule, porter jusqu'à un reposoir, situé au bas de l'église, une petite et très ancienne statue en bois de saint Sébastien, qui devait rester exposée jusqu'au lendemain soir à la vénération des fidèles. La cérémonie religieuse se termina par l'aspersion, avec l'eau bénite, de toute l'assemblée des fidèles.

Aussitôt après la sortie de l'église, commença la fête civile. Sur la place publique, au milieu d'une foule bruyante, on tira pendant une heure un feu d'artifice, dont la lumière, en éclairant subitement les visages et les habits des assistants, produisait un effet de surprise extraordinaire sur mes yeux d'Européen, peu habitués à des couleurs si vives et si opposées. Le Cingalais reste toujours enfant. Il aime ce qui brille et ce qui produit un grand bruit : j'en eus la preuve encore plus éclatante le lendemain.

A huit heures une grand'messe fut chantée, avec diacre et sous-diacre, dans l'église de Saint-Sébastien. Un vieux missionnaire donna un sermon en tamoul — c'est la langue des fidèles de Négombo. — L'orateur me parut très éloquent, car, malgré la chaleur extrême, les fidèles écoutaient attentivement. Après la messe les pêcheurs firent une longue procession à travers les rues du village et sur les bords de la mer, avec force chants et grand bruit de musiques. La croix et la bannière ouvraient la marche ; des hommes portaient sur deux brancards les statues de la sainte Vierge et de saint Sébastien ; derrière une foule surexcitée suivait en chantant des litanies. Le clergé ne prenait pas part à cette cérémonie, qui était égayée par de nombreux pétards.

Dans le presbytère et autour de l'église tout semblait dans l'ordre et dans la paix, lorsque soudain, vers midi, surgit un orage. Ce fut comme un petit nuage noir qui, montant de la mer profonde, sans qu'on pût le prévoir, s'enfla à vue d'œil et devint bientôt gros de tempête. J'entendis tout à coup une discussion d'hommes, qui arrivaient sous la véranda du presbytère et demandaient monsieur le curé. Celui-ci, un Breton de bonne race, grand, fort, à longue barbe, à la tête carrée et au regard assuré, resta calme dans l'orage et ne se laissa pas intimider par la foule. Que se passait-il donc et que voulaient ces gens ? Les habitants des côtes de Ceylan ont les passions violentes et ils aiment à voir les jeux scéniques, comme des Grecs, comme des Romains, voire même comme les Espagnols dont ils partagent l'humeur irascible et prompte à user du couteau contre les adversaires. Avant d'être chrétiens, ils se complaisaient dans des représentations dramatiques souvent immorales et obscènes. Les prêtres portugais voulurent purifier ce goût au lieu de le détruire. Ils composèrent des drames religieux dont l'objet était la vie des saints. Ici, saint Sébastien, dont le martyre a fourni de si belles pages aux écrivains ecclésiastiques, fut le sujet d'une tragédie émouvante avec personnages d'empereur, de tribuns et de soldats. Les dialogues de l'empereur et du saint, sublimes en eux-mêmes, fournissaient une belle matière aux artistes cingalais. Aussi le drame, me dit-on, est en lui-même capable de faire sur la foule une impression plus salutaire que les sermons les plus pathétiques. Les jeux scéniques ne sont-ils pas faits surtout pour le peuple, qui apprend plus par les yeux que par l'enseignement ? Puis la simplicité du peuple le dispose à admettre plus facilement que les lettrés la réalité de ce qui n'est que fiction.

Il en fut des drames de saint Sébastien à Négombo comme des drames de la Passion en France au XVe siècle. La troupe des acteurs abusa de sa liberté. On prolongea les représentations de plus en plus avant dans la nuit. Les acteurs et les spectateurs, profitant des ténèbres, se livrèrent au désordre : ils burent sans mesure de l'arack et s'enivrèrent. Pour remédier au mal, l'archevêque de Colombo ordonna de terminer la représentation dramatique à huit heures du soir. Mais chez une population ardente, turbulente comme celle de Sea-Street, il n'était pas facile d'enrayer une vieille habitude, qui favorisait les passions du public.

Le curé breton essaya. Il croyait avoir réussi. Mais voilà qu'à midi, l'arack échauffant les têtes, les principaux organisateurs du drame vinrent réclamer contre l'ordre épiscopal. Ce fut une violente discussion entre ces meneurs et les partisans du curé. Les missionnaires, qui connaissaient leur public, me répétaient que les joueurs ne céderaient pas. Le lendemain j'appris en effet que les acteurs s'étaient présentés à huit heures pour monter sur la scène et commencer leur jeu. Mais les défenseurs de l'ordre renversèrent le théâtre, et les pauvres artistes, tombés à terre et les habits déchirés, furent obligés de se retirer. Je ne sais quelle sera la suite de cette tragédie, qui finit en comédie. Il paraît que ces acteurs sont la partie la moins édifiante de la paroisse. L'Église à Ceylan, comme dans le vieux monde européen, a trop souvent lieu de se défier des artistes dramatiques. Peut-être que le curé de Négombo sera lui aussi, comme un archevêque de Paris du XVIIe siècle, obligé de refuser la sépulture religieuse aux comédiens.

Un grand bungalow bien blanc, caché sous un bois de cocotiers, entouré de bungalows semblables et d'autres bois de cocotiers semblables, dans ce qui fut de vastes jardins de cinnamomes, sert actuellement d'évêché à Colombo. On se dirait très loin d'une grande ville : c'est que les trois ou quatre bazars, qui composent la ville indigène, sont éloignés les uns des autres et séparés par les grands parcs qu'habitent les Européens. Souvent, comme dans Hyde-Parc à Londres, on serait tenté de se demander où se trouve la ville. Quand vous pénétrez dans le bungalow de Borella, vous trouvez un archevêque qui vit avec ses prêtres, en famille, autant aimé que vénéré : vénéré, parce qu'il a été le missionnaire actif de tous les avant-postes, avant d'être le chef de la communauté ; aimé, parce qu'il a le cœur indulgent et affectueux d'un père et partage réellement avec chacun de ses collaborateurs le souci de toutes les églises et de tous les prêtres. Son accueil est prévenant, sa parole douce et affable, son regard franc et intelligent. Il n'a point le temps, ni le goût probablement, des cérémonies compliquées de l'étiquette ; mais sa dignité naturelle y supplée ; on le respecte quand même. Il a choisi comme évêque coadjuteur un de ses prêtres auxiliaires, qu'il avait remarqué pour son zèle de missionnaire et sa sagesse d'administrateur. Il le regarde comme le continuateur de toutes les œuvres qu'il entreprend. Avec quelle simplicité sans fard il se range à son avis ! Il semble n'avoir pas de plus vif plaisir, quand il est près de lui, que de relever son mérite et de lui être agréable. Aussi l'harmonie la plus édifiante règne à Borella.

Quand le dîner sonne, vous voyez tous les missionnaires présents, et ceux de la maison et ceux du dehors venus à la ville pour leurs affaires, se ranger autour des deux évêques, qui n'ont d'autres privilèges que de veiller à ce que rien ne manque à leurs hôtes étrangers ou résidents. Je fus accueilli à cette table comme un frère. Un évêque d'Australie, pendant que j'étais là, y reçut la même hospitalité cordiale. Du reste Borella est ouvert à tous les missionnaires, séculiers ou réguliers, qui abordent à Colombo, à ce grand port de passage pour tout l'Extrême-Orient.

Mgr Mélisan et ses auxiliaires appartiennent à la congrégation des Oblats de Marie, qui sont chargés de trois diocèses dans Ceylan depuis une quinzaine d'années. Mgr Bonjean fut le premier archevêque de Colombo. Son zèle et son énergie d'Auvergnat firent promptement prospérer toutes les œuvres catholiques. Je voudrais faire un tableau sommaire de ces œuvres, telles qu'elles m'apparurent pendant mon séjour à Ceylan.

L'archidiocèse est divisé en missions, dont chacune est administrée par un prêtre, aidé quelquefois d'un ou de plusieurs confrères. Chaque mission a habituellement plusieurs églises, dans lesquelles le prêtre se rend à tour de rôle. Quelques-unes en ont jusqu'à douze ou treize. Celle qu'administre un de mes compatriotes le P. Davy de La Tourlandry, en a treize ; et le Père me disait qu'il espérait bientôt en construire deux autres pour des familles chrétiennes trop éloignées. Ce religieux a environ cinq à six mille catholiques dans sa mission. Il va, au moins une fois l'an, s'établir pour quelque temps près de chaque église : c'est alors le moment des pâques pour les adultes et pour les enfants. Cependant, en dehors de cela, comme ces églises sont voisines les unes des autres, il ne néglige point ses paroissiens ; il les visite souvent. Un attelage modeste, mais bien original, une petite voiture à bœufs, conduite par un jeune Cingalais, le porte promptement et fréquemment d'une paroisse à l'autre. Comme son étable possède deux bœufs excellents, quand l'un est fatigué, il fait atteler l'autre. La boîte, qui contient les saintes huiles pour l'extrême-onction, est à demeure dans la charrette. Les moribonds n'attendent guère : c'est pour le catholique Cingalais une si grande consolation de recevoir les sacrements de l'Église !

LA CHARRETTE DU PÈRE DAVY

Le P. Davy m'a admis dans sa charrette. Je puis dire que son meilleur bœuf court aussi vite que beaucoup de chevaux de fiacre de Paris et est aussi résistant. C'est qu'il n'est point chargé de beaucoup de harnais. Une simple corde, passée dans le nez et tenue par le cocher, suffit à le conduire. La bosse de son cou, contre laquelle s'arc-boute une sorte de joug fixé aux brancards, traîne le véhicule. Il est vrai que le cocher, assis moitié sur une planche, moitié sur les brancards, active l'animal de la main et des pieds. De la main il lui prend et secoue la queue ; quelquefois même il la saisit entre ses dents et la mord ; il chatouille le bœuf sur la croupe ; de ses deux pieds, qui s'agitent en cadence comme s'il jouait du piano, il frappe un flanc, puis l'autre. C'est un mouvement perpétuel, agrémenté de cris aigus, qui ne laissent jamais la bête en repos. Aussi il faut voir le petit bœuf se tordre sous les coups, prendre son élan et trotter, quelquefois même galoper, comme un jeune cheval : vite, vite, un malade attend. — Le pauvre bœuf n'a point de repos que le bon prêtre ne soit arrivé à la maison du moribond. Au retour la marche sera plus lente : ce sera une promenade de propriétaire. Le bœuf doit comprendre ces façons d'agir, car il a l'air intelligent, quelquefois même taquin. On me recommande de me défier de ses cornes. Petit bœuf gris de Ceylan, je n'oublierai point tes bons offices. Le bœuf de Bethléem devait être de ta famille.

Tout missionnaire, quand il a bâti son église, songe immédiatement à construire des écoles. Il est convaincu que l'éducation de l'enfance, ici comme en France, — plus qu'en France même, se figure-t-il — est le meilleur moyen de propager et de consolider le catholicisme. Il fournit, pour prouver son opinion, des exemples propres à Colombo, à Bangalore, aux villes qui ont eu de bonne heure des écoles catholiques tenues par les sœurs du Bon-Pasteur. Le nombre des catholiques dans ces villes est plus grand qu'ailleurs et les familles ont des convictions et des pratiques chrétiennes qui feraient honneur aux meilleures maisons françaises. Les religieuses angevines, me disait un curé de Colombo, ont élevé toutes les bonnes mères de famille de ma paroisse; et leur influence demeure indélébile. — Jamais, me disait Mgr Couder, pendant les cinq ans que je fus curé de la cathédrale, je n'ai entendu une plainte contre les sœurs de Cotahena. Elles ont instruit et formé toutes les mères chrétiennes : aussi les vénère-t-on dans les bungalows comme dans les huttes disséminées sous les cocotiers.

L'école une fois bâtie, le missionnaire cherche pour les garçons un bon instituteur catholique, quelquefois plusieurs, qu'il paie avec l'argent de la mission. Ces instituteurs recevront aussi des honoraires du gouvernement, s'ils possèdent des titres universitaires et s'ils font passer de bons examens à leurs élèves. Les Anglais, dans leurs colonies, maintiennent l'émulation dans les écoles, en allouant aux professeurs tant de roupies pour chaque brillant examen subi par les élèves. Quelques directeurs d'écoles se font de ce chef de bons revenus. Les copies de certains examens dans les collèges sont envoyées et corrigées à Cambridge, d'où elles reviennent non seulement annotées et classées, mais encore enrichies d'un droit à un nombre déterminé de roupies. C'est peut-être abuser de la centralisation ; mais la récompense a l'avantage d'exciter le zèle des professeurs et des étudiants.

Je remarque, en passant, que les vieilles Universités d'Oxford et de Cambridge qui, au dire de quelques pessimistes, devaient mourir d'inanition dans leur vieille routine, ont trouvé là un moyen singulièrement puissant de se raviver et d'étendre leur influence. Elles corrigent les copies des jeunes Hindous et contrôlent les études de tout le vaste empire britannique ; elles ont trouvé mieux que nos Universités populaires françaises, pour agrandir leur champ d'action.

J'ai visité plusieurs écoles primaires de garçons dépendant des cures : j'ai toujours été très édifié de leur tenue. Elles sont habituellement dans les dépendances de l'église, quelquefois sous son porche Les élèves n'ont qu'un pas à faire pour être devant le Maître de leurs maîtres, le grand Maître de nous tous.

Pour les écoles de filles, le curé cherche presque toujours à les confier à des religieuses. Les sœurs européennes n'auraient pas suffi à la besogne ; elles ne possèdent, du reste, des couvents que dans les grandes villes. Il y a une trentaine d'années ces religieuses européennes ont songé à s'annexer des sœurs du pays, des sœurs *natives*, comme on dit aux Indes. C'est ainsi qu'au Bon-Pasteur appartient en ce moment une centaine de ces petites sœurs, distribuées en plusieurs centres et qui dirigent de nombreuses écoles cingalaises ou tamoules. Elles existent dans la plupart des paroisses de Colombo et sur la côte, au sud et au nord du diocèse. Le bien qu'elles font est inappréciable. Les curés les regardent comme leurs meilleures auxiliaires. Aussi la principale préoccupation du clergé en ce moment est ou de fonder et d'agrandir ou de renter ces écoles de sœurs natives. J'ai rencontré, dans mes excursions autour de Colombo, de nombreux missionnaires bâtisseurs d'églises ou d'écoles. Si le bon Dieu seconde leur zèle, leurs missions seront peut-être le pays catholique du monde le mieux fourni pour l'éducation. Ils n'ont point à redouter la *laïque, neutre et obligatoire*.

Que sont donc ces petites sœurs natives ? Choisies par Dieu dans les meilleures familles, souvent dans les plus aisées, ce sont des jeunes filles qui ont préféré aux joies du monde celles plus austères du dévouement à l'éducation des enfants et, par là, à l'extension du règne de Jésus-Christ. D'une foi très ardente et d'un caractère confiant, elles sont venues se mettre sous la direction des sœurs du Bon-Pasteur, pour goûter avec elles les douceurs spirituelles du cloître et, en même temps, se faire institutrices dans les écoles cingalaises ou tamoules. Elles ont un costume très simple de sœurs converses : le voile blanc, la robe noire. Elles marchent nu-pieds, comme avant leur entrée au couvent, et elles s'asseyent à terre, sur leurs talons. Leur lit est une natte, qu'elles étendent le soir et roulent le matin. Chaque jour, après la messe et le déjeuner, celles du couvent de Cotahena se dispersent dans les divers quartiers de Colombo, où sont leurs écoles. Des charrettes à bœufs les y conduisent. J'ai vu dans le même char six sœurs avec autant de jeunes filles, leurs assistantes. Le soir les cochers reprennent leurs charrettes et vont dans les différentes écoles chercher les petites sœurs, qu'ils ramènent au couvent. Le Cingalais, qui voit, chaque jour, passer dans leur voiture à bœufs ces admirables institutrices, leur a voué une affection pleine de respect. Il a conscience que ce sont les anges choisis dans sa nation pour la bonne éducation des enfants. Le pittoresque et la rusticité de l'attelage ajoutent un charme tout particulier à la sortie quotidienne des bonnes sœurs. Ce petit couvent ambulant, où l'on prie et où l'on médite en allant aux œuvres de zèle et de charité, attire singulièrement

UNE RUE A COLOMBO (CEYLAN)

les regards de l'Européen, qui le voit pour la première fois.

Ces petites sœurs sont une centaine dans l'île, distribuées en trois centres principaux. Elles seront bientôt plus de mille, si l'on écoute le zèle des missionnaires et si l'on favorise la vocation de nombreuses jeunes Cingalaises qui aspirent au bonheur de se donner à Dieu. Espérons que rien n'arrêtera leurs efforts et nos vœux.

La religieuse native a les qualités de sa race. Elle est timide, réservée, obéissante comme un enfant. Elle demande qu'on l'aime. Quant elle sent de l'affection, elle est capable de tous les dévouements. Elle vit de peu, comme ses compatriotes. Aussi l'argent que lui donne le gouvernement suffit à ses besoins et au-delà. A cause de cela, ses couvents, bien administrés par des sœurs européennes, promettent de se multiplier facilement et d'atteindre une grande prospérité. Les petites communautés que j'ai visitées à Colombo, à Négombo, à Matala, m'ont laissé une impression très douce de grande édification. J'ai la conviction qu'elles peuvent devenir dans Ceylan le meilleur instrument de conversion et d'apostolat ; elles m'ont paru être au moment propice pour une grande extension. Il suffit d'aider et de diriger leur bonne volonté. Les religieuses européennes qui les auront formées et dirigées pourront se réjouir de faire par elles, dans l'Église de Dieu, plus de bien que par les œuvres de vingt couvents de France. En tous cas, les bienfaits des petites sœurs natives sont éclatants aux yeux de tout le monde : aussi, outre l'éducation qu'elles procurent, elles inspirent à ceux qui les voient une estime féconde de la religion qu'elles représentent. Favoriser ces petites sœurs, c'est travailler à la conversion des Cingalais et des Tamouls.

Les Oblats ont bien vu que l'éducation à tous les degrés était le meilleur moyen d'apostolat dans Ceylan. Le Cingalais, comme l'Indien, a une grande estime pour la science, quelquefois même une admiration exagérée pour les titres scientifiques. Les P.P. Jésuites entretiennent constamment aux Indes quelques hommes d'un grand renom dans les sciences : dans la physique, l'astronomie ou la météorologie. Ces célébrités donnent de l'éclat et de l'importance à la Compagnie et, par suite, aident singulièrement le ministère des Pères prédicateurs. J'ai trouvé un bon vieux Père, missionnaire chez les Tamouls, qui n'appréciait peut-être pas assez les Pères savants : « C'est un savantasse », me disait-il de l'un d'eux qui partait pour étudier une éclipse à Java. C'était la troisième fois que le Père savant faisait le même voyage. La première fois, il était arrivé trop tard ; la seconde, il avait oublié de fixer ses épreuves photographiques. Je ne sais quel a été le succès de cette troisième expédition. Lady Curzon, en me parlant des prêtres catholiques de Calcutta, me vanta beaucoup le P. Lafond, le physicien de l'endroit : « c'est notre ami, me disait-elle ; il faut que vous le voyiez demain avant votre départ, » Je ne crus pas devoir troubler les expériences d'un savant par simple curiosité de touriste, mais je me réjouis de sa renommée.

Les Oblats ont obéi à cet amour des Orientaux pour la science. Ils ont fondé un grand collège sur les bords du lac de Colombo. Il est difficile de voir dans un site aussi charmant un établissement mieux installé et mieux accommodé aux besoins de la contrée. C'est un ensemble de grands pavillons, autour desquels l'air circule librement. Les classes sont vastes et élevées; la fraîcheur qui vient du lac peut pénétrer partout. Le directeur qui l'a fondé, le P. Colin, un Berrichon, a lutté contre des difficultés de tout ordre; mais il a été bien récompensé : plus de sept cents élèves fréquentent ses classes. Il a fait venir d'Angleterre de jeunes professeurs catholiques, gradués de Cambridge ou d'Oxford, qui vivent dans sa maison et qui donnent une bonne réputation à l'enseignement de son collège. Il obtient de grands succès dans les examens. Les copies, envoyées à Cambridge, en reviennent habituellement avec les notes qui méritent les degrés. C'est un honneur pour un jeune Cingalais, médecin, avocat ou simple propriétaire, d'avoir été élève du collège Saint-Joseph de Colombo.

Le P. Colin a joint à son collège un club de jeunes catholiques, qui peuvent se réunir là pour lire les revues et les journaux, pour se distraire et aussi pour étudier les œuvres à entreprendre ou à soutenir. Comme il est habile homme, il a trouvé moyen de faire construire sa maison aux frais du gouvernement, en cédant à la ville, pour un grand prix, un premier terrain acheté près du port. — Les trente élèves du petit séminaire suivent les cours du collège et bénéficient de l'instruction commune.

Le collège Saint-Joseph est d'emblée la première maison d'éducation de tout Ceylan. Aussi je comprends que le P. Colin ait quitté ses fonctions de vicaire général pour devenir le directeur de sa maison d'éducation.

Une visite bien intéressante fut celle que je fis, conduit par Mgr Mélisan et son coadjuteur, aux églises de la côte ouest de Colombo. Dans une après-midi nous visitâmes cinq églises : trois cachées sous les grands cocotiers, comme les maisons des paroissiens : deux assises sur la falaise, dominant la mer et servant de phares aux pêcheurs, lorsque leur frêle barque est surprise au large par la tempête. Quand nous arrivions à l'entrée d'une de ces églises, les cloches sonnaient et le peuple accourait, par toutes les rues ombreuses des bois, pour recevoir la bénédiction des deux évêques. Avec quelle piété et quelle grâce charmante les hommes comme les enfants faisaient la génuflexion, joignaient les mains et s'agenouillaient: Les femmes se drapaient modestement dans leurs voiles. Tous semblaient heureux : leurs beaux yeux noirs brillaient d'une joie douce. Une fois bénis, ils se relevaient et nous faisaient comme une escorte d'honneur, ne nous quittant que lorsque notre voiture nous emportait. Le curé de chaque paroisse compte dans son troupeau plus de six mille, peut-être sept mille fidèles, la plupart pêcheurs. Ces gens pleins de foi, attachés à leur religion, très généreux quand la pêche a été bonne, sont par contre imprévoyants de l'avenir, entêtés, violents dans leurs passions, turbulents, prompts à la révolte, si on résiste à leurs caprices d'enfants. La tête est chaude, mais le cœur est bon.

On trouve dans beaucoup de familles catholiques

de Ceylan des prières en portugais mélangé de cingalais. Ces prières, récitées chaque jour, conservent le témoignage de la première évangélisation de l'île par les conquérants européens. Certains villages, au-delà de Kandy, n'avaient plus de prêtres depuis longtemps. Ils conservaient cependant la foi et l'usage de leurs prières. Le dernier de leurs prêtres leur avait dit : « Ne recevez que les prêtres qui vous viendront envoyés par Rome. » Un jour arrive un ministre anglican : « Viens-tu de Rome ? » lui demandent les gens. — « Non ; mais je vous apporte la même religion. » — « Va-t-en ; nous n'acceptons que les prêtres de Rome. »

Ceylan. (Variétés, légendes). — Il faut, cher ami, que la beauté de cette île, la splendeur de sa lumière, l'inépuisable richesse de sa végétation, la variété de son sol et de son climat aient fait une impression bien profonde sur ses premiers visiteurs, pour que se soient si fortement établies les légendes musulmanes, hindoues et mêmes chrétiennes qui regardent cette terre comme le premier séjour d'Adam, l'Éden, le Paradis terrestre. On ne conçoit guère, en effet, de lieu plus agréable à habiter que certains coins de cette île, sur le bord de l'un de ses fleuves, à l'ombre de ses beaux arbres, qui, en toute saison, fournissent, d'eux-mêmes et sans culture, des fruits savoureux et variés, la noix de coco, la mangue, le jack, etc., des épices de toute sorte et des boissons rafraîchissantes. Le thé et le café se cultivent sur ses hauts plateaux.

Le pic d'Adam s'élève au centre de l'île. Sur un

rocher on montre, dit-on, l'empreinte du pied de notre premier père : empreinte énorme, bonne pour un géant, comme il convenait à l'ancêtre du genre humain. Pendant que j'étais à Colombo, un nombreux pèlerinage de Birmans, venu pour visiter les sanctuaires de l'île, eut bien garde de ne pas négliger le pic d'Adam. Je me demande ce que ces Birmans viennent solliciter ici de la faveur de notre ancêtre commun.

Les Musulmans ont une variante assez jolie dans leur légende. Selon eux le Paradis était à quelques milliers de pieds au-dessus de Ceylan : à six mille, je crois. Après la faute de nos premiers parents, l'ange prit Adam par la peau du cou et le lâcha dans l'espace. Celui-ci, tomba dans Ceylan, sur le pic qui garde l'empreinte de son pied. Ensuite l'ange prit Ève de la même façon. Mais comme, pendant ce temps, la terre avait tourné, Ève tomba à Djedda, en Arabie. Adam, seul dans son île, se morfondait de chagrin : il pleurait et redemandait sa femme. L'ange compatissant eut pitié de lui. Il le reprit par le cou, et le tenant au-dessus de la terre, il le lâcha juste au moment où passait Djedda. Grande joie des deux époux. Mais il faisait bien chaud et bien sec à Djedda : un sable brûlant remplaçait la fraîcheur des cocotiers. Ils songèrent à regagner l'île, dont Adam faisait une peinture si attrayante. La première barque qui affronta les mers les ramena à Ceylan. Les voilà donc dans leur île enchantée. Ils ont deux enfants L'un surtout leur donne des consolations : c'est Abel. Mais bientôt ce brigand de Caïn le tue par jalousie, ou cupidité, par méchanceté diabolique. Adam et Ève versent des torrents de larmes, qui se changent en pierres précieuses, diamants, topazes, rubis, émeraudes, etc. Quand les larmes vont jusqu'à la mer, elles deviennent les belles perles, mères de celles que l'on pêche encore aujourd'hui sur les côtes de l'île. Pendant ce temps-là Caïn le fratricide arpente, dans une course folle, les montagnes et les vallées, poursuivi par le remords, sous la forme de serpents sifflant et mordant comme des cobras.

L'Hindou, Bengalais ou Cingalais, ramasse ici et là les légendes ; il en accepte de toutes les religions. Et ces légendes ne troublent point sa doctrine religieuse, qui est très flexible, peu précise, capable de transformations comme les êtres de son panthéisme mythologique. Il a cependant quelquefois des discussions théologiques, pour préciser certains points de ses croyances et de sa philosophie. C'est ainsi qu'il y a quelques années s'éleva une dispute sérieuse entre les théologiens-philosophes de l'Hindouisme. Il s'agissait de préciser le rôle de Dieu envers l'homme, la nature de ses rapports avec nous pendant la vie. Les uns disaient : « L'homme est comme « le petit chat que sa mère porte entre ses dents et « qu'elle tient par la peau du cou. Il n'a qu'à se lais- « ser prendre et transporter. Son action est nulle ; « le mouvement vient tout entier de Dieu qui le char- « rie et agit pour lui. » Les autres disaient : « Votre « image est fausse : elle ne donne pas assez à l'acti- « vité humaine. L'homme est comme le jeune kan- « guroo, qui se tient par la main suspendu à la poi- « trine de sa mère. Il est obligé de faire effort pour « se tenir à Dieu qui le couvre, le protège et le

« transporte. » On retrouve sous ces images pittoresques quelque chose des grandes discussions des écoles catholiques sur la nature de la grâce. Les Hindous ont leurs thomistes et leurs molinistes. Tant il est vrai que les grands problèmes de l'humanité se posent toujours les mêmes, avec leurs mêmes difficultés, sous toutes les latitudes, aux hommes blancs ou noirs, qui réfléchissent et veulent expliquer le mécanisme compliqué de notre nature.

Quand les Cingalais virent aborder aux rivages de leur île les premiers Portugais, ils coururent vers leur roi, tout effrayés. « Sire, dirent-ils, nous venons de voir une nouvelle espèce d'hommes bien étranges. Ils sont coiffés et chaussés avec du fer ; ils mangent des pierres blanches (le sucre) ; ils boivent du sang (du vin rouge) ; ils portent des instruments qui éclatent comme des tonnerres et qui sont capables de renverser tes châteaux. »

Le Cingalais, comme l'Indien, a une haute idée de l'homme qui par son industrie ou son rang est au-dessus de lui. Il veut qu'il soit toujours accompagné. Le moine bouddhiste ne sort jamais sans un enfant qui le suit. Plus un homme a autour de lui de serviteurs ou de compagnons, plus il mérite de considération. A Négombo, je voulais aller me promener sur le bord de la mer. On me fit remarquer que je ne pouvais y aller seul, sans exciter l'étonnement et même le mépris des habitants. J'aurais paru un homme de rien, sans importance probablement dans son propre pays. Or, je devais passer pour un personnage, puisque j'étais prêtre et prélat. Il me fallut attendre un compagnon pour ma promenade. Dans

CHARRETTE A BŒUFS A CEYLAN

ces conditions, il est difficile d'écrire les réflexions d'un promeneur solitaire.

Au commencement du siècle, Ceylan comptait un million d'habitants. Maintenant il en a trois. Java en a vingt-cinq. Si les Anglais conduisent leurs colonies comme les Hollandais, ils pourront ramener la population de Ceylan à ce qu'elle était du temps des premiers rois Cingalais : trente millions. En réalité, les côtes seules sont habitées et bien cultivées. Tous les étangs abandonnés, qui autrefois devaient être entourés de villages, témoignent qu'il est possible d'irriguer et de cultiver cette île dans toutes ses parties et d'en faire la colonie la plus riche du monde. Avec des pluies régulières, des irrigations faciles, un soleil ardent, un climat qui, à cause des vallées et des montagnes, se prête à toutes les cultures, le Cingalais peut aspirer, s'il est bien gouverné, à revoir sa prospérité et sa grandeur passées.

Adieu, île enchantée, rubis tombé du ciel, célébrée par tous les poètes qui t'ont visitée, et désirée en rêve par tous les voyageurs ! Il est probable que je ne te reverrai jamais ; mais je n'oublierai point les jours trop courts que j'ai passés sous tes ombrages, sur les grèves argentées de ta côte, dans les pirogues légères de tes pêcheurs. Je garderai, comme une vision enchanteresse, l'image de tes cocotiers verts, de tes allées rouges, de tes élégants rickshaws, de tes charrettes à bœufs couvertes de leurs berceaux en feuilles de palmier. Dans mes souvenirs de voyage ton peuple doux, aimable, gracieux en ses mouvements, m'apparaîtra comme la race la plus agréable des hommes d'outre-mer. Sa marche, ses grands yeux noirs, ses longs cheveux de jais, son peigne d'écaille, sa jolie jupe blanche, le mettront à part dans la foule bariolée des nations lointaines. J'avais quitté ton port, que la brise m'apportait encore le parfum de tes fleurs tropicales : c'était le dernier don de ta riche nature, le présent d'adieu que tu faisais à celui qui ne peut t'oublier, parce que tu lui as causé des impressions trop profondes.

En effet, Ceylan, par ses ruines, par ses vestiges de grandeurs passées, émeut encore plus profondément l'imagination que par la prodigieuse richesse de sa végétation et la splendeur sans rivale de son climat. Elle ne compte actuellement que trois millions d'habitants entassés sur les côtes. Le nord et la plus grande partie du centre sont à peu près déserts : la jungle les a envahis. Or, pendant plus de douze cents ans cette île, grande comme la Belgique et la Hollande réunies, a dû contenir plus de trente millions d'habitants. L'ancienne capitale, Anarudahpura, qui depuis des siècles dort en ruines, sous la frondaison d'une jungle vivace et irrésistible dans son action destructive, fait songer à Ninive et à Babylone. Son enceinte à vingt-cinq kilomètres de tour. Les Dagobas sans nombre, qui couvraient les reliques de Bouddha ou d'un saint bouddhiste, atteignent des proportions fantastiques. Quelques-uns avaient quatre cents pieds de hauteur. On a calculé que les pierres de l'un d'eux pourraient bâtir un mur de dix pieds de haut, allant de Londres à Edimbourg. Les monastères qui entouraient ces Dagobas comptaient des chambres par milliers : l'un avait jusqu'à neuf étages ; un autre comptait seize cents colonnes monolithes de douze pieds de haut. Huit mille moines étaient nourris chaque jour par un des rois, qui régnèrent au second siècle avant Jésus-Christ. Il n'y a peut-être pas au monde un aussi prodigieux amoncellement de colonnes, de statues, de bas-reliefs, de sculptures que dans Anarudahpura. Pour bâtir une pareille ville il a fallu des légions d'ouvriers ; pour la peupler et l'entretenir les rois cingalais avaient besoin de millions de sujets. Les Romains, dans leur plus grande splendeur, n'ont pas eu une capitale ornée de monuments plus nombreux et plus vastes. Tout semble colossal dans ces ruines. Puis, certains détails, comme les portes et les degrés des temples, où l'on voit en belles sculptures des processions d'hommes et d'animaux, des guirlandes de fleurs variées, témoignent d'un art très avancé. On remarque en particulier que les animaux, dont l'artiste avait le modèle vivant sous les yeux, comme l'éléphant et le bœuf, sont d'une facture bien plus parfaite que le cheval et le lion, qu'il ne sculptait que d'après son imagination, puisque ces deux animaux n'habitaient pas l'île.

On sait que cette capitale, Anarudahpura, subsista puissante, riche, maîtresse de centaines de mille villages, depuis le vi^e siècle avant Jésus-Christ jusqu'au ixe siècle de notre ère. Des chroniques religieuses, tenues par des moines bouddhistes, déchiffrées en notre siècle, nous ont donné, avec la série des rois, les faits principaux de leur règne : les constructions de temples ou d'étangs, les luttes contre les Tamouls de l'Inde, qui toujours ont été attirés vers Ceylan, comme vers une terre de richesses et de bonheur.

Comment tant de splendeur, tant de force et d'activité a-t-il disparu à ce point qu'il y a cent ans, ni les Portugais, ni les Hollandais, qui ont occupé les côtes de Ceylan pendant trois cents ans, ne se doutaient de l'existence d'Anarudahpura? Ceci rend mélancolique. Est-ce que c'est le sort de nos nations modernes de disparaître ainsi, un jour, complètement? Est-ce que Paris et Londres deviendront, à leur tour, un monceau de ruines, sans que l'on sache le nom des rois, des écrivains ou des comédiens qui auront occupé de leur célébrité l'esprit de leurs contemporains? Pauvre humanité, que tu es faible! Tu ne peux même transmettre à tes fils le souvenir de tes plus fameuses cités, de ce qui a été l'œuvre la plus grandiose de tes représentants les plus agités, les plus puissants et quelquefois les meilleurs.

La capitale primitive des Cingalais offre un motif particulier de réflexions. Elle a été envahie, disloquée, abattue et cachée par la puissance de la nature. La jungle a poussé sur ses palais et sur ses temples, dont elle a disjoint et mangé les pierres; elle a revêtu de terre et de branches vivaces, sans cesse renouvelées, comme d'un beau tapis de mort que l'on renouvelle, les rues et les édifices habités autrefois par des millions d'hommes. La nature dans sa vie infatigable, toujours joyeuse, semble se jouer de notre faiblesse : elle vit, chargée de fleurs, sur nos cendres. Les os eux-mêmes des Cingalais ont disparu, dévorés par les plantes; et le passage de tout un peuple, pendant mille ans, sur le sol d'Aranudhapura, n'est plus attesté que par les monceaux de pierres qui ont résisté à l'action puissante de la végétation.

QUATORZIEME LETTRE

Océan Indien, « *Friedrick der Grosse* »

Cher ami,

Avant de quitter Ceylan, j'ai voulu faire le voyage classique de Kandy, l'ancienne capitale de l'île, où le climat est plus doux et l'air plus pur qu'à Colombo. C'est une station de montagne, à mi-côte des pics les plus élevés, où les Européens ont établi depuis longtemps des bungalows pour passer la saison brûlante de l'été : depuis quelques années, les plus riches commerçants et les hommes du gouvernement sont encore montés plus haut : jusqu'à Newera-Eliya, où l'on voit quelquefois de la gelée blanche : ce qui est un phénomène incroyable à beaucoup de Cingalais de la plaine.

De Colombo à Kandy le trajet se fait en chemin de fer à voie étroite. Mais quel chemin de fer ! Il se promène à travers une nature enchanteresse, toujours verte, malgré les différences d'altitude. On traverse d'abord le fleuve Kélani, puis des lacs peu profonds, où des fleurs aquatiques, rouges, jaunes et blanches, forment des tapis aux couleurs les plus vives qu'on puisse imaginer. Quels nénuphars! Il paraît qu'ils fleurissent en toute saison. Des essaims d'insectes, aux nuances variées, voltent et bourdonnent sur ces eaux fleuries. Des papillons traversent les lacs en tous sens et marient leurs couleurs à celles des plantes. On dirait des fleurs volantes. Quelle richesse! quelle variété! Les libellules sont, ici, bien plus grosses, bien plus luisantes et plus éclatantes que celles de nos marais.

Peu à peu, l'eau diminue de profondeur. Quand elle n'a plus que quelques centimètres, elle est utilisée pour des rizières. On aperçoit, à droite et à gauche du train, des Cingalais, vêtus d'un simple pagne, qui labourent ou qui sèment dans une terre marécageuse. Ils ont de la boue presque jusqu'au genou. Un peu plus loin des tapis d'herbe verte couvrent les eaux : c'est le riz qui commence à dominer le marais. On conçoit, à ce spectacle, la puissance fécondante des eaux sous les ardeurs du soleil. En quelques semaines, de vastes marécages, où le Cingalais avait dans une boue rougeâtre conduit sa petite charrue traînée par son bœuf, deviennent de grands champs bien verts, que la moindre brise fait vaciller et briller de beaux reflets veloutés. Nulle part peut-être la nature ne se pare ni plus promptement, ni plus richement.

Arrivés aux premières pentes de la montagne, nous voyons que la forêt, toujours aussi vivace que dans la plaine, a changé l'essence de ses arbres. Le cocotier se fait rare et bientôt disparaît. Il est remplacé par des arbres plus gros et plus élevés, dans lesquels montent des lianes qui s'entortillent en tous sens.

C'est le fouillis inextricable de la forêt vierge, dans laquelle se cachent encore de nombreux éléphants. Le gouvernement interdit la chasse de ce roi des forêts. Aussi n'est-il guère sauvage et souvent il se laisse voir des voyageurs inoffensifs. Les histoires d'éléphants récréent les soirées du Cingalais, comme les histoires de loups amusaient autrefois les soirées de notre enfance.

Notre petit train, qui est chauffé avec du bois de senteur en guise de charbon, nous conduit par les pentes les plus pittoresques, tantôt au bord des précipices, tantôt dans des vallons fleuris, fermés de toutes parts. Les gares sont, en général, enjolivées de plantes vertes et de fleurs, comme des cottages anglais. Il n'y a point de buffets. Mais de jeunes Cingalais, élégants, à l'air nonchalant, se promènent sans bruit le long du train, portant sur leur joli chignon noir des corbeilles de fruits divers : des ananas roses et succulents, des régimes de bananes au vert jaunissant, des mangues, des noix de cocos. L'ananas se vend quatre sous. Vous ne sauriez en Europe vous imaginer sa saveur. Si vous choisissez une noix de coco, le vendeur, de trois coups de hachette prestement donnés, enlève la calotte et vous présente, dans le calice profond et blanc comme neige de la noix, une boisson rafraîchissante et parfumée.

Pendant le voyage, cette île paradisiaque ne vous nourrit que des produits naturels de son sol. Elle est assez riche et assez féconde pour vous combler de ses délices. Il suffit de lui tendre la main pour qu'elle y mette et les fruits et les boissons les plus recherchés.

Quand on approche de Kandy, on traverse de grands champs de thé, qui ont remplacé le café, détruit par la maladie il y a quelques années. Qu'on se figure de petits buissons de buis, un peu élevés, taillés avec soin, dans des champs bien labourés. On sent que la main ou du moins la surveillance d'un Européen a dirigé ces plantations. On se croirait au milieu des vignobles si soigneusement entretenus sur les coteaux de la Loire ou du Layon. On me parle d'un Bonaparte qui s'est fait planteur, non loin de Kandy.

Quand le café, qui était la principale richesse des colons de Ceylan, a été envahi et détruit par la maladie, les Européens se mirent à cultiver le thé. Le rendement actuel est bien inférieur à l'ancien : mais on l'augmente chaque jour, en étendant les cultures dans les parties élevées de l'île.

Kandy est construit à mi-côte de la montagne, et s'allonge en pente, dans un vallon boisé et frais, comme une petite ville des Pyrénées. Des pics la dominent à l'est. Les petites vallées qui débouchent au sud et au nord sont couvertes de bois si vivaces et si épais, qu'on n'aperçoit rien du sol. Ce sont des traînées de verdure descendant de la montagne, à travers lesquelles le Cingalais s'est créé des chemins ombragés, faits pour les rêves et les méditations.

Le centre de Kandy est occupé par un petit lac artificiel, sur les bords duquel s'élèvent les restes du palais des anciens rois du pays et subsiste encore la pagode qui est supposée contenir la dent de Bouddha. La légende dit que le célèbre fondateur de religion a séjourné ici ; qu'après de longues méditations sous

KANDY. — TEMPLE DE LA DENT DE BOUDDHA

un figuier il a fait et écrit ses fameuses règles de morale. Aussi Kandy est-il le centre d'un grand pèlerinage, peut-être du plus vénéré par les bouddhistes, qui y viennent en grand nombre de l'Inde et de la Birmanie. Pendant que j'étais à Ceylan, un vaisseau, chargé de Birmans, amena de nombreux pèlerins à la dent sacrée. Pour donner à la fameuse relique un support digne de sa célébrité, ils lui apportèrent un piédestal en or, enrichi de pierres précieuses. J'ai vu à Colombo des ouvriers qui achevaient les pièces de ce royal présent.

Les Birmans trouvent que les Cingalais sont trop froids dans leur dévotion : aussi désirent-ils emporter chez eux la dent de Bouddha. Mais les moines de Kandy ne le permettront jamais : ils vivent en grande partie des revenus du pèlerinage. Déjà les Birmans avaient donné le reliquaire qui contient la dent.

Mgr Zaleski, le délégué apostolique de l'Inde, a prouvé, dans un opuscule spirituel, que la fameuse dent de Bouddha avait été taillée dans celle d'un éléphant. Murray dit que la vraie dent a été brûlée à Goa, au xvie siècle, par un gouverneur portugais, en présence de l'archevêque.

Mgr Zaleski estime que les moines bouddhistes, dont la pagode s'élève près de son habitation, sont des gens sans instruction, qui ne sont pas encore persuadés que la terre tourne. Ils se lèvent, mangent, dorment ; mangent et dorment encore. Tout cela est entrecoupé, chaque jour, d'une promenade qu'ils font pour les besoins de la quête. En effet vous voyez souvent à Kandy, comme à Colombo et dans les gros villages de l'île, un moine bouddhiste, quelquefois deux, qui s'avancent suivis d'un enfant porteur d'un paquet. Le moine est enveloppé d'une robe jaune descendant jusqu'à la cheville. Les uns ont l'épaule droite et les bras nus; d'autres ont les deux épaules enveloppées. La façon de porter la robe indique, paraît-il, une différence de congrégation. Tous portent habituellement un parapluie ou un parasol, le plus souvent ouvert, et une sorte d'éventail pour se couvrir les yeux, s'ils rencontrent une femme. On me dit qu'ils négligent sans scrupule ce dernier point de leur liturgie. Quand ils se présentent pour la quête, ils s'arrêtent, sans rien dire, aux portes des fidèles, qui leur donnent l'aumône. J'en ai vu deux ainsi arrêtés, qui portaient, cachés sous les plis de leur robe, quelque chose ressemblant à un grand vase. Un enfant de douze à quatorze ans sortit de sa maison et fit à chacun une génuflexion, en joignant les mains très respectueusement. Ces moines ont la tête rasée : ce qui leur donne un grand air d'austérité. Ils marchent pieds nus.

Ils ont des écoles reconnues par le gouvernement anglais : je ne sais quel est l'état de ces écoles, aussi nombreuses que leurs couvents. Ils gardent le célibat. Ils obéissent à un chef qui est comme l'abbé de la communauté. Les fidèles les vénèrent comme des gens qui sont déjà au second degré de la perfection, en voie d'atteindre le Nirvana, c'est-à-dire, cet état bienheureux où l'homme, dépouillé de son individualité, est absorbé dans le Grand Tout, comme la goutte d'eau dans l'Océan. Que se passe-t-il dans ces têtes de bonzes ? Quelle foi ont-ils à leur religion ?

Il est triste de penser que le bouddhisme compte des millions et des millions de fidèles sur la surface de la terre. Cherchez les causes de cette extension. Vous ne les trouverez pas, comme pour le mahométisme à son origine, dans l'action politique d'un gouvernement guerrier. Gautama n'usa point du sabre pour faire des conquêtes. Les règles morales de Bouddha sont sévères et un bouddhiste consciencieux garde une conduite honnête. En tout cas, le bouddhisme démontre le besoin de foi et de pratiques religieuses, besoin qui est au fond de l'humanité. Il atteste que la charité et la compassion sont les fleurs les plus naturelles de la religion. Bon gré, mal gré, l'homme doit s'avouer sa misère, reconnaître son imperfection actuelle, et s'améliorer pour se rendre digne du bonheur éternel.

Puisque Ceylan est regardé maintenant comme le centre du bouddhisme, voulez-vous, cher ami, que je vous présente Bouddha? Les cent millions de disciples qu'il a dans le monde le recommandent à votre attention. De son vrai nom il s'appelait Gautama. Il vivait au vi⁰ siècle avant Notre Seigneur. Il est né, dit l'histoire, dans le Radjpoutana, d'une famille princière : il appartenait à la caste guerrière et très noble des Kshattriya. Un jour, qu'il se promenait en char pour son plaisir, il rencontra successivement un vieillard courbé sous le poids des ans, un homme rongé d'une maladie incurable, un cadavre et enfin un ascète, qui se promenait avec dignité, l'air calme et heureux.

Troublé par la vue des souffrances humaines, il se décida à quitter sa femme bien-aimée, sa maison et son enfant, qui venait de naître. Il coupa ses longs cheveux, changea sa parure princière pour les haillons d'un mendiant et s'en alla seul comme un pauvre, qui n'a pas d'abri. — Ce fut la période de son grand *renoncement*.

Après cela, il se mit à l'école de deux Brahmes ermites, du district de Patna, qui lui enseignèrent la mortification. Pendant six ans, il exerça sur son corps des austérités de plus en plus grandes : il en arriva à se contenter d'un grain de riz par jour. Mais il n'avait encore ni paix, ni illumination d'esprit.

Il fit trêve à ses austérités et s'assit en méditation sous un figuier. Il fut alors tenté par Mara la personnification des désirs sensuels, qui le poussait à retourner dans le monde. Mais il résista. Ce fut alors qu'il fut éclairé et mérita son nom de Bouddha : l'*illuminé*.

Il se mit à prêcher une doctrine, différente du Brahmanisme, qui est encore celle de ses nombreux adeptes : c'est pour son succès qu'elle nous intéresse. Les idées qui mènent une si grande partie de l'humanité ont de quoi piquer la curiosité des penseurs. La doctrine de Bouddha est une sorte de pessimisme et d'athéisme d'avant Spinoza. Il n'y a rien de neuf dans les doctrines des prétendus philosophes modernes. L'esprit humain a fait plusieurs fois le tour des sottises et des rêveries possibles. Ce fait doit nous fortifier contre les arrogances des athées de nos jours. Gautama était allé aussi loin qu'eux ; et sa doctrine n'a donné à l'humanité ni progrès, ni consolation solide.

Bouddha enseigna que toute vie est souffrance ; que la souffrance naît de la satisfaction de nos désirs, en particulier du désir de prolonger notre vie ; que le seul espoir de se guérir de la souffrance est de supprimer le désir et d'éteindre l'existence. Vous voyez que Schopenhauer peut être accusé de plagiat.

Le but de l'homme pour Gautama est de devenir illuminé par la méditation et la réflexion intérieure, afin d'éviter la longue série des vies qui sont imposées aux profanes impurs, et d'atteindre le *nirvana*, qui met un terme aux renaissances. Pour cela il doit chercher à détruire toute conscience de lui-même : ce qui n'est pas facile. Gautama n'est pas pour l'augmentation de la personnalité, tant vantée de nos jours par la science. Il choque la saine philosophie, qui veut que l'homme soit d'autant plus maître de lui-même et conscient de son bonheur personnel qu'il est plus parfait et plus méritant. Malgré les longues explications des Bouddhistes que j'ai consultés, je n'ai pu comprendre le nirvana, auquel ils aspirent : ne plus rien sentir de soi-même ne peut être le souverain bien. C'est un néant qui effraie.

Gautama enseigne à ses adeptes qu'ils ne doivent dépendre que d'eux-mêmes, et ne réclamer de secours spirituels près de personne. C'est d'un protestantisme plus vieux et plus absolu que celui de Luther : le Bouddhisme supprime l'enseignement dans la vie spirituelle, il rejette toute autorité divine déléguée. Tous les hommes, sans distinction de castes, peuvent atteindre le nirvana. Gautama, par ce point de doctrine, était plus libéral que les brahmes : il entamait les terribles barrières des castes. Puis il déclarait que les sacrifices et les mortifications corporelles n'étaient d'aucune valeur : c'était un grand coup porté à la religion hindoue, qui admettait des sacrifices humains dans ses temples.

La morale de Gautama valait mieux que son credo. Il vantait l'éducation. Il prêchait la bienveillance et la compassion universelle : se réjouir du bien des autres, s'affliger de leurs peines, forment le sujet de deux méditations importantes pour le bouddhiste. L'homme doit compter sur ses actes pour établir son bonheur futur : qu'il soit maître de lui, aimable pour le prochain, qu'il rende sa religion populaire par l'exemple d'une noble et belle vie. — En réalité, Gautama substituait une religion d'émotion et de sympathie universelle à un culte de cérémonies et de sacrifices. Mais on ne voit point de dieu dans le Bouddhisme : l'homme seul apparaît. — C'est peu, pour expliquer la création, la morale, la religion. — Car enfin l'homme ne peut se créer vraiment des devoirs. On ne s'oblige pas soi-même.

Maintenant Gautama a ses statues dans des milliers de temples : statues de bronze ou de bois doré, pour lesquelles l'artiste ne fait aucun frais d'imagination. Il a trois poses : dans l'une il tient les deux mains appuyées sur ses genoux : il médite. Dans la seconde il lève une main : il prêche. Dans la toisième il baisse la main droite vers la terre. Mais dans les trois il est assis en tailleur, les jambes recourbées et par terre, la plante des pieds à la hauteur de ses mains. En ai-je vu de ces statues dans les temples des Jaïns, qui sont une branche de la religion de Gautama, dans les temples bouddhistes, dans les maisons particulières! Elles sont froides comme la mort : aucun sentiment n'anime leur visage. Elles semblent attester que Bouddha est bien entré dans l'insensibilité du Nirvana.

Je reviens à Mgr Zaleski, le délégué apostolique, qui a fixé sa résidence à Kandy. Il porte le titre d'archevêque de Thèbes. Il appartient à une famille noble de Pologne, dont un membre est allié aux comtes Laval, parents de Mme des Cars. Il est de haute stature, comme beaucoup de ses compatriotes. La finesse de ses traits expressifs, l'air souriant de son accueil, la facilité avec laquelle il parle la langue de son interlocuteur européen, quel qu'il soit, vous mettent immédiatement à l'aise. La touffe de barbe blonde qui orne son menton fait deviner qu'il est du nord de l'Europe. Il appuye, en marchant, sur une canne longue son corps un peu courbé par la maladie, très épuisé par son long séjour en Orient. Sa carrière fut brillante et bien utile à l'Église.

Il avait été envoyé à Londres au moment du couronnement de la reine comme impératrice des Indes. Il alla à Canton, il y a deux ou trois ans, pour régler les affaires ecclésiastiques de Chine. Depuis qu'il est à Kandy, il a installé, dans un site des plus pittoresques, au-dessus du lac, un séminaire papal pour toutes les missions de l'Hindoustan. Des Jésuites le dirigent. En ce moment ce séminaire compte 90 étudiants, venus des différents diocèses de Ceylan et de l'Inde.

Le prélat fait grande figure à Kandy. Si son attelage éclipse celui du gouverneur, il vit cependant très simplement, et il trouve le moyen de nourrir chaque jour, avec du riz, de soixante à quatre-vingts enfants. Il a baptisé des indigènes par centaines. Il est vrai qu'un certain nombre sont retournés à l'idolâtrie. Je le comprends un peu pour ceux que la crainte seule du diable avait amenés dans le giron de l'Église, comme dans le cas suivant. Mgr Zaleski avait converti et baptisé une sorcière qui passait pour être en communication avec le diable et était redoutée de tout le voisinage. Une fois convertie, elle avait des succès d'apostolat qui étonnaient le prélat. Elle lui amenait chaque jour de nouveaux païens à baptiser. Mais, au bout de quelque temps, l'évêque apprit les moyens, peu honnêtes, dont elle se servait. Elle disait aux gens : « Vous me connaissez ; vous savez que le diable est à mon service ; si vous ne venez pas au baptême, je vous livrerai à tous ses maléfices : il vous accablera, vous et vos animaux, etc., etc. » Les pauvres gens se laissaient baptiser plutôt qu'ensorceler. Mais, hélas ! trop souvent la foi manquait ; et ils retournaient à l'idolâtrie.

Quelquefois l'archevêque avait comme interprète près des gens qu'il visitait, surtout près des malades, un jeune païen sachant bien l'anglais et le cingalais. Il s'aperçut un jour que la traduction de ses exhortations était bien longue et commentée par des gestes extraordinairement expressifs. Il demanda à son truchement ce qu'il disait au moribond. « Je lui dis, répondit-il, que, s'il ne se laisse pas baptiser, il ira chez le diable et que là il trouvera des chaudrons pleins d'huile de coco toute bouillante, dans lesquels il sera plongé vivant. De cette huile sortiront des vapeurs horribles à sentir ; des cobras enlaceront ses membres et le piqueront ; il y aura des démons particuliers pour le faire souffrir dans chacun de ses sens. » Et l'éloquent paraphraseur donnait les noms de tous ces démons. La démonologie est la théologie des païens. Or notez que notre jeune Chrysostôme cingalais ne se convertit jamais lui-même.

Les conversions des adultes sont rares et difficiles. L'archevêque n'a pu amener au baptême son cocher. Des six domestiques de sa maison, quatre seulement sont catholiques. Ce sont de jeunes enfants, qu'il a baptisés, avec lesquels il aime à prendre sa récréation du soir, en jouant à un jeu qui me rappelait « le nain jaune. »

C'est un tableau de genre charmant que celui de cet archevêque, grand seigneur, entouré de trois ou quatre jeunes cingalais de dix à quinze ans et partageant leurs jeux enfantins. L'archevêque est assis au bout de la table. Les Cingalais, au visage et au buste bronzés, drapés depuis la ceinture jusqu'aux chevilles dans leur bande d'étoffe en forme de robe blanche, sont agenouillés et suivent d'un regard avide les chances des coups de dé. Celui qui perd s'attriste de son échec comme d'un malheur : il se laisse glisser sur le tapis de la salle. Il faut la parole consolante du prélat pour remonter son courage. Chers petits Cingalais, je souhaite que votre vie ne connaisse pas de chagrins plus amers, ou du moins qu'elle ait toujours la main d'un prêtre catholique pour essuyer vos larmes. En attendant, gardez, gardez le plus longtemps possible votre bon maître, l'aimable archevêque de Thèbes.

Si la politesse est la vertu des rois, Mgr Zaleski est bien près du trône. Il est assurément l'homme le plus aristocratiquement courtois que j'aie rencontré dans mon voyage autour du monde. Il avait fait demander le jour et l'heure de mon arrivée pour m'envoyer chercher à la gare. Une chambre m'était préparée depuis trois jours dans son bungalow. Il mit sa voiture à ma disposition tout le temps de mon séjour et me fit visiter lui-même les environs de Kandy, en particulier le fameux jardin de Peradenyia, où sont réunis les plus beaux échantillons imaginables des arbres des tropiques. Or il ne me connaissait pas avant cette visite et je n'avais pour lui aucune lettre d'introduction.

C'est un esprit délié, avisé, toujours en éveil, qui s'intéresse aux questions les plus diverses d'histoire ou de sciences. Il connaît la plupart, sinon toutes les langues de l'Europe et il les parle bien, avec un joli accent qui ne laisse pas deviner sa nationalité. Il a écrit en français plusieurs ouvrages et un autre en anglais. Il parle volontiers de botanique et vous apprend le nom des plantes et des arbres les plus rares. Il envoie à ses amis d'Europe des graines qu'il a choisies lui-même. Il me montra la maison d'un certain savant norvégien, qui depuis plusieurs années habite Kandy, où il s'est fait envoyer en mission pour peser la sueur des plantes. Il m'a expliqué comment ce botaniste procédait pour cette opération délicate ; mais j'ai oublié les détails minutieux de l'expérience. Les gens du Nord se souviennent toujours qu'ils sont les compatriotes de Linnée. La raison principale de leur amour pour les plantes et les fleurs ne viendrait-elle point de ce que, dans leur pays, les hivers sont si longs et les étés si courts, qu'ils veulent prolonger par l'étude le plaisir trop éphémère que leur ont donné les plantes et les fleurs, pendant leur rapide apparition ? — De tous mes élèves, les jeunes Suédois ont été les plus érudits en botanique.

Mgr Zaleski aime beaucoup les enfants. Il a remarqué, dans les lettres de saint François Xavier et des autres grands missionnaires des Indes, que les enfants ont été des auxiliaires habituels et puissants de l'apostolat. Le jeune Tamoul ou Cingalais, une fois donné à Jésus-Christ, se laissera martyriser pour sa foi. Saint François dit que ses chapelets sont toujours en mission : ce sont des enfants qui les portent avec eux pour prêcher la religion aux païens, quand le saint ne peut aller visiter lui-même quelque district. Un de mes amis avait formé le projet d'écrire une histoire des enfants martyrs : je crois que les Indes lui fourniraient une riche moisson et les fleurs les plus belles.

Les Européens détiennent en maints endroits du globe quelque roi détrôné, qu'ils pensionnent et gardent à vue tandis qu'ils régissent eux-mêmes son royaume. Les Anglais ont relégué à Kandy, dans les douceurs de la vie bourgeoise, Arabi-Pacha, le héros d'Alexandrie, qui voulait « l'Égypte aux Égyptiens », et dont le nom, pendant quelques mois, fit retentir les gazettes du monde entier. Il vit dans un modeste bungalow pauvrement meublé. Mais il ne se plaint pas : il est nourri et logé ; il jouit de la liberté de ses promenades. Tout son héroïsme semble s'être dissipé sous les ombrages de Ceylan. Il a du reste l'air pesant d'un bourgeois en retraite. Il est de voisinage agréable. Il envoie une de ses filles à l'école chez les sœurs du Bon-Pasteur, qui se rappellent qu'en Égypte il se montra toujours le protecteur de leurs couvents.

Ces pachas musulmans, du reste, sont quelquefois d'une confiance touchante envers les religieuses et les prêtres. L'un amena un jour son petit garçon à Mgr Zaleski, pour recevoir sa bénédiction. « Mon fils sera circoncis demain, dit le pacha ; je l'amène pour que vous le bénissiez la veille d'un pareil jour. C'est, vous le comprenez, une chose si importante dans la vie d'un musulman. »

Il est décidément bien joli, le petit livre anglais écrit par Mgr Zaleski sur la dent de Bouddha, que les pèlerins viennent vénérer depuis des siècles dans la pagode de Kandy et pour laquelle, cette année même, les Birmans ont fabriqué, à grands frais, un reposoir d'or, enrichi de pierres précieuses. J'ai assisté, à Colombo, aux derniers travaux de fabrication de ce reposoir. Des ouvriers Birmans, aux jambes, aux bras et au buste tatoués de dessins en indienne très riche, forgeaient avec ardeur, sous les cloîtres d'une bonzerie, le précieux présent. Si les pauvres gens avaient pu lire les pages spirituelles du prélat! Mgr Zaleski établit péremptoirement que la fameuse dent de Bouddha, vénérée autrefois, a été réduite en poudre et jetée dans les eaux de la mer, en présence du vice-roi des Indes, d'une foule nombreuse et d'un patriarche de Goa du XVIe siècle. Ensuite il nous montre par quels stratagèmes un roi cingalais peu scrupuleux, qui avait donné en mariage sa nièce, appelée sa fille, au roi crédule de Pégu, vendit à son neveu par alliance, pour une grosse somme d'argent, un fac-similé en ivoire de la fameuse dent détruite. La fausse dent, prise pour la vraie, est transportée de Ceylan en Birmanie et reçue à Pégu avec un cérémonial et une pompe dignes d'une relique plus authentique. Les bonzes attendent sur le rivage, drapés dans leur robe jaune fraîchement renouvelée ; le peuple est massé derrière eux. Le roi crédule, qui s'est baigné, qui s'est oint des parfums les plus précieux, vient au-devant de la dent ; il se prosterne trois fois et met sa tête sous le conopée, qui couvre le morceau d'ivoire. La fausse relique est installée dans une pagode construite exprès pour la recevoir.

Mais le roi vendeur, qui alors habitait Colombo, avait, à Kandy même, un parent, que de pareils succès rendirent jaloux. Celui-ci voulut, à son tour, profiter de la crédulité et de la bourse du roi de Pégu. Il fit faire une autre dent qu'il exposa chez lui à la vénération publique. Puis il écrivit au roi de Pégu que c'était lui qui avait la vraie dent ; que celle qu'avait vendue le roi, en résidence à Colombo, était fabriquée. Mais le roi de Pégu, qui avait eu le temps de réfléchir, ne répondit rien ; il se contenta d'avoir été volé une fois. — Le roi de Kandy ne pouvait, aux yeux du public, découvrir sa supercherie : il laissa la dent, qu'il avait fabriquée, dans la pagode de sa ville. C'est elle que les bonzes détiennent sous sept clefs et qu'ils ont refusé de montrer dernièrement au roi de Siam, à son retour en France. Elle a plus de deux pouces de long. On se demande quelle bouche de géant pourrait avoir de pareilles canines. — Et cependant, c'est ce morceau d'ivoire, reposant sur une fleur de lotus en or, qui, chaque année, met en mouvement plusieurs centaines de milliers de pèlerins et qui fait de Kandy le Bénarès sacré des bouddhistes. Folie et sottise humaines ! Les arguments de Mgr Zaleski ne prévaudront point contre vous ! Une immense pitié m'envahissait lorsque, sur les chemins poudreux de Ceylan, je rencontrais de longues théories de fidèles birmans, pieds nus, l'air harassé par le voyage, allant d'un lieu de pèlerinage à un autre, conduits par des bonzes en robe jaune, à la mine austère et fatiguée. J'aurais voulu leur montrer la vérité.

9 février 1901. — Sur l'Océan Indien

C'est dimanche. Après la messe, célébrée dans le salon du « Friedrich der Grosse », je m'installe sur le pont, en face des flots brillants, au soleil du matin. Je voudrais préparer, par des lectures, mon voyage d'Australie et de Nouvelle-Zélande ; mais je ne puis. Mon esprit est violemment reporté en arrière vers ce vieux pays des Indes que j'ai quitté, dont me séparent dix jours de traversée et qui obsède toujours mon imagination de problèmes nombreux soulevés par son souvenir. Deux cents millions d'hommes, ayant à peu près les traits de notre physionomie, sous une couleur différente, livrés, depuis un temps inconnu, à des pratiques religieuses étranges, habitant des masures, et construisant pour leurs dieux des demeures splendides, capables de rivaliser avec les églises et les palais les plus riches d'Europe, entretenant leur foi à la religion des ancêtres par la lecture de poèmes écrits au stylet sur des feuilles de palmier, poèmes plus vieux que nos premiers parchemins, plus vieux peut-être que les poésies d'Homère : que de problèmes pour le penseur ! Les peuples les plus violents sont tombés en conquérants sur ces hommes et ne les ont point changés. Les Musulmans les ont conquis : ils ne les ont point convertis au monothéisme. Les Portugais ont à peine laissé sur les côtes quelques vestiges de leur domination dans le catholicisme des Goanais : car la majorité des catholiques a du sang portugais dans les veines. La plupart des Hindous sont restés dans leurs superstitions. Le gouvernement britannique, qui semble n'avoir souci que d'administrer et non de convertir ce peuple, n'a guère jusqu'ici modifié que l'aspect extérieur des institutions : l'esprit et le cœur de la nation sont restés ce qu'ils étaient il y a plusieurs milliers d'années.

Cependant, il paraît certain que ce peuple est frère des Européens : il est Aryen. Nos linguistes vont chercher dans le sanscrit, qui est la langue primitive des Indes, une sœur des langues européennes : grecque, latine, allemande. Cette similitude, dans le langage, ne laisse aucun doute sur notre fraternité. La science moderne a remarqué que le lithuanien est, de tous les dialectes, le plus près du sanscrit, et elle prétend établir que les conquérants de l'Inde, mille ou douze cents ans avant Jésus-Christ, venaient des plaines de la Russie. Ils auraient envahi l'Inde par le nord-ouest, et se seraient avancés vers le sud en soumettant les aborigènes qui devinrent leurs esclaves sous le nom de Çoudras. Ce dernier nom est encore donné aux gens qui n'ont pas de caste et qui, pour cela, sont considérés comme étant presque aussi loin des brahmes qu'un animal l'est de l'humanité.

Malgré leurs poèmes des Védas et leurs autres livres sacrés, les Hindous, dont la religion semble avoir formé les lois et les institutions, demeurent pour nous très mystérieux dans leur histoire. D'où vient cette religion elle-même ? Comment s'est-elle formée ? Est-ce l'œuvre de la poésie ? ou la poésie des livres sacrés n'est-elle que son expression. Il semble que la mythologie des dieux hindous est assez compliquée, assez fertile en légendes, en aventures, en transformations de toutes sortes, pour défier l'imagination de vingt poètes. Ils ont dû être légion, ceux qui ont imaginé toutes les incarnations de Vischnou, les aventures fantastiques de Siva, les histoires invraisemblables de Brahma. Ou plutôt, n'est-ce pas le peuple entier qui a créé à sa fantaisie un pareil Olympe, comme les enfants créent les contes du Petit Poucet ou de la Mère l'Oie ? Les poètes ont-ils fait autre chose que de fixer dans leurs chants ces imaginations populaires ?

Il est certains points de théologie hindoue assez curieux à constater. — Les caves d'Elephanta contiennent l'image en pierre, en haut-relief, d'une trinité divine : trois têtes sur un même corps : Brahma qui crée, Vischnou qui conserve, Siva qui donne la vie et qui la détruit. D'où est venue aux Hindous cette notion de la Trinité, cette relation plus ou moins défigurée avec les Personnes divines de notre théologie et leurs attributs ? J'ai remarqué également à Éléphanta de nombreuses têtes, auréolées, sans corps : on aurait dit des figures d'anges.

Les Hindous semblent avoir eu d'abord l'idée d'un seul Dieu tout puissant, maître du ciel. Le sanscrit démontre qu'ils ont eu, pour le désigner, un mot qui signifie : « Père qui êtes aux cieux », comme les Grecs, comme les Romains. Puis après, ils ont divinisé la terre, qu'ils ont mariée avec le ciel ; ils ont divinisé l'eau, le feu, tous les éléments Comment se sont faits tous ces changements ? Mystère.

On constate que les Hindous ont une foi très forte dans l'existence des démons et que leur science théologique sur les dispositions de ces esprits, sur leurs relations avec le monde, est plus avancée que leur connaissance de la divinité. Ils possèdent les noms d'un grand nombre de démons ; et ces noms ont des désinences qui rappellent les mots désignant les mauvais esprits nommés dans la Bible. Ils croient que ces démons sont toujours en éveil pour attaquer les hommes, soit par les maladies, soit par les accidents, soit par les fléaux qui ruinent les campagnes, font périr les bestiaux et anéantissent les fortunes. Comme d'un autre côté ils sont persuadés que les dieux, doués d'une bonté plus qu'humaine, ne peuvent leur vouloir du mal, ils les délaissent et tournent leurs présents, leurs prières et leurs sacrifices vers les démons pour les apaiser, pour les bien disposer en leur faveur. Ainsi leur religion est surtout diabolique.

Quand on scrute le fond de la nature humaine, on est humilié, il est vrai, mais on n'est pas trop étonné de cette pratique des Hindous. Que de gens sont plus occupés à flatter leurs puissants ennemis qu'à soigner leurs amis! Nous comptons sur la douceur des bons qui ne nous fera pas défaut, et nous ne songeons qu'à nous garantir des coups des méchants. C'est de l'égoïsme pratique, trop naturel, hélas! dans l'humanité.

On voit donc dans les temples hindous, dans les maisons, dans les champs eux-mêmes, des fidèles prosternés devant l'image ou le symbole de quelque démon. Toutes les maladies ont leur démon, ou mauvaise divinité. Comme les démons aiment le sang, la mort des hommes, la ruine de ce qui est l'image de Dieu, ils ont sollicité les sacrifices humains. Aussi on leur a, pendant longtemps, immolé publiquement, à dates fixes, des enfants innocents. Les Hindous, après le sacrifice, prenaient chacun un morceau de chair qu'ils enfouissaient dans leur champ, pour en assurer la fertilité. Dans le temple d'Ambère on voit encore des images, religieusement conservées, de ces sacrifices d'enfants. Malgré la surveillance des Anglais il n'est pas inouï d'apprendre que, dans telle ou telle province reculée, on a encore immolé un de ces petits êtres à un esprit malfaisant. Les sacrifices de femmes qui se laissaient brûler, à la mort de leur mari, les folies des fidèles qui se jetaient sous les chars sacrés, aux jours des grandes solennités, me semblent avoir la même origine. Les démons aiment le sang des innocents : on le leur donnait en abondance, comme dans une orgie sacrilège.

Ne voit-on pas encore, en France, plusieurs pratiques superstitieuses qui rappellent de loin ces coutumes sanguinaires? A qui est sacrifié ce coq que certains paysans tuent dans leur étable nouvelle et dont ils répandent le sang sur les murailles pour en éloigner les maladies ? N'est-ce point au diable dont ils craignent l'influence maligne ? La nature humaine a dans ses recoins, et non les meilleurs, de ces aberrations étranges, communes sous toutes les latitudes : c'est que partout elle a, outre les mêmes passions, les mêmes faiblesses de raison. Elle se sent entourée d'esprits ennemis, invisibles mais très actifs, toujours et partout animés des mêmes haines et des mêmes désirs. Quand Jésus-Christ est absent, les démons montrent davantage leur puissance.

Depuis que le sacrifice des enfants est interdit par le gouvernement anglais, les Hindous immolent des animaux. La chèvre semble être préférée pour ce ministère. Faut-il chercher quelque rapport avec le bouc émissaire des Hébreux ? Quand j'allai au palais d'Ambère, je vis le pavé du temple encore tout rouge du sang de la chèvre que l'on venait de sacrifier.

Les démons naturellement inspirent à leurs adorateurs, outre des absurdités, des monstruosités. Certains temples de Maduré et de Bénarès, certains chars sacrés, certaines sculptures représentent des obscénités. Il est une secte, composée de plusieurs millions d'adhérents, qui regarde comme religieuses et agréables aux esprits les scènes d'orgie les plus opposées à la morale. Elle professe que ces orgies sont le plus sûr moyen de purification pour l'âme de ses adeptes.

Il y a même, m'a-t-on dit, dans les dépendances de certains temples, des danseuses qui, parce qu'elles appartiennent au dieu (traduisez au diable), apportent avec elle la purification des fautes ? Quand le démon est le maître, il dénature toutes les notions ; il substitue à la pureté et au bien le crime le plus révoltant ; il pervertit l'esprit de ses adorateurs et les frappe de cécité morale.

C'est un singe imitateur ; il a pris des rites et des cérémonies comme il y en a dans la vraie religion. Pour lui plaire, il faudra accomplir tous les détails de son rituel barbare et prononcer des formules qui semblent n'avoir aucun sens raisonnable.

L'Hindou a des divinités à l'infini. Il prend une pierre ; il la dresse au coin de son champ ; il se prosterne devant elle ; il l'arrose de lait ou d'huile ; il dépose près d'elle des présents, des fleurs ou des fruits. Cette pierre sera le dieu protecteur de son domaine ; il lui adressera des prières. Comme ce n'est certainement pas à Dieu, ni à son Fils adorable, Jésus-Christ, que vont ces adorations, à qui s'adressent-elles, sinon à l'esprit malfaisant qui, aux yeux de l'Hindou, pourrait nuire aux récoltes ou aux personnes ? L'idolâtrie de l'Hindou devient de la démonolatrie. Aussi l'Inde est-elle un pays où le démon est plus honoré peut-être que partout ailleurs. Les possessions y sont-elles fréquentes ? Certains le disent ; d'autres le nient ; mais tous reconnaissent que les sorciers y sont nombreux et jouent un rôle considérable. L'Hindou, pour se venger, pour découvrir son ennemi, pour le punir, va consulter le sorcier et suit ses prescriptions. Mais on me dit qu'à Paris de grandes dames vont aussi chez la sorcière qui, à grand prix, leur révèle l'avenir de leur vie.

Les Castes. — Jusqu'ici on n'a que des légendes

absurdes ou enfantines, pour expliquer cette formidable institution des castes, si détestées des missionnaires dont elles entravent le ministère, si opposées à l'indépendance nationale, parce qu'elles empêchent l'union fraternelle de toutes les classes pour un grand effort en commun. Les brahmes, qui constituent la caste privilégiée entre toutes, ont enseigné que les castes correspondaient à la noblesse de la naissance. Toutes, disent-ils, sont sorties de Brahma ; mais l'une est sortie de sa bouche ; ce sont les brahmes ; une autre de sa poitrine : ce sont les Kshattriyas, les guerriers ; une autre de ses bras, une autre de ses pieds. En dehors des castes il n'y a que des Çoudras, des Parias, des hommes que l'on ne peut fréquenter, faits pour servir les autres.

Actuellement la division des castes correspond à peu près à la division des métiers. Telle caste se compose des pêcheurs, telle autre des barbiers, telle autre des balayeurs. Ces deux dernières sont des plus infimes et des plus méprisées. Qu'aurait pensé de ce code hindou la corporation des barbiers français sous l'ancien régime, qui avaient trouvé le moyen de se hausser jusqu'au rang de chirurgiens ? Comme habituellement les gens d'une caste demeurent le plus près possible les uns des autres, quand, à Négombo, j'eus besoin du barbier, il fallut l'aller chercher dans le quartier éloigné où demeurait sa caste. Mais l'infériorité de la caste n'enlevait rien à l'habileté de mon « *figaro* » cingalais : il rasait à merveille ; la souplesse et l'art de ses ancêtres étaient passés dans ses doigts. J'eus lieu de m'applaudir de cet atavisme.

L'influence de la caste se fait sentir partout, tout

le long de l'existence et dans les moindres détails de la vie domestique. Pourquoi voyez-vous si rarement des Hindous attablés, mangeant et buvant au cabaret, sous la tonnelle ou devant la porte de leur maison ? Vous croiriez vivre au milieu d'un peuple de moines, qui pratiquent très exactement les lois du jeûne le plus sévère. La raison, c'est que l'Hindou ne mange et ne boit jamais avec ou même en présence des gens qui ne sont pas de sa caste. Les mains, les yeux mêmes d'un profane, souilleraient ses mets. Des relations avec un étranger seraient capables de le faire déchoir dans l'estime des siens. On a vu des nobles perdre leur dignité pour n'avoir pas dérobé leur repas aux yeux du public. Ne regardez pas le lait que cette pauvre femme prépare pour son repas : elle le jetterait pour ne pas avaler un mets souillé par vos yeux païens.

Une autre conséquence des castes, c'est la multiplicité des domestiques et des ouvriers pour la bonne marche d'une maison. Cet homme conduira votre voiture, mais il ne pourra vous servir à table : sa caste l'empêche de voir un infidèle manger de la viande. Cet autre voudra bien soigner vos habits, mais il refusera de toucher à vos souliers qui, parce qu'ils sont fait de peau d'animal, ne peuvent être maniés que par des gens de la caste la plus basse. On ne sait où s'arrête la subdivision du travail, fondée sur ce principe de religion : qu'un homme se souillerait en faisant ce qui est du ressort d'une classe inférieure. Aussi, dans les hôtels de l'Inde, ne seriez-vous jamais servi si votre *boy* ou domestique n'appelait à son aide les gens des différentes castes, à qui sont dévolues telles ou telles fonctions du service.

Cette organisation sociale, si dure pour les humbles, me reporte instinctivement vers la charité du Christ, qui prêche la dignité du pauvre. Quand je voyais le çoudra ou paria rejeté durement par les gens de castes, je songeais à nos vieillards et à nos malades, soignés par les mains aristocratiques de grandes dames chrétiennes, cachées sous la bure des filles de Jeanne Jugan ou de Saint Vincent de Paul. Plus les hommes sont loin de Jésus-Christ, plus ils multiplient et fortifient les barrières qui les séparent. Il n'y a de vraie fraternité que dans la religion de Notre Seigneur, qui nous dit fils du même Père et membres du même Christ.

11 *Février. Dampfer « Friedrick der Grosse »*

Cher ami,

Je vais aussi vite que possible ; nuit et jour l'hélice bat les eaux avec fureur. Et cependant je me sens très loin de vous encore, bien que je me figure être sur le retour depuis que j'ai quitté les Indes.

Nous abordons pour quelques heures à Perth en Australie. J'en profite pour jeter mes notes à la poste. Dans cinq jours seulement nous serons à Melbourne. C'est que cette Australie est dix fois grande comme l'Italie.

Je suis de plus en plus occupé de vous tous ; je

vous vois au travail et j'éprouve un certain ennui de n'y être pas avec vous. Puis l'ignorance de ce qui est à Saint-Aubin, dans l'Université, dans la France même, me pèse lourdement sur le cœur, à certaines heures. Comment vont tous les amis, professeurs, élèves, voisins, chanoines, Yves, le P. Adolphe ? J'ai leurs noms et leurs figures devant moi. Je les nommerais, si j'avais le temps.

Adieu. Je vous embrasse affectueusement.

RÉGATES A RIVERWIEW

QUINZIÈME LETTRE

1er *mars* 1901.

L'Australie. — Je n'ai pu voir qu'une bien petite partie de ce grand continent, aussi étendu que l'Europe. Mais j'ai visité quatre des cinq capitales ; et ces quatre villes contiennent plus d'un tiers de la population totale. Je puis donc me faire une idée, sinon du pays dans son ensemble, du moins des mœurs, des lois, des institutions et des industries des habitants. Cela m'a été d'autant plus facile que dans ce nouveau monde les communications sont plus rapides que dans l'Europe. Les tramways sont multipliés dans les villes ; le téléphone est installé dans toutes les maisons de quelque importance. Il n'est pas un curé à Melbourne, qui ne puisse, par téléphone, parler, de sa propre maison, avec son archevêque, avec ses confrères, avec les principaux magasins ou établissements de la ville. Dans les collèges, les presbytères et les couvents, que je visitai, on me répétait : Comment en Europe pouvez-vous vivre sans téléphone ? Il faut avouer qu'avec cet instrument on est présent à toutes les parties d'une grande cité et au-delà. La supérieure des sœurs du Bon-Pasteur de Melbourne s'entretient, presque chaque jour, avec les religieuses de son ordre qui sont, les unes à dix, les autres à vingt-cinq kilomètres de sa propre maison.

Ainsi que tout voyageur pressé, j'ai donc usé de tous les moyens modernes pour m'instruire et bien connaître ce nouveau monde.

Comme j'arrivais des Indes, c'est-à-dire, du monde le plus réfractaire à notre civilisation, j'ai été tout d'abord étonné de ce changement sans transition. Je quittais des mœurs primitives, simples, routinières, pour entrer subitement dans une civilisation avancée, qui est à la recherche de toutes les nouveautés. Il me semblait que je sortais de la nuit, mais d'une nuit agréable cependant, rendue poétique par un ciel doucement étoilé, pour pénétrer dans une lumière éclatante, un peu aveuglante. Les poètes et les penseurs aimeraient mieux étudier le premier monde ; les ingénieurs et les gourmands préféreraient vivre dans le second. Aux Indes, les Européens, qui sont tous un peu ingénieurs, font, autant qu'ils peuvent, la guerre à la poésie, en essayant de changer les mœurs et les idées. Il est vrai que la poésie se défend et les Indes gardent leur vieil aspect. En Australie les ingénieurs triomphent : ils célèbrent le pays du progrès, le pays où l'on gagne beaucoup d'argent.

Voici quelques traits d'opposition, pris à l'aventure : car toutes choses s'opposent dans les deux pays. — L'Australien est un Anglais plus sensible que celui du continent, plus affable, moins enfoncé dans le sentiment de sa dignité. Il est toujours en activité. Il a l'air aisé ; sa maison a belle apparence. Qu'elle soit en bois ou en pierre, elle est propre, ornée de rideaux et bien lavée. L'Indien n'a point de maison propre : la plupart du temps il couche à la belle étoile ou dans une hutte en terre très sale. Il ne porte souvent ni linge, ni habits. L'Australien est habillé comme on l'est dans les riches comtés d'Angleterre. Le paupérisme n'existe pas chez lui : je n'ai pas vu un pauvre tendre la main. Aux Indes la moitié de la population, dans certains quartiers des grandes villes, a l'habitude de la mendicité.

Quand vous voyagez dans le vieux monde, vous êtes toujours et partout assailli par une bande de gens qui réclament l'honneur, contre le bakchich, de vous accompagner, de vous montrer le chemin, que souvent ils ne connaissent pas, de porter vos bagages et même votre personne. Ils se mettaient quelquefois cinq coolies pour porter mes malles, se les passant les uns aux autres, pour augmenter le nombre des gens à payer. En Australie, souvent vous ne trouvez personne pour porter vos bagages, que vous devez soigner vous-même. Les gens de service sont réduits au plus petit nombre possible. Du reste, dans les plus grands hôtels aussi bien que dans les petits, comme à l'hôtel métropole de Sydney, le service de table et de chambre est fait par des femmes. L'homme australien a bien autre chose à faire qu'à servir son semblable. Dans les hôtels de Bombay, de Calcutta et de Colombo, au contraire, on ne voit pas une femme de service ; en revanche les hommes sont une armée et ils font moins de travail, j'en suis sûr, que les servantes australiennes.

Aux Indes il faut avoir sans cesse la main à la poche ; mais on donne si peu de chose aux coolies ou aux domestiques, que la bourse souffre moins qu'en Australie, où les cochers, les hommes de service, quand on en trouve, se paient deux et trois fois plus cher qu'à Paris. Dans ce nouveau monde, on sent que les gens sont venus pour faire fortune, et non pour passer la vie d'une façon quelconque comme de pauvres hindous.

J'ai visité des collèges, des écoles, des universités. Le confortable est plus grand que dans la plupart des institutions similaires de France. Les villes et les différentes corporations ne négligent aucun progrès pour l'aménagement des salles d'études, des laboratoires et des collections. J'ai vu à Melbourne un pavillon de l'Université aménagé exclusivement pour les expériences de zoologie. A côté, une école technique d'ingénieurs prépare des jeunes gens pour les travaux des mines. Le caractère particulier de l'université, dans son ensemble, est de viser au but pratique. C'est la haute école d'un peuple d'affaires.

Cependant l'Australien se plaît à parler des beaux arts : il aime à réjouir ses yeux de tableaux achetés à grand prix chez les peintres d'Europe. Le musée de Melbourne possède quelques belles toiles françaises très remarquables. La musique compte aussi de nombreux élèves, je n'oserais dire des artistes. Le piano sévit avec fureur en Australie comme en France, peut-être même davantage. J'ai vu débarquer à Adélaïde des pianos par douzaines. Ils venaient de l'Allemagne. Les flancs énormes du bateau qui les apportait, me semblaient déverser sur ce nouveau monde des déluges d'harmonie, capables de submerger des générations entières. Voyez-vous cette vieille Allemagne fournissant à tous les Australiens bien élevés l'instrument ami des salons corrects et ennemis des voisins ? C'est du Nord que l'Orient reçoit la musique et l'industrie. Des gens bien pensants m'ont dit que cette fièvre du piano devenait générale dans les villes d'Australie. Il serait intéressant d'étudier les causes de cette maladie. Car ici, comme en Europe, les artistes sont rares, les talents médiocres nombreux et souvent intolérables à cause de leur médiocrité elle-même. Cette imitation des Européens impatiente un peu. Les Hindous n'ont pas ce défaut ; ils conservent leur musique et leurs instruments primitifs, si expressifs dans leur étrangeté.

Un trait bien spécial des écoles primaires, en Australie, c'est qu'elles accordent beaucoup plus que les nôtres aux exercices du corps. Par ce côté de leur éducation, elles sont plus rapprochées du vieux système grec, qui était peut-être le plus rationnel et le plus conforme aux vues providentielles. Nous négligeons par trop quelquefois « la pauvre guenille », qui se rattrape par ailleurs. Ici, tout le monde, prêtres, religieux, religieuses, maîtres laïques me vantent leur système d'éducation physique, non seulement pour la santé et le développement du corps, mais aussi pour la moralité et le bon état de l'âme. Le *mens sana in corpore sano* semble ici une maxime très appréciée. Le collège des P. Jésuites de Sydney, qui compte seulement une centaine d'élèves, a une école de natation, un club de rameurs contenant de 10 à 15 bateaux, deux champs pour cricket et foot-ball, un champ de tir, etc. Pour organiser un seul de ces champs on a dépensé 25.000 francs; et il n'est pas achevé. Ces jeux ne nuisent point au travail et maintiennent le bon esprit. J'ai vu les élèves à l'étude, j'ai même fait passer un examen de français à l'un d'eux : j'ai emporté une excellente impression de leur application.

Les écoles primaires de garçons et de petites filles suivent la même méthode. Il n'est point de couvent, même de la plus stricte observance, qui oserait, dans ses écoles, supprimer les leçons de danse, de gymnastique, de marche et de maintien. Aussi tout ce petit monde a l'allure aisée, point gauche, agréable à voir, un air de bonne santé qui fait plaisir. J'ai vu des fillettes de dix ans manœuvrer, pendant vingt minutes, avec la plus grande agilité, des haltères en bois d'une livre chacun. C'est une gymnastique très gracieuse et, j'en suis sûr, très saine.

Les Australiens ne sauraient comprendre — et n'ont-ils point raison ? — que l'on puisse tenir immobiles sur des bancs et dans des cours, pendant des heures, quelquefois pendant des journées, des garçons ou des fillettes, des jeunes gens ou des jeunes filles. C'est, croient-ils, un danger pour le corps et pour l'âme. Le corps, disent-ils, s'étiole, au lieu de se développer en toutes ses facultés. Ils sont en train, par cette éducation, de créer pour leur grande patrie un peuple plus fort et plus résistant que les hommes d'Europe.

L'eau, les bains sous toutes les formes, jouent un grand rôle dans l'hygiène des collèges et des écoles. Saint-Ignace-Collège, à Riverview, près de Sydney, pourrait sur ce point rivaliser avec l'hôtel anglais le plus confortable.

Mon itinéraire. — Je touchai tout d'abord le sol australien à Freemantel, qui sert de port à Perth, capitale du West-Australia. Ce port, tout récent, compte déjà plus de dix mille habitants. La rue principale est coquette, propre, riche en beaux magasins, comme une des plus grandes villes d'Angleterre. Les magasins n'y sont ouverts qu'à huit heures ; mais leurs grandes glaces les laissent toute la nuit exposés à la vue des passants. Les voleurs n'exercent point pendant la nuit dans ce pays-là.

J'allai par le train jusqu'à Perth, éloigné de 25 à 30 kilomètres. Le train s'arrêtait sans cesse aux petites stations, qui desservent un pays tout entier semé de maisons neuves, proprettes, la plupart entourées d'un petit jardin, dans lequel s'élève une éolienne pour puiser et distribuer l'eau nécessaire au ménage. Je n'ai vu nulle part pareille abondance d'éoliennes. Il est vrai que dans ce pays de sable et de poussière, où la lumière du soleil, renvoyée par la blancheur du sol, donne une chaleur intolérable, le besoin d'eau semble plus grand qu'ailleurs. Il la faut abondante et continue. L'effet des pluies doit durer si peu sur ces champs de dunes, qui sont spongieuses et arides ! Les arbres cependant y sont nombreux, mais maigres et d'une espèce particulière aux terrains sablonneux.

Perth, quoique née d'hier, a toutes les apparences d'une ville riche et commerçante. Vous y chercheriez en vain un quartier pauvre. Cinq ou six grandes rues, tirées au cordeau, la partagent dans tous les sens. De grands hôtels, des banques, des offices pour le gouvernement annoncent une cité prospère, en voie d'accroissement. La poste en particulier, comme à Sydney, est un des premiers, sinon le premier des monuments de la ville. On voit par là que c'est un centre de grand commerce. Je n'ai vu en aucun pays les hôtels de poste si bien organisés qu'en Australie. De même je n'ai remarqué nulle part autant de banques, qui presque toutes ont des maisons de belle apparence. Il est vrai qu'en Australie les transactions, même les plus ordinaires, se font par chèques, payables chez le banquier. Il n'est pas de maître de maison, de simple particulier de quelque importance, qui n'ait son livre de chèques. Les supérieures des couvents, que j'ai visités, n'ont pas d'autres façons de payer leurs fournisseurs. Tout le monde ici est plus ou moins homme d'affaires et personne ne garde d'argent à dormir dans un tiroir. Les moindres économies fructifient, par l'intermédiaire du banquier, dans quelque entreprise de mines ou d'agriculture ; le bas de laine du paysan français n'est pas connu de l'Australien.

La curiosité naturelle que l'on visite à Perth est sa rivière, qui lui sert de port, Swan-River, la rivière des Cygnes. Ce nom vient de ce que de beaux cygnes noirs l'habitent. Les Australiens respectent ces oiseaux, qui font leurs nids et vivent en colonies nombreuses à l'embouchure de la rivière. Ils ont mis l'image d'un cygne sur les timbres-poste du gouvernement de Perth.

Cette province d'Australie est immense ; elle s'étend vers le nord dans des déserts de sable, où, dit-on, se trouvent encore de riches terrains aurifères inexplorés. Pour parcourir les longues distances de ces régions, les Australiens emploient le chameau. Il y a certains cantons, où l'on élève et où l'on vend de ces animaux par milliers. L'évêque de Géralton me disait que, pour ses visites pastorales, il était obligé d'aller souvent à dos de chameau.

Dans le West-Australia, comme dans le South-Australia, le plus grand obstacle à la culture est le manque d'eau. Le sol est spongieux ; en quelques endroits ce n'est que du sable. Il ne peut donc retenir l'eau des pluies. Aussi, dans certaines régions minières, quand vous parcourez les champs, à cheval ou à pied, vous soulevez des nuages de poussière. Vous croyez marcher dans la cendre. Si le vent souffle, vous êtes aveuglé par des tourbillons intolérables. Quelques semaines avant mon arrivée à Melbourne, la ville fut envahie par des vents chauds, chargés de poussière de sable, venus du désert. On fut obligé d'allumer le gaz et l'électricité en plein jour, tant les nuages étaient épais. Presque partout en Australie j'ai remarqué un sol sablonneux et friable. Il paraît que c'est pour cela surtout que les grands déserts du centre sont inhabitables.

Comme mon bateau faisait escale près d'Adélaïde,

j'ai voulu visiter la ville. Plus grande que Perth, cette capitale du South-Australia semble ne posséder que des habitants aisés, tant les maisons sont élégantes, propres, bien entretenues. Les jardins publics, les rues, sont larges et bien soignés : on dirait une ville d'Europe, aménagée pour le plaisir des rentiers qui viendraient y dépenser leur argent. Et cependant c'est une ville très commerçante. J'y ai remarqué une grande quantité de fruits de belle apparence ; des raisins, des poires, des pommes, des pêches. Les halles de Paris ne pourraient en fournir de plus beaux ni de plus succulents.

Les habitants aiment les courses de chevaux ; ils y jouent et y risquent de grosses sommes. Le jour de mon passage — c'était un samedi — dès midi, les magasins se fermèrent et les habitants se rendirent aux courses qui avaient lieu dans les environs.

L'Australien ne travaille que huit heures par jour. S'il emploie huit heures à dormir, il lui en reste encore huit pour les relations sociales, le jeu ou la prière. Ces huit heures de travail lui sont payées fort cher. Il gagne plus du double de ce qu'il gagnerait en Europe. Les domestiques de fermes sont payés deux livres, c'est-à dire cinquante francs, par semaine. Il est vrai que l'habitation, les habits, les menus objets en général exigent plus d'argent que chez nous ; mais la viande coûte moins cher. En réalité, l'ouvrier semble vivre en Australie d'une façon plus confortable qu'en Europe. Puis on n'en trouve aucun inoccupé et à la recherche d'une place. Il y a du travail pour tous, et tous semblent désireux de travailler. Ces habitudes donnent à tout l'ensemble de la population un air de dignité et de bonne tenue, que n'ont pas, très souvent, les ouvriers de nos grandes villes, en quête, disent-ils, d'une place ou d'un chantier.

Après Adélaïde, je visitai Melbourne, principal but de mon voyage en Australie. Cette dernière ville, située au fond d'un golfe immense, à l'embouchure d'une petite rivière, le Yarra, n'a guère plus de cinquante ans d'existence, et elle compte déjà plus de 500.000 habitants. C'est l'ancien Port-Philippe. Les rues, très larges, ont été tracées en ligne droite; aussi les tramways, qui circulent nombreux dans toutes les directions, filent avec une vitesse extrême. Les rues centrales sont bordées de maisons à six et huit étages; quelques-unes rappellent certains édifices de New-York. Une grande animation règne dans ces rues, surtout le soir, après la cessation du travail, qui ne se prolonge pas au-delà de cinq heures. Mais cette activité n'a rien de tapageur : c'est le mouvement d'une foule qui se donne au repos et à la conversation, après les labeurs de la journée. Une chose très étonnante pour l'Européen, c'est qu'il trouve les faubourgs tout aussi propres, tout aussi neufs que les quartiers du centre. On n'y voit point de ces masures, qui enlaidissent l'entrée de nos grandes villes; sans doute cela tient à la jeunesse de la ville, mais aussi à l'aisance relative de tous les habitants. Les quartiers des ouvriers y sont propres et bien tenus.

Les églises abondent dans Melbourne ; toutes les sectes protestantes y sont représentées. Les Presbytériens, les Wesleyens, les Baptistes y coudoient les membres du Church-of-England. Ces églises, en général, ont bonne apparence, construites qu'elles sont en pierres solides du pays, qui contrastent avec les briques des maisons ordinaires.

Mais la plus belle de ces églises, sans conteste, est la cathédrale de Saint-Patrick, bâtie à grands frais et avec un goût parfait par l'archevêque, Mgr Carr. C'est un monument gothique, qui, conçu et créé d'un seul jet, a une perfection de détails qu'on ne trouve presque jamais dans nos vieux monuments de France. Il est en belles pierres de teinte noirâtre ou plutôt d'un gris sombre. Il est isolé de tous les côtés et se détache admirablement, le soir, sur sa colline, à la clarté de la lune et des étoiles. Les catholiques en sont très fiers et ils ont raison : je ne connais aucun monument religieux moderne ni dans les Indes, ni en Océanie, ni aux États-Unis, qui puisse lui être préféré sans conteste, excepté Saint-Patrick de New-York. Quand les tours seront achevées, rien ne manquera à l'œuvre. Les cérémonies sont aisées et fort belles dans cette cathédrale. Le soir elles y sont éclairées par la lumière électrique.

Le plus beau quartier de Melbourne est celui qui s'étend au sud, tout le long de la baie, où les riches commerçants ont leurs maisons d'habitation et où ils se rendent chaque soir. Sur une longueur de huit kilomètres et plus, on ne voit que de jolies villas, ombragées d'arbres, égayées par des fleurs aux couleurs très vives. Saint-Kilda, où se trouve le palais du gouverneur, occupe le centre de ce beau quartier. De leur maison les habitants peuvent voir les vaisseaux qui arrivent ou qui quittent le port ; ils distinguent même les pavillons des différentes nations.

De l'une des villas j'eus le plaisir de voir flotter le pavillon français au-dessus d'un bateau des Messageries maritimes.

Les sœurs du Bon-Pasteur ont un grand couvent dans ce quartier, où elles sont très aimées. Elles occupent leurs pensionnaires aux travaux du lavage et du repassage. Leur buanderie, qui a tous les perfectionnements de l'industrie moderne, marche à la vapeur. Les fers à repasser ont un feu qui ne s'éteint qu'à la fin du travail, alimentés qu'ils sont par des tuyaux de gaz. Ce couvent travaille pour de nombreux bateaux de voyageurs et pour les meilleures familles de la ville.

Ce travail de buanderie, si sain pour les jeunes filles, si intéressant pour le visiteur qui admire l'ordre et l'entente parfaite de cette grande *laundry*, s'oppose par constraste à ce qui existe aux Indes. Dans aucun couvent européen, établi aux Indes, on n'oserait faire la lessive, qui est une œuvre réservée à l'une des castes les plus basses et les plus méprisées. C'est peut-être pour cela que le linge est si mal lavé. On le frappe avec violence sur des pierres, qui le mettent en pièces. On m'a dit cependant que les blanchisseurs, malgré leurs mauvais procédés et l'infériorité de leurs castes, s'enrichissaient dans leur métier.

Je vous ai parlé des sœurs du Bon-Pasteur. Il est intéressant pour un Angevin de constater l'œuvre considérable accomplie depuis quarante ans dans l'Australie par les pieuses filles de la Mère Pelletier. En 1863, quatre de ces religieuses, envoyées par la fondatrice, abordaient à Port-Philippe, après de longs mois de traversée. Pendant plus d'un an elles n'eurent ni maison, ni classes à diriger. Elles logeaient chez d'autres religieuses. Enfin l'archevêque leur acheta un coin de terre sur les bords du Yarra, en dehors de la ville. Ce coin de terre est devenu le grand couvent d'Abbotsford, où vivent et travaillent aujourd'hui huit cents personnes. Cent religieuses y dirigent des classes nombreuses d'enfants et de jeunes filles, dont les unes étudient et les autres conduisent les travaux d'une grande buanderie à vapeur.

On se fera une idée du travail qui s'accomplit dans cette buanderie, si l'on sait que pour aller chercher le linge, le reporter, et accomplir les travaux de la ferme, Abbotsford a quinze domestiques, seize chevaux, quatre-vingts vaches. Quand vous entrez dans les salles de cette vaste blanchisserie, vous voyez de tous côtés des courroies en mouvement, faisant tourner des moulins où le linge se lave lui-même, des chaudrons où il s'essore, des cylindres entre lesquels il est pressé et dressé. Une sœur dirige la machine à vapeur, comme un mécanicien. Des jeunes filles, appliquées aux différentes parties de la buanderie, lavent, frottent, repassent, plient et empaquètent le linge D'autres font des mottes de savon de soixante ou quatre-vingt livres, qu'elles découpent en petits carrés pour les besoins du lavage. De temps en temps un cantique ou un chapelet coupe la monotonie de ce travail, qui se fait dans l'ordre et dans le calme. L'air de ces travailleuses est bien portant et annonce la paix de l'âme.

En dehors de ce couvent, les filles de la mère Pelletier ont fondé en Océanie quatre colonies : l'une dans un quartier de Melbourne, sur les bords

COLLÈGE DES PP. JÉSUITES A SYDNEY

de la mer, à Saint-Kilda, qui est le bain de mer des gens aisés, comme je l'ai dit plus haut ; une autre dans la campagne, à vingt kilomètres de la ville, à Oakley, qui est comme une grande ferme ; une troisième à Hobart, en Tasmanie ; une quatrième à Christchurch, en Nouvelle-Zélande. Chacun de ces couvents compte une vingtaine de religieuses. On voit par là ce qu'est devenue la petite troupe des quatre missionnaires, partie d'Angers en 1863.

Les causes de ce succès, en dehors de la grâce de Dieu, sont de différents ordres. L'une des plus efficaces est la confiance que les bonnes religieuses ont inspirée aux archevêques, aux prêtres, aux religieux et au peuple de Melbourne, confiance qui engendre l'affection dévouée, dont elles sont payées en retour. Les protestants et les juifs eux-mêmes prennent intérêt à leur œuvre de charité et de moralisation ; ils se constituent les défenseurs et les protecteurs d'Abbotsford.

Le gouvernement, qui ne prélève aucun impôt sur ces couvents, donne annuellement une subvention à la maison provinciale. La ville, de son côté, lui fournit gratuitement l'eau nécessaire pour le lavage et l'arrosage. Je comprends la plainte d'une sœur française, témoin de cette faveur dont jouit Abbotsford : « Pourquoi le gouvernement français nous poursuit-il de ses impôts et de ses vexations, lorsque nous faisons les mêmes œuvres qu'en Australie et que nous dévouons nos vies au soulagement des pauvres et des abandonnés ? » A force de vivre au milieu de religieux et de religieuses, qui se donnent aux œuvres de charité, le Français aurait-il émoussé sa sensibilité et perdu la fleur de ce goût exquis qui estime et apprécie le zèle et le dévouement ? S'il en était ainsi, si la vieille France n'avait plus son amour traditionnel de la charité chrétienne, il faudrait désespérer de son avenir. Elle, si accessible à tout ce qui est beau, aux arts humains, comme aux œuvres de Dieu, elle a toujours été particulièrement enthousiaste de la beauté morale. Cet enthousiasme a engendré sa chevalerie ; il a créé ses hôpitaux et ses couvents. Plus que cela, il a inspiré les plus belles pages de sa littérature, les pièces les plus admirables d'un Corneille et d'un Racine. Le Français a toujours été l'ami passionné des belles actions et des grands dévouements.

De Melbourne à Sydney la route, par chemin de fer, se fait en vingt heures. On traverse un pays plat dans sa plus grande partie, quelquefois légèrement ondulé. La plupart du temps vous êtes dans le *bush,* où croit l'arbre à gomme, l'eucalyptus sauvage. Tout le long de la ligne on aperçoit de ces arbres, à moitié brûlés par les colons qui veulent agrandir leurs prairies. C'est d'un aspect désagréable. Il est vrai que souvent l'eucalyptus opiniâtre repousse du pied ; de verts rejetons surgissent de la souche.

Le point le plus gai de la route est Moses-Valley, où le gouverneur d'Australie a sa maison de campagne.

Sydney, bien que la capitale, n'est pas si beau que Melbourne pour les rues et les maisons ; il est peut-être moins populeux. Mais en revanche il possède un port qui est réputé, à bon droit, le premier du monde pour sa sûreté, son étendue, sa profondeur et la beauté de ses rives. C'est un ensemble de baies nombreuses, grandes comme des lacs, entourées de collines boisées, de faubourgs et de coquettes villas. Dans chacune de ces baies les bateaux du plus fort tonnage peuvent pénétrer et stationner. La vue de ces bateaux, des bois de sapins, des eaux claires et tranquilles, repose les yeux, qui n'ont, dans aucun autre grand port, un spectacle aussi champêtre ni aussi varié. On m'a dit que la longueur générale des bords de toutes les parties du port était d'au moins mille milles. On peut en effet passer des journées entières à visiter ces petits golfes, sur les bateaux à vapeur qui les parcourent dans toutes les directions. Je suis allé sur un de ces steamers visiter le collège des PP. Jésuites au fond de la baie Riverview. Il me semblait que j'étais sur un lac de Suisse. La colline boisée, sur laquelle s'élève le collège au milieu de rochers énormes, qui paraissent avoir été fendus par des géants, offre une vue comparable à celle dont on jouit au-dessus du lac des Quatre-Cantons. — Encore, ici, voit-on des arbres et des fleurs des tropiques, que l'on ne pourrait cultiver dans les cantons de la Suisse.

Les habitants de Sydney sont fiers de leur port. Ils l'opposent en toute occasion à celui de Melbourne. L'un d'eux me disait que, dans un jour, il avait compté plus de vaisseaux entrants qu'il n'en arrive en un mois dans le port des voisins. Il est certain que l'animation sur les quais de Sydney est extrême. Il semble que tous les voyages ici se fassent par bateaux, comme dans une Venise équatoriale immense.

SEIZIÈME LETTRE

Sydney, 1er *mars* 1901.

Cher ami,

Le cœur et l'imagination vont moins vite que la vapeur : ils s'arrêtent tout le long du voyage et retournent souvent en arrière vers les séjours et les hommes aimables rencontrés sur ma route. Tant il est vrai que nous avons de la peine à nous fixer dans le présent, même quand il est agréable, comme s'il était trop borné pour nous contenir.

Je me promenais ce matin dans le jardin du *government-house*, à Sydney. Des palmiers balançaient doucement leurs rameaux sous les coups légers de la brise ; les orchidées et les bégonias piquaient les gazons des nuances les plus vives. A mes pieds les eaux d'une baie en demi-cercle dormaient comme celles d'un lac : à peine entendais-je un léger clapotis. Par dessus le promontoire j'apercevais les mâts des vaisseaux amarrés dans l'un des ports et les drapeaux de vingt nations flottant au vent : les trois couleurs françaises brillaient au-dessus d'un navire des Messageries. C'était un spectacle ravissant et bien fait pour absorber l'attention de l'esprit.

Malgré cela, je me reportais vers Melbourne que j'avais quitté il y avait trois jours et que probablement je ne devais plus jamais revoir. Je me représentais les personnes qui m'avaient accueilli avec tant de bonté, les traits de mœurs particulières qui m'avaient intéressé, ce train de vie australienne que j'avais mené pendant deux semaines et auquel je m'étais habitué, comme si j'avais dû m'y établir pour toujours.

Melbourne m'apparaissait comme une ville agréable à habiter, de mœurs douces, très civilisée, offrant aux missionnaires des consolations peu ordinaires. Les paroisses que j'y avais visitées, étaient organisées avec autant de perfection que celles de France. Les fidèles, par leurs seules aumônes, pourvoient aux frais du culte, à l'entretien du clergé et des œuvres de bienfaisance. Le soir, dans la cathédrale de Saint-Patrick, je me serais cru dans une des églises de Rome les plus fréquentées. Des fidèles nombreux, autant d'hommes que de femmes, se réunissent pour la prière ou pour les sermons. Ils prient avec une ferveur touchante, que j'ai souvent remarquée chez les Irlandais et chez les Polonais. J'ai présente à l'esprit une pauvre femme, agenouillée dans le demi-jour du crépuscule, ayant l'air de confier à Dieu un poids trop lourd de chagrins domestiques et tenant devant elle son enfant de cinq ou six ans, qui la regardait en joignant les mains et mirait ses yeux dans ceux de sa mère. Les douleurs de l'une dépassaient évidemment l'intelligence de l'autre. Cependant elles trouvait un écho dans ce cœur innocent, dont la présence adoucissait l'amertume des larmes répandues. Pauvre enfant! il apparaissait comme l'ange de la consolation.

Le soir, quand après mes excursions je rentrais au palais de l'archevêque, je trouvais habituellement les vicaires occupés à faire le catéchisme à un ou à plusieurs adultes. Dans ce pays, où toutes les sectes protestantes sont mêlées aux catholiques, il est nécessaire, pour faire de l'apostolat, de s'adresser individuellement à chacun, de répondre à ses objections, de l'amener peu à peu à la lumière de la religion. Pour ce ministère il faut des esprits cultivés, déliés, habitués à entendre l'objection et à la résoudre. Les prêtres que je rencontrai autour de Mgr Carr répondaient à cet idéal : aussi leur ministère est-il fructueux. Les louanges que j'entendais sur leur compte m'édifiaient : elles doivent être la consolation de leur archevêque.

Je rédigeai pour un de ces vicaires le récit d'une mésaventure. Ce récit parut l'intéresser : je me permets de vous l'envoyer. Il vous fera connaître quelques traits de mœurs des villes australiennes, où les qualités d'un peuple jeune n'ont point cependant détruit tous les défauts de la race.

Méprise d'un voyageur. — L'Australien, comme l'Anglais, comme l'Américain, aime à couvrir d'annonces les murs de ses villes. Il en met partout. Le premier jour que je passai à Melbourne, je remarquai qu'un grand nombre de maisons, une au moins sinon deux ou trois par rue, outre les annonces jetées un peu au hasard sur les murailles en lettres plus ou moins bizarres, portaient en gros caractères, longs de dix centimètres, juste au-dessus de leurs portes, un nom qui me parut celui du propriétaire. Ce n'était en effet ni le nom d'une profession, comme cordonnier ou boucher, ni celui d'un commerce, comme grainetier ou épicier. Ce nom était : *Carltonale*.

Voilà, me disais-je, un nom assurément bien répandu. Dans ce nouveau monde, les familles sont comme le commerce : elles se développent rapidement. Puis, de même que l'on rencontre partout en Angleterre des Brown et des Smith, ici on trouve surtout des *Carltonale*, qui descendent, sans doute, d'une des premières familles débarquées à Port-Philipp. Cette famille-ci devait être nombreuse, probablement pauvre. Mais avec l'énergie propre aux émigrants, dont l'avenir dépend de leur audace, elle a travaillé, elle s'est étendue, et aujourd'hui elle domine dans la grande et populeuse cité de Melbourne. Je faisais ces réflexions philosophiques et bien d'autres, chaque fois que je passais devant l'une des nombreuses maisons sur le front desquelles se détachait, en grosses lettres, le nom de mes puissants colons : *Carltonale*.

Mais hélas ! mes beaux raisonnements n'ont vécu que trois jours : ils se sont évanouis sous l'évidence d'un tout petit fait, comme une boule de neige fond au premier rayon du soleil. Le troisième matin de mon séjour à Melbourne, j'allai dire ma messe au couvent d'Abbotsford, distant de deux milles de l'évêché où je demeurais. Je pris le tramway électrique, qui me déposa à moitié route, précisément sous les fenêtres d'une maison appartenant à la puissante famille *Carltonale*. Je devais attendre là un second tramway. Il était six heures du matin ; les rues étaient silencieuses, toutes les maisons fermées ; quelques ouvriers seulement se rendaient à leur travail. Or, pendant que je faisais les cent pas sur le trottoir, la porte de la maison *Carltonale* s'ouvrit et je vis sortir une femme d'une quarantaine d'années environ. Voici, pensais-je, mistress *Carltonale* qui va faire son marché. Je n'ai pas encore vu de femmes dans la rue : il est si matin ! Mais elle suit les traditions de sa famille, qui est devenue si puissante. Elle est amie du travail et veille elle-même à ses affaires. Une femme de ménage qui se lève à six heures, pour aller faire son marché, ne peut manquer d'être excellente maîtresse de maison. Je commençais à établir dans mon esprit des comparaisons très désobligeantes pour certaines ménagères de ma vieille Europe, quand, hélas ! en regardant, pour admirer l'activité matinale de *Mistress Carltonale,* je m'aperçus que sa marche manquait de fermeté et qu'elle tirait des bordées comme un matelot. La lumière jaillit soudain dans mon esprit : ce fut une illumination. J'examinai de nouveau le fameux nom inscrit au-dessus de la porte : je remarquai un petit intervalle entre *Carlton* et *ale*. Je me rappelai *pale-ale*. *Ale* : c'était la bière. La femme sortait d'un *bar* où elle avait peut-être passé la nuit à boire. On m'apprit ensuite que *Carlton* était le nom d'un quartier de Melbourne, où une brasserie puissante fabriquait de la bière pour les nombreuses maisons qui m'avaient jeté dans de si belles considérations sur la puissance des premiers colons. Je regrettai mes belles illusions. Mais hélas ! je dus me rendre à la terrible évidence. Mistress *Carltonale* était une vulgaire ivrognesse qui, à six heures du matin, retournait péniblement chez elle. Ma méprise divertit beaucoup mes hôtes. Puisse cette gaieté compenser les efforts qu'ils durent faire pour comprendre le mauvais anglais dans lequel je leur narrai mon aventure !

Sydney, 1er *mars* 1901.

Ce matin, après ma messe, j'ai été reçu à l'archevêché.

Le cardinal Moran est, je pense, le premier évêque d'Australie revêtu de la pourpre romaine. Il fait grande figure dans l'immense colonie anglaise. Il s'intéresse vivement aux écoles et aux œuvres catholiques. Il fut, il y a quelques années, le promoteur et le président d'un grand congrès, tenu à Sydney. Il a fait imprimer, en un beau volume, l'histoire et les résolutions de ce congrès, dont on m'avait beaucoup parlé à Melbourne. La première fois que je le vis, ce fut dans la cathédrale qu'il a fait bâtir et qui viendrait en bon rang parmi nos plus belles églises françaises du xixe siècle. Quand je l'aperçus, il faisait son action de grâces devant l'autel. J'éprouvai un sentiment de joie religieuse tout particulier en trouvant aux antipodes, dans la capitale la plus éloignée de Rome, un cardinal romain. La catholicité de notre Église m'apparut avec vivacité et je remerciai Notre Seineur de me la rendre ainsi sensible.

Le lendemain de mon arrivée, le cardinal Moran m'invita à l'accompagner, à quelques lieues de Sydney, dans un couvent de PP. Maristes, où l'on devait reconnaître les ossements de Mgr Epalle, le premier évêque de la Micronésie et de la Mélanésie, c'est-à-dire, des îles immenses de la Nouvelle-Guinée, de la Nouvelle-Bretagne et des îles Salomon. Mgr Epalle avait été sacré en 1844, à Rome. Parti d'Europe avec sept prêtres et six frères de la société de Marie, le 2 janvier 1845, il n'était arrivé dans sa mission qu'à la fin de l'année. Le 1er décembre il débarquait à San Christoval, dans les îles Salomon. Le 12 il abordait à l'île Isabelle, et le 17 il était frappé à coups de casse-tête par les sauvages. Transporté par ses compagnons sur leur bateau, il mourait deux jours après. Il était enterré dans un îlot désert par les missionnaires, qui craignaient les indigènes anthropophages. Les Maristes avaient souvent cherché sa tombe cachée par la végétation rapide des tropiques. Une narration détaillée de sa sépulture, faite par un témoin oculaire, avait été conservée dans les papiers d'un chanoine français. Grâce à ce guide on retrouva les ossements : les racines d'un arbre, poussé sur la tombe, avaient préservé en partie le corps du martyr. Sur le crâne on reconnut les blessures indiquées par le récit.

Ce fut une séance émouvante que celle où un médecin de Sydney, entouré du cardinal Moran et des PP. Maristes, reconnut un à un les ossements, les compta et, sous les cheveux collés au crâne, mesura les blessures et les retrouva telles qu'elles avaient été décrites par le narrateur. En touchant ces ossements bénis d'un apôtre, tué dès les premiers jours de son apostolat, dont le sang, versé il y a cinquante ans pour la foi dans ces îles sauvages, avait fait germer une moisson de catholiques, j'éprouvais un sentiment de piétié analogue à celui dont j'avais été envahi dans ma première visite aux Catacombes.

Avec quels soins on déposait ces ossements dans la soie préparée par la piété de ses frères ! Un Mariste, accompagné de plusieurs insulaires, avait amené ces restes sur un vaisseau appartenant à la congrégation et chargé de porter les missionnaires d'une île à l'autre ou de les ravitailler. Il avait mis longtemps à venir jusqu'à Sydney. Son précieux dépôt une fois confié à ses frères, il retourna dans ces îles sauvages, d'où l'anthropophagie n'a point encore disparu. De temps en temps les journaux racontent que des voyageurs ont été tués ou dévorés par les habitants de la Papouasie. Mais mon missionnaire n'avait pas l'air de s'inquiéter de ces détails. Il souhaitait emmener avec lui un jeune frère mariste, ancien élève de Beaupréau, alors en résidence au couvent de Sydney. Il me pria de demander cette faveur au P. Supérieur. Mon jeune compatriote désirait ardemment s'en aller aux îles Salomon, pour être catéchiste des enfants papoux, petit-fils des sauvages qui tuèrent Mgr Epalle. La mort héroïque des missionnaires n'a jamais effrayé leurs successeurs : elle les excite à l'apostolat comme le plus beau des exemples.

En rentrant à Sydney, l'âme toute embaumée de la cérémonie, je laissai mon esprit s'en aller par l'imagination jusque dans ces îles, qui, au nord de l'Australie, réservent encore des champs inconnus au zèle des missionnaires Je me rappelais que M. le Vte des Cars, commandant du *Stella del Mare*, était

venu en ces parages, en 1846, avec le capitaine
Marceau, pour amener des auxiliaires et des successeurs à Mgr Epalle. Ce souvenir de l'Anjou, représenté si noblement dans les premières missions de
ces régions australes, m'émut vivement. Je songeais
à peine aux jolis paysages que nous traversions : des
collines chargées d'arbres verts, sur lesquels se détachaient des maisons de campagne, construites en
bois ; des baies profondes, sinueuses, sur lesquelles
on a jeté ici et là des ponts. On se dirait dans un
Stockholm de l'hémisphère austral. Les environs de
Sydney sont frais, riants, sillonnés de bras de mer,
découpés par des collines vertes : on se croirait bien
loin de l'Australie aride, sablonneuse, abandonnée
aux légions de lapins qui dévorent les maigres gazons
et aux kanguroos, qui habitent les halliers de l'intérieur. L'île de Wight n'a pas un air plus frais et plus
soigné que certaines vallées que nous traversions, en
revenant de Villa-Maria, le couvent des Maristes,
près de Sydney.

Les citoyens de la grande capitale australienne
ont planté sur les bords de la mer, à quelques
centaines de mètres de leur port de commerce,
un jardin merveilleux, où tous les arbres des tropiques semblent réunis autour du château du gouverneur. Que les temps sont changés ! Les premiers
habitants européens de ces parages furent des
condamnés anglais amenés en 1778 sur les côtes de
Botany-Bay. Maintenant Sydney et la Tasmanie sont
des pays très civilisés, où la statistique des tribunaux
donne un des chiffres les plus faibles que l'on connaisse pour les crimes et les condamnations. Cer-

tainement le christianisme a fait ici son œuvre. Puis, le paupérisme, cet agent effrayant du crime, n'existe pas dans ce peuple jeune, qui vit à l'aise par son travail. On ne voit ni fortunes excessives, ni extrême pauvreté.

Quelle singulière destinée que celle de cette colonie de la Nouvelle-Galle du sud! Il n'y a pas cent dix ans, Port-Jackson (c'était le nom de l'emplacement de Sydney) n'était habité que par sept cents prisonniers, dont cent quatre-vingts femmes et dix-huit enfants, gardés par deux cents soldats anglais. Ces gens avaient pour toute fortune un taureau, quatre vaches et un veau, un étalon, quelques juments, un petit troupeau de moutons et des porcs. Maintenant Sydney compte plus de cinq cent mille habitants; ses maisons occupent les collines du Paramatta et les rivages de la mer sur une étendue grande comme Paris. Quatre ou cinq parcs, qui rappellent ceux de Londres, offrent au voyageur, à certaines heures, le spectacle d'une société aisée, amie des jeux en plein air, du foot-ball, du cricket, et de la danse. On me dit que les théâtres de Sydney sont moins beaux et moins luxueux que ceux de Melbourne. Cette dernière ville a été créée plus récemment que l'autre, à une époque où l'argent coulait à flots dans la colonie. Alors on a taillé grandement et en plein drap. On a tracé de grandes lignes droites comme sur un damier et le long de ces lignes on a construit des banques, des magasins, des musées et des théâtres, avec un luxe qui rappelle New-York ou San-Francisco. Sydney, fondé dès le début de la colonisation, n'a ni cette symétrie, ni cette apparence de somptuosité en ses monuments. Cette ville rappelle davantage l'économie calculée de la main européenne. Elle a construit ses maisons et ses parcs sans plan d'ensemble, d'après les besoins de sa population et selon les convenances du paysage, de ses baies et de ses collines, gardant au centre, au lieu de les rejeter dans sa banlieue, ainsi qu'a fait Melbourne, ses jardins et ses parcs, où les habitants peuvent se réunir, se voir, causer et s'amuser comme dans des salons en plein air. Ils devaient avoir si grand besoin de se communiquer leurs impressions, ces exilés de l'Europe, après les travaux fiévreux qui avançaient leur fortune !

Demain je quitterai l'Australie. Comme je n'en ai visité que les grandes villes et les côtes les plus cultivées, je sens que j'en emporte une impression trop favorable. J'ai bien traversé le *bush* pendant vingt-quatre heures. Mais les arbres à gomme lui donnent un agrément que n'ont point les immenses déserts de sable, dont on m'a parlé. Je garderai donc de ce pays et de ses habitants des souvenirs très agréables, et aux Européens qui me parleront de colonies où ils pourraient aller chercher avec la fortune les agréments de la vie civilisée, j'indiquerai les bords du Yarra et du Paramatta, Melbourne et Sydney, à moins qu'ils ne préfèrent Adelaïde et ses beaux fruits ou Perth qui se mire dans les eaux tranquilles de sa rivière des Cygnes.

JEUNE ZÉLANDAISE (AUCKLAND)

DIX-SEPTIÈME LETTRE

Océan Pacifique, entre Sydney et Wellington,
3 *mars*

En quittant l'Australie dont je n'avais visité que les bords, je me faisais mille questions sur cet immense continent ; j'en posais le plus possible à mes compagnons de route, pour m'éclairer.

Que sont devenus les indigènes ? Il y a cent ans, ils devaient bien être 200.000. C'est peu assurément, quand on songe que ce pays est presque aussi grand que l'Europe. Mais cependant il devrait en rester sur ces côtes du Sud ou de l'Est, plus fertiles que les autres et où ils vivaient de préférence. Or, j'en ai vu à peine quelques-uns. Et ils me semblaient bien dégradés : leur teint de cuivre, leurs cheveux embroussaillés allaient mal à leur costume européen.

Ils ont été repoussés par les colons dans les déserts intérieurs et dans les régions du Nord, où ils vont s'éteignant rapidement de misère, de maladie et de vices nés du contact de notre civilisation. Il n'en reste plus un seul en Tasmanie. N'est-il pas triste de penser que les civilisés produisent sur les indigènes l'effet d'un fléau et les font disparaître ! Cependant l'évêque de Géralton en possède encore dans son diocèse : j'ai voyagé avec des missionnaires allemands qui allaient les évangéliser.

Qui n'a entendu parler des kanguroos d'Australie ? Il y en avait de toutes les tailles : depuis celle du chameau, comme l'atteste la géologie fossile, jusqu'à celle des lièvres et des rats. Ils étaient le gibier des indigènes. Ils vivaient dans les plaines fleuries de l'intérieur, à la saison des pluies, ou dans les forêts des côtes. au temps de la sécheresse. Le *bush*, dont les arbustes très espacés n'ont rien des fourrés épais et inextricables de la jungle indienne, leur permettait de courir et de s'ébattre à l'ombre des eucalyptus. Comme les hommes indigènes, ils ont presque tous disparus. Le fusil des chasseurs européens en a fait de trop faciles hétacombes. Ils sont remplacés par des lapins, vraie plaie d'Égypte importée d'Europe. Il en est tué plus de cinquante millions par an. Malgré cela, leur nombre augmente toujours et ils ruinent les pâturages.

C'est un singulier sol que celui de la grande colonie australe. Cette île est sèche, sans pluie appréciable dans l'intérieur. Son plus grand fleuve, le Murray, dont le bassin est plus vaste que celui du Danube et même que celui du Gange, fournit moins d'eau que la Seine à son embouchure : si bien que l'on croyait autrefois à l'existence d'une mer Caspienne intérieure, ou de fleuves souterrains, dans lesquels se perdaient les pluies. Malgré cela, les animaux et les plantes apportés d'Europe se sont multipliés avec une vitalité extraordinaire. Les moutons fournissent plus de viande et une laine de meilleure qualité que ceux d'Europe. Les troupeaux de bœufs sont nombreux et prospères et les chevaux des plus estimés du monde. Il y en a par millions. La vigne fournit du vin comparable à ceux d'Espagne et de France. J'ai vu à Oakley, près de Melbourne, des champs entiers couverts de pourpier, poussant de lui-même sans être semé. Il paraît, hélas ! que le chiendent, importé d'Europe par mégarde, couvre déjà d'immenses étendues. Ce pays est comme un vaste champ d'expériences pour toutes les cultures. Les gelées, qui sévissent sur les montagnes des Grampians et sur les Montagnes Bleues, sont rares sur les côtes, où les colons des capitales ont réussi à cultiver le sol d'après les méthodes d'Europe.

Quant à l'Australien lui-même, descendant de colons venus de la Grande-Bretagne, il a assurément bien des traits et des goûts qui trahissent son origine. Il s'est créé aux antipodes un *home* qui rappelle par sa propreté et son aisance celui d'Angleterre. Quand je pénétrais chez l'ouvrier, chez le pionnier, je trouvais dans les meubles, dans les repas et la propreté de la maison, un air de confortable anglo-saxon. Cependant l'Australien a modifié le tempérament de l'ancêtre : il est plus gai, plus affable, plus prêt à rire et à prolonger la conversation avec l'étranger. Par son caractère, il rappelle plutôt l'Américain. Mais il possède une langue plus pure que ce dernier, dont il n'a pas l'accent nasillard. Il est à remarquer qu'il parle peu de ses ancêtres, les premiers colons, comme s'il avait peur qu'on ne le croie fils ou petit-fils des *convicts* de Botany Bay, c'est-à-dire, des prisonniers relégués en ces parages par l'Angleterre.

On me dit que ce peuple neuf n'a pas beaucoup de dispositions pour la vie contemplative, ni une grande constance dans l'obéissance. Peut-être. Mais il a des qualités charmantes : d'une imagination vive, curieux de sciences et de beaux-arts, très sociable, il est en train de fonder dans l'hémisphère austral une sorte d'États-Unis, capables de rivaliser en tout point avec nos vieilles nations d'Europe.

5 *mars* 1901. *En face de la Nouvelle-Zélande*

Cher ami, il est huit heures du soir. Demain nous serons à Wellington. Je jetterai à la poste mes impressions d'Australie, écrites à bord du bateau qui, depuis quatre jours, se presse de parcourir le chemin de Sydney à la Nouvelle-Zélande.

L'accueil que j'ai reçu à Melbourne de la part des sœurs, de l'archevêque, des prêtres, des jésuites m'a vivement touché. J'étais presque confus de leurs attentions. L'archevêque, Mgr Carr, se souvenait de l'invitation qu'il m'avait faite à Angers. Il a voulu, je pense, me donner l'idée de l'hospitalité irlandaise. Il a obtenu pour moi la gratuité du parcours en *sleeping-car* de Melbourne à Sydney (20 heures de voyage).

Il me regardait comme un hôte du lord gouverneur, pour qui j'avais une lettre d'introduction. Il écrivit au cardinal Moran, archevêque de Sydney, qui se montra également extrêmement courtois, comme vous avez vu.

Nous quitterons Auckland le 23 pour San-Francisco et l'Europe. Je songe bien aux missionnaires de Fidji. Je ne sais pas si le bateau s'y arrête encore ou s'il fait escale à Apia (îles Samoa). Un P. mariste m'a parlé des succès admirables du P. Guillou, qui fait l'école aux enfants des îles Salomon. Ce P. Guillou est un Angevin ; vous devez le connaître. Il possède, paraît-il, dans toute sa plénitude, la douceur angevine qui est capable de gagner le cœur des petits cannibales eux-mêmes.

Adieu. Bonsoir. — Le mouvement du bateau me fatigue. Je nomme chacun de vous tous dans mon bonsoir : MM. Guillotteau, Eude, Coutolleau, tous les étudiants, abbés et laïques, les sœurs, Pascal, Yves et le P. Adolphe, la Mère Pacifique, dont l'Océan qui s'agite autour de moi me rappelle le nom aimable, toutes les Louise et les Marie. Je n'ose, par respect, mêler à ma litanie, MM. Grellier, Pinier, Brin, Couteau, etc., etc., Mme Bertrand et tout le voisinage. Cependant, si vous saviez avec quelle force s'imposent à mon esprit tous ces noms et bien d'autres, pendant les longues journées passées sur l'Océan! Je crois que la psychologie du voyageur sur mer est toute particulière. Le bruit des flots et de la machine, la monotonie des jours rejettent l'âme dans sa vie passée et la font rêver de ce qui l'a occupée le plus fortement, comme ses amitiés, ses deuils. Cent fois ou plutôt mille fois j'ai revu en mes rêves, pendant mon voyage, la figure de mes amis qui sont morts. C'était une douce obsession, dont je ne pouvais me défaire.

Adieu encore : priez pour moi. Cordialement à vous.

Je traverserai les États-Unis sans m'arrêter.

Mes amitiés aux Voisin, à A. Tessié, à M. Joûbert, à tous les professeurs qui demandent de mes nouvelles. Que le bon Dieu leur porte mes vœux.

Baie de Wellington dans le détroit de Cook,
7 mars 1901

Cher ami, je croyais mettre hier soir à la poste ce que j'avais écrit pendant les quatre jours de traversée de Sydney à la Nouvelle-Zélande. Mais je n'avais pas compté sur une quarantaine qui nous retient, depuis bientôt 20 heures, dans le port de Wellington, sans que nous puissions aller à terre. C'est un complément de voyage dont je me serais bien passé : mis en quarantaine!! Depuis notre départ de Sydney, 2 mars, des cas de peste se sont déclarés dans cette ville. Le brigand de télégraphe a transmis cette nouvelle à Wellington, et les autorités locales nous interdisent leur port. J'étais tout à la joie, hier matin, écrivant mes cartes pour les amis d'Angers et faisant mes plans d'excursion dans l'île, qui nous apparaissait dans une lumière différente de celle de l'Australie. Les teintes bleues sur les montagnes atténuaient l'éclat du soleil. Au lieu du sable jaune des plaines australiennes, nous avions à gauche et à droite de hautes collines d'une couleur d'ardoise. L'aspect général de l'île, vue de la mer, fait songer à l'ébullition d'une immense chaudière, arrêtée subitement au moment où les bouillonnements étaient le plus violents et le plus capricieux. Ce ne sont de tous côtés que mamelons et pics juxtaposés ; de loin on ne distingue aucune vallée. La ville de Wellington elle-même est assise sur un terrain que l'on a nivelé, après l'avoir détaché de la montagne. Ses maisons à toits rouges s'étendent en demi-cercle, autour d'une large baie.

Je contemplais ce paysage, du pont de notre bateau, quand je vis passer près de nous un steamer venu du port, qui s'arrêta deux minutes pour nous annoncer que nous étions mis en quarantaine et que nous devions hisser le drapeau jaune. Ce qui fut fait aussitôt. Il fallut de nouveau ouvrir ses malles et se réinstaller dans sa cabine. Le soir, pour se consoler, les passagers organisèrent un concert. Malgré l'harmonie puissante des voies australiennes ou anglaises, je ne pouvais détacher mon esprit de mes projets d'excursion subitement désorganisés. En ce moment on fait des fumigations dans nos bagages. Cet après-midi un médecin viendra nous inspecter. Dieu veuille qu'il ne trouve aucun malade ! Jugez de mon ennui si j'étais obligé d'aller séjourner au lazaret de Wellington ! Si cette lettre porte le timbre du 7 ou du 8 mars, j'aurai échappé au danger.

Les heures semblent longues et monotones, malgré la beauté du paysage. Nous sommes enserrés par un cercle complet de montagnes ; car l'entrée de la baie est cachée derrière nous. Des nuées de mouettes piaillardes semblent insulter à notre détresse. Elles vont et viennent du rivage à notre bateau, nous demandant les restes de notre déjeûner.

Ce serait le temps de compléter mes notes ; mais l'ennui est un mauvais génie pour inspirer des sentiments aimables ; il teinte tout ce qu'il touche de couleurs désagréables. Il ne faut écrire qu'avec un esprit gai. Aussi je vous quitte pour rejoindre mes cinquante ou soixante compagnons de quarantaine, qui comptent les heures et les minutes. Le temps est chose bien relative : depuis hier, 2 heures, j'ai vécu un mois devant cette côte zélandaise, qui a l'air de se faire plus belle de minute en minute pour me tenter davantage. Les nuages se mettent de la partie, pour orner et varier l'aspect de cette île, qui ne veut pas se laisser aborder.

Tout à vous.

COUVENT DU BON-PASTEUR A CHRISTCHURCH

MOUNT-MAGDALA (VUE D'ENSEMBLE)

DIX-HUITIÈME LETTRE

Christchurch, 12 mars 1901.

Cher ami, je reçois, en même temps, vos lettres du 31 décembre et celles du 31 janvier. — Cher Père Adolphe! Sa mort me cause un grand chagrin ; vous connaissiez mes relations avec lui. Je me promettais de bonnes heures de conversation pour lui raconter les péripéties et les curiosités de mon voyage.

Je pars ce soir pour Auckland et le 23 pour l'Amérique. Regardez sur votre atlas : vous verrez que de Wellington, capitale de la Nouvelle-Zélande du Nord, je suis venu dans l'île du Sud, qui a deux villes principales, Dunedin et Christchurch.

Wanganui, Nouvelle-Zélande du Nord,
14 mars 1901

Bien cher ami, depuis ma *quarantaine* j'ai visité Wellington, la ville des vents. Le voisinage des cathédrales lui-même est moins constamment éventé que la capitale de la Nouvelle-Zélande. La cause, je l'ignore. Mais j'en connais certains effets. Le détroit de Cook est mauvais pour les voyageurs au cœur faible ; je l'ai éprouvé ; mais j'étais en nombreuse compagnie. On me dit que le vent chasse les microbes et rend Wellington très salubre.

Je vous ferai plus à loisir, pendant mon retour sur le Pacifique, le récit détaillé de ce que j'ai vu à Christchurch et à Mount-Magdala (c'est le nom du Bon-Pasteur). Ce soir je profite seulement de quelques instants de repos, avant de remonter la rivière Wanganui, pour vous envoyer mes amitiés. J'ai voyagé tout le jour, en chemin de fer, à travers le pays Maori. J'ai vu plusieurs *settlements* d'indigènes. Les Maoris ressemblent, je trouve, aux Indiens d'Amérique, que j'ai vus autrefois sur le Saint-Laurent. Ils sont d'un brun foncé : quelques-uns sont de la couleur du cuivre. Les femmes fument la cigarette, souvent même la pipe. Parmi elles beaucoup ont les lèvres tatouées. On me dit que les Maoris, en général, sont fainéants. Ils vivent de pêche, de chasse et de ce que le gouvernement leur donne pour la cession de leurs terres. Ils se mettent volontiers à la suite des colons pour se faire une vie facile.

Aujourd'hui, jeudi, toutes les boutiques sont fermées depuis midi, à Wanganui. Je n'ai même pas pu trouver un barbier pour me raser. Hier, mercredi, c'était la même chose, l'après-midi, à Wellington. Je serai obligé, je pense, de porter ma barbe jusqu'en Amérique. En Nouvelle-Zélande, outre le repos du dimanche, les gens s'octroient tous un demi-congé, soit le mercredi, soit le jeudi. Par ailleurs, ils ne travaillent que huit heures par jour. Malgré cela, les salaires sont énormes : un shilling. 1 fr. 25, l'heure, pour la plupart des métiers. Les fiacres vous prennent facilement cinq shillings pour aller de la station à l'hôtel. Leur tarif est de trois shillings l'heure. Ce peuple jeune veut se ménager. Il aime les amusements. Aujourd'hui, dans une immense prairie entourée de pelouses en amphithéâtre, six corps de musiques instrumentales étaient en concours devant la population entière de Wanganui. Le clergé lui-même était présent.

C'était un joli spectacle que celui de cette population, en habits de fête très soignés, les femmes pour la plupart en couleurs voyantes, assise le long des pentes gazonnées d'une immense amphithéâtre en plein air et suivant avec intérêt la lutte musicale de deux ou trois cents artistes divisés en six bandes. Les applaudissements retentissaient vibrants à la fin des meilleurs morceaux. Quand le concours prit fin, à la chute du jour, toute cette foule s'écoula dans les rues larges et ornées de beaux magasins de cette ville en bois, qui date d'hier. Elle suivait les musiciens, qui donnaient des aubades aux autorités locales ou aux principaux habitants. De nombreuses voitures, très légères et traînées par un seul cheval, emportaient dans toutes les directions les fermiers, qui avaient quitté leur solitude pour se donner un plaisir de grande ville. Tout ce monde avait l'air joyeux, bien vivant, aisé. — Je ne remarquai qu'un mendiant à la sortie de l'amphithéâtre. Je vis avec admiration qu'un jeune homme, qui me paraissait être un ouvrier ou un fermier, lui donna un demi-shilling, c'est-à-dire douze sous.

Wanganui semble être plein d'attraits : on voudrait y séjourner. Il y a cependant un ennui à craindre, que vous signalent les inscriptions mises sur les murs en bois de votre hôtel : « Cloche d'alarme pour l'incendie. Prenez cette corde à nœuds et sautez par la fenêtre. » Tant de précautions vous maintiennent en frayeur prudente contre le feu.

Demain, après avoir remonté la rivière, je coucherai à Pipiriki — un joli nom, comme vous voyez. Je remarque que dans la plupart des noms maoris les syllabes sont répétées. Cette façon de faire me rappelle l'habitude des enfants, quand ils commencent à parler. Que disent vos grammaires comparées à ce sujet ? Ont-elles étudié le maori ? *Ka nui te reka.*

Adieu, cher ami. Le 23, je partirai d'Auckland. Mais hélas ! le bateau ne passe plus par les îles Fidji ; il va par Pago-Pago (dans les îles Samoa) et de là à Honolulu. — Bonjour affectueux à tous.

De grâce, ne brûlez pas ma maison avant que je la revoie !

J'ai vu la ville où M. K... était curé. Mais son chauvinisme irlandais l'a brouillé avec les autorités anglaises. Il est retourné dans son pays. J'ai trouvé beaucoup de Maristes français tout le long de mon voyage en Nouvelle-Zélande.

GEYSER EN ÉRUPTION

Taupo, Nouvelle-Zélande du Nord,
18 mars 1901.

J'ai vu hier et aujourd'hui des merveilles de la nature telles que je ne puis les décrire : des cratères en activité et des geysers en éruption. Je me suis promené pendant de longues heures sur un sol perforé de crevasses fumantes, où l'on entend de sourds roulements de vagues en ébulltion. Puis, ici et là, des jets d'eau bouillante, claire comme du cristal, forment de petits lacs d'eau sulfureuse. Quelques-uns de ces lacs sont à la température d'une chaudière de chemin de fer ; d'autres à celle d'un bain chaud, d'autres d'un bain tiède. Dans les premiers sont cuits à l'instant les êtres qui y tombent ; dans les seconds se baignent les Maoris et les voyageurs.

Les Maoris ont établi des boîtes trouées au-dessus de certaines fissures, d'où s'échappe la vapeur. Dans ces boîtes ils mettent leur nourriture : viandes, pommes de terre, choux, etc., qu'ils recouvrent avec des étoffes, et qui, en très peu de temps, est cuite avec plus de régularité que dans la cuisine la mieux organisée. Ils s'assoient sur le sol chaud et prennent leur repas, rangés autour de leur fourneau naturel. Dans quelques geysers ils trouvent une sorte de magnésie solide, qu'ils mangent en guise de bonbon. Comme ils sont naturellement paresseux, ils jouissent avec délices de ces facilités de la nature. Mais, hélas ! de temps en temps ils en sont victimes. On raconte que des Maoris de Wanganui, étant venus visiter leurs amis à Tokaano, prirent un bain, en arrivant, dans un des bassins naturels. Le lendemain ils voulurent recommencer : mais ils furent brûlés parce que la température de ce bassin avait changé d'un jour à l'autre.

Le plus beau phénomène que j'ai vu aujourd'hui est le geyser appelé le *Nid du Corbeau, Craw'snest*, sur le bord d'une rivière semblable aux beaux gaves des Pyrénées, le Waïkato. Au milieu de trous bouillants, fumants, grondants, dont les uns soulèvent des boues de chaux blonde, des boues rouges, des boues bleues, des boues ressemblant à de l'émail, on aperçoit un nid énorme, composé de matières pétrifiées, haut de quatre ou cinq pieds, large de dix ou douze à sa base. Quand j'arrivai, je ne voyais rien au-dessus de ce nid en pierre. Je m'approchai ; je distinguai au fond un peu d'eau agitée. Mon guide me dit qu'il fallait attendre quarante minutes pour voir l'éruption. Peu à peu la vapeur s'éleva au-dessus du nid ; puis tout à coup un jet puissant d'eau bouillante, en forme de gerbe, fut lancé à la hauteur de quatre-vingts pieds. L'explosion dura une ou deux minutes. Ce fut un spectacle unique, éblouissant. En dehors du phénomène en lui-même, les circonstances dans lesquelles il se produit, vous saisissent vivement. La cause en demeure cachée, mystérieuse, souterraine. Elle vous étonne par l'irrégularité de son action ; elle semble en dehors des causes ordinaires, si régulières dans leurs effets. C'est comme si quelque être intelligent voulait à dessein vous surprendre. La fin du phénomène complète votre étonnement. L'eau s'écoule en tombant ; le nid reparaît tel qu'il était avant l'explosion : il est vide, silencieux, sans fumée. Le mystérieux être souterrain vous a lancé son immense jet d'eau ; il se repose. On me dit qu'il en prépare un autre, mais qui sera probablement moins puissant. Cette réflexion me décide à quitter la place. Mais je reviendrai demain matin pour un second spectacle.

Wairakei, Nouvelle-Zélande du nord,
19 mars 1901

Depuis deux jours je voyage parmi des volcans et des geysers de toutes formes et de puissance variée. L'irrégularité de leur jeu vous impressionne plus que leur jeu lui-même. Ils semblent par là en dehors des lois de la nature. Les œuvres directes du Créateur dépassent singulièrement les nôtres en puissance et en variété.

Je quitte Auckland samedi. — A Dieu, vous et tout Saint-Aubin, toute l'Université. — Dans les loisirs de la traversée je vous donnerai plus en détail mes impressions sur ce pays, que quelques touristes appellent la Suisse australe. Si vous désirez savoir d'où part cette lettre, cherchez sur la carte de la Nouvelle-Zélande, au nord du lac Taupo, près de la rivière Waikato, entre les pics volcaniques du Kaimanawa (1.788 pieds d'altitude), du Nyangiho (2.155 pieds), du Tuhingamata (2.202 pieds) et du Tanhara (3.603 pieds). Comme vous voyez, c'est un endroit à souhait pour les excursions de montagnes. Je me contenterai de voir fumer les pics et de méditer, plein d'admiration, sur la puissance des feux souterrains, que Dieu a allumés et n'a point encore éteints en ces régions. Les terres ici semblent partout en voie de formation. Il existe du reste une légende qui, pour expliquer les difficultés du passage à travers le détroit de Foveaux, au sud de la Nouvelle-Zélande, dit que le Créateur, finissant son œuvre par ces terres australes, n'eut pas le temps d'y mettre la dernière main et que, pour cela, l'ordre et la paix n'y règnent pas encore.

Auckland, 22 *mars* 1901. Cher ami, mon dernier envoi important devait avoir, je crois, le timbre de Wellington et partait après ma quarantaine. Voici la suite de mon voyage. Après une matinée passée avec les PP. maristes de Wellington, où ils occupent toutes les paroisses, je repris mon bateau en partance pour Lyttelton, port de Christ Church. La mer est dure entre les deux îles de la Nouvelle-Zélande. Le détroit de Cook est appelé la *boîte aux vents.* Pour être plus classique, appelez le l'antre d'Eole. Il est certain que le vent y souffle en tempête, même quand le ciel est pur.

Le lendemain, à 11 heures, nous entrions dans le port tranquille de Lyttelton, bien caché au fond d'une baie profonde, abrité par de hautes collines qui ne laissent à la petite ville qu'une bande très étroite pour ses rues. On dirait un village suisse au bord d'un lac. Les maisons, toutes en bois, grimpent le long de pentes gazonnées et arrondies : elles sont construites d'hier, si on en croit la fraîcheur de leur peinture. De Lyttelton à Christ Church le trajet, d'une demi-heure, se fait en chemin de fer, d'abord sous un long tunnel, puis à travers des champs très riches et cultivés comme une vallée de Normandie. Nous étions dans la province de Canterbury, ainsi appelée de ses premiers colons, venus en troupe, comme des pèlerins, du pays de saint Thomas Becket. Mais c'étaient des diocésains infidèles au saint martyr : ils étaient tous protestants et conduits dans le nouveau monde par leurs ministres, qui donnèrent au pays, aux rues de la ville nouvelle, les noms des évêques anglicans de leur patrie.

Canterbury est une grande plaine très plate, mais très fertile, entourée de toutes parts par de hautes collines au-dessus desquelles on aperçoit, à l'ouest, les sommets neigeux des Alpes du Sud : le mont Cook a jusqu'à 10.000 pieds. Dans cet immense plaine verte les pèlerins de Canterbury ont fondé leur capitale, Christ Church, sur les bords d'une rivière tranquille, aux eaux extrêmement limpides, l'Avon.

Canterbury vient de célébrer sa cinquantaine, et déjà sa capitale compte près des soixante mille habitants. Cette ville charmante semble sortir de chez le tailleur, où elle s'est habillée tout à neuf. Pas une vieille maison, pas un pan de mur qui fasse tache sur les tons frais de ses rues, ouvertes d'hier et déjà remplies de magasins, de banques et de *halls* publics pour les *meetings* très fréquents en ce pays-ci. A cause des nombreuses sectes protestantes, les églises abondent. La *Salvation-Army* y possède elle-même un beau temple. Il n'est pas donné seulement à ceux qui traversent la Manche de vérifier ce qu'on a dit des Anglais : ils ont vingt religions et une seule sauce pour leur cuisine. Le fait se constate dans toutes leurs colonies.

Un bon endroit pour se rendre compte de l'activité de Christchurch, c'est la poste qui, dans cette ville, comme à Wellington, à Sydney, à Auckland, est un des principaux monuments et le plus fréquenté. Vous y voyez toute la journée un mouvement extraordinaire. Le soir, y arrive, en voiture, à cheval et surtout à bicyclette, une foule pressée, mais calme, de gens qui ont tous l'air d'être dans les affaires. Aucune ville de France, de même population, ne présente, je crois, autour de sa poste une semblable animation.

A la gare, je priai un cocher de me conduire au *Good-Shepherd*. — Inconnu pour lui. — *Sisters of Good-Shepherd?* — Cela ne lui disait rien. — *Catholic convent?* — *Yes, yes.* — Il fouette son cheval et au bout de dix minutes me dépose dans un jardin, devant le perron d'une maison de belle apparence. Un prêtre se présente. Est-ce l'aumônier du Bon-Pasteur? Mais paraît aussitôt un évêque. J'étais chez l'évêque de Christchurch, qui, quoique anglais, parle très bien le français. Il me retient à dîner et téléphone aussitôt aux sœurs du Bon-Pasteur que je suis arrivé, et qu'il me conduira au couvent dans l'après-midi. Son affabilité me met aussitôt à l'aise ; il me présente aux prêtres de sa maison, parmi lesquels deux Français : l'un, de Chartres ; l'autre, son vicaire général, M. Le Menant des Chenais, du diocèse de Rennes. Je me crois en France.

Après dîner l'évêque me conduit, dans sa voiture, à *Mount-Magdala* (c'est le nom du couvent), à six milles de la ville. Longtemps avant d'arriver on aperçoit, au milieu de la plaine toute plate, une légère

MOUNT MAGDALA

éminence, très sensible parce qu'elle est unique, où se dressent, à moitié cachés dans des bouquets d'arbres, de hauts pavillons en brique qui, de loin, ressemblent à des tourelles de château. On dirait que là demeurent les seigneurs ou les *landlords* de la contrée. De près, l'éminence paraît artificielle et composée de terre apportée pour un camp retranché, peut-être pour un *pas* ou forteresse des Maoris. Là s'élève le couvent, au centre de la propriété, qui est une grande ferme de deux cents acres. Les champs qui avoisinent la route publique sont bordés d'eucalyptus aussi gros que nos plus forts peupliers français. Ce sont les plus beaux arbres de la contrée. En arrivant au couvent, on traverse un petit ruisseau, fertile en cresson.

La maison principale a grande apparence, avec son haut vestibule ouvert, ses tourelles, ses bas-côtés surmontés de terrasses. Elle n'est que la première partie du couvent futur. En effet, la chapelle n'est pas encore construite et les sœurs n'ont pas de cellules. A côté de cette maison s'élèvent les bâtiments, très modestes, qui servent à la buanderie et à toutes ses dépendances, comme la lingerie, les salles de paquetage et de livraison du linge. — Plus loin des étables, pour quarante vaches et cent porcs. — Dans une autre direction des écuries, pour dix chevaux. A côté l'on construit un cottage en bois pour les cinq hommes, cinq Irlandais, qui font le service de la ferme.

L'aumônier a sa maison, en bois aussi, dans un nid de verdure, sorte de jardin semi-cultivé, et semi-sauvage, où les fleurs et les fruits se trouvent à côté de genêts que l'on ne coupe jamais. C'est une retraite charmante pour les méditations solitaires : la végétation puissante, qui l'entoure, ferme la vue de tous côtés.

Dans le couvent soixante-dix jeunes filles, venues là pour s'amender et pour se former à la vertu, travaillent sous la direction de vingt-deux sœurs du Bon-Pasteur.

Comment s'est fondé ce couvent ? Un P. mariste, le P. Ginaty, qui, dans sa jeunesse cléricale, avait vu à Dublin un orphelinat de jeunes filles, organisé comme une maison du Bon-Pasteur, avait conservé de cette visite une impression très vive et le désir persistant de fonder un couvent semblable, s'il en avait l'opportunité. Dieu lui ménagea les circonstances favorables. Envoyé à Christchurch comme curé, il avait travaillé, pendant plus de quinze ans, dans le ministère paroissial, quand il se décida à se servir de sa popularité pour commencer la fondation du couvent désiré. Il quêta et il acheta une grande ferme, qui est devenue *Mount-Magdala*. Avant d'être prêtre, il avait suivi des cours d'agriculture en Irlande. Ceci le disposait à son rôle futur de directeur dans un asile agricole. Pour avoir des sœurs aptes à conduire l'œuvre qu'il désirait, il s'adressa au *Bon-Pasteur de Melbourne*. La maison-mère d'Angers, consultée, donna son consentement. Mais une grosse difficulté : l'archevêque de Melbourne, Mgr Gould, trouvait qu'il n'avait pas trop de religieuses dans son propre couvent ; il ne voulait pas en laisser partir. Le P. Ginaty se rendit cependant à Melbourne.

Hôte de Mᵍʳ Gould, il attendit l'occasion opportune, sans la prévoir bien proche d'ici à longtemps. Il n'osait pas parler à l'archevêque de ses projets, dans la crainte de les voir échouer. Sur ces entrefaites Mᵍʳ Gould tomba malade et mourut. Aussitôt le P. Ginaty emmena à Christchurch les sœurs désignées par la supérieure d'Angers pour une fondation dans la Nouvelle-Zélande. Le bon Dieu bénit cette œuvre. Les sœurs, qui vinrent les premières, apportèrent d'Abbotsford un esprit d'activité, de dévouement, de charité, qui surmonta toutes les difficultés. Les dettes de la première acquisition étaient énormes. Elles furent payées par le travail des sœurs. Puis le P. Ginaty entreprit des quêtes dans toute la colonie. Il parcourut à cheval des centaines de milles, prêchant des retraites et quêtant des secours. Il s'adressait à tout le monde, aux protestants comme aux catholiques, aux ouvriers comme aux propriétaires. Il descendait jusqu'au fond des mines d'or, pour obtenir ce qu'il appelait plaisamment le *fat check* : le chèque bien gras. Il acceptait les dons en nature, comme moutons, chevaux, arbres à planter. Mais le chèque était la façon habituelle de donner. C'est une sorte d'aumône très ordinaire dans les colonies du nouveau monde, que nous ne connaissons guère en France. Quand j'étais au couvent d'Abbotsford, les enfants de l'école Sainte-Euphrasie firent remettre un chèque de 75 livres, c'est-à-dire, de 1.875 francs, à la mère supérieure, pour la construction du couvent.

La première supérieure de Mount-Magdala mit très vite sa maison dans un état de régularité et d'ordre admirables, si bien que l'esprit du Bon-Pasteur se remarquait et parmi les sœurs et parmi les enfants. Elle fit si bien que la maison-mère, à la mort de la supérieure d'Abbotsford, la choisit pour diriger ce grand couvent provincial. A sa place fut nommée son assistante, dont la vocation religieuse eut une origine providentielle et très poétique. Cette bonne Mère appartenait à une des meilleures familles de Melbourne. Elle avait vingt-deux ans, quand les sœurs angevines arrivèrent à Abbotsford. Elle n'avait jamais vu de religieuses. Ayant eu occasion de faire visite à la sœur supérieure arrivée de France, elle s'offrit à elle pour un petit service. Elle savait peindre. Or la bonne mère angevine avait reçu en don des peintures religieuses, où les anges n'étaient pas assez habillés. La jeune fille vint au couvent pour faire des robes avec son pinceau. Tout d'abord elle eut une désillusion. Pendant qu'elle peignait, elle entendit, un jour, une sœur qui venait dire à la mère de se rendre à la chapelle, pour la confession. « Com-« ment ? dit la jeune fille, est-ce que les religieuses « se confessent ? Je les croyais parfaites. » Cette désillusion n'empêcha point sa vocation. Elle demanda à entrer parmi ces sœurs qui se confessent ; et elle fut la première novice du couvent d'Abbotsford.

Un contraste se présente à mon esprit. A quelques lieues de Mount-Magdala, sur la côte de l'océan Pacifique, se trouvent quelques rares vestiges d'un essai de colonisation entrepris par des Français en 1843. Les officiers de marine, qui devaient planter à Akeroa le drapeau de la France et faire du pays une de nos colonies, arrivèrent trois jours trop tard. Un navire anglais les avait précédés et avait arboré le drapeau de sa nation Ce que le gouvernement et le commerce français n'ont pu faire, une colonie de bonnes sœurs, dont la maison-mère est sur les bords de la Maine, l'a réalisé d'une autre façon. Les religieuses du Bon-Pasteur ont établi à Mount-Magdala, en plein Kanterbury, un couvent prospère, où l'on entend les louanges de Dieu chantées par des voix qui autrefois ne connaissaient point la prière et peut-être, hélas! blasphémaient les choses saintes. Sur cette terre neuve les filles de la mère Pelletier font fleurir leur œuvre de salut dans une liberté que n'entravent point les méchants et que favorisent les autorités, gouvernementale et municipale.

Pendant les cinq jours que je demeurai à Mount-Magdala j'ai pu constater la popularité dont les sœurs jouissent dans le pays. L'évêque ne manque jamais d'amener au couvent les hôtes de distinction qu'il reçoit chez lui. Les prêtres de la ville prennent le plus grand intérêt à cette maison qui, comme les asiles des petites sœurs des pauvres, prêche, aux yeux des protestants, la religion catholique dans ce qu'elle a de plus touchant et de plus indéniable : sa divine charité.

Le maire de Christchurch, M. Reece et sa femme, qui, sur mon bateau, le *Ventura*, seront mes compagnons de voyage, parlent du couvent, des sœurs, du P. Ginaty avec autant d'intérêt que s'ils étaient catholiques.

Plaignons les protestants! Les fondateurs de leurs sectes ont vidé la religion de ce qu'elle a de vivant et de divin, pour ne garder que l'enveloppe humaine, sèche et froide. Ils chantent des psaumes au lieu d'adorer Notre Seigneur présent. Mon voyage, en me les montrant sur tant de continents, m'a donné pour eux une grande pitié, mêlée de regrets religieux. Que Saint-Sulpice réussisse à convertir l'Angleterre : il aura mis de grandes joies dans le monde. Les missionnaires, qui déjà bénissent la libéralité du gouvernement anglais à leur égard, seraient les premiers à ressentir les salutaires effets d'une conversion nationale. Les vieux collèges d'Oxford et de Cambridge reverraient les jours brillants de leurs fondateurs : les statues de leurs saints protecteurs sortiraient des ruines et remonteraient dans leur ancienne place sur les portails, dans les niches, autour des églises, pour reprendre leur garde d'honneur auprès du Dieu vivant de l'Eucharistie.

A bord du Ventura, 23 mars 1901.
Océan Pacifique. — En face d'Auckland

Je quitte aujourd'hui la Nouvelle-Zélande, émerveillé de ce que j'ai vu dans les industries des hommes et surtout dans les œuvres de Dieu. Aux Indes les indigènes, parce qu'ils sont très loin de notre civilisation, captivent tout l'intérêt du voyageur, qui se croit transporté dans un passé de plusieurs milliers d'années. Ici, les colons ne nous semblent différents des Européens que par l'extrême avancement de leur industrie. Mais les œuvres directes des mains du Créateur, les montagnes et leurs neiges éternelles, les forêts séculaires et leurs incomparables vêtements d'arbres et de fougères, les rivières et leurs rapides bruyants, les volcans en activité, les geysers et les puits d'eau bouillante, saisissent tout d'abord l'imagination et gardent la première place dans l'admiration du touriste européen, qui a, comme à Ceylan, l'impression de la jeunesse de la terre.

La vie surabonde dans les forêts : l'homme semble en avoir peur. Pour se créer quelques champs de culture, qui puissent nourrir ses troupeaux et lui fournir le blé de son pain, il brûle les plus beaux bois, surtout ceux qui croissent dans les vallées. Le long des routes, vous voyez, souvent pendant des centaines de milles, des arbres carbonisés, derniers vestiges d'une riche forêt. Le colon a tout d'abord lutté avec la pioche, la charrue et la hache contre la vie elle-même de la nature. Incapable de l'arrêter par son travail, il a eu recours au feu, à cet élément terrible, qui est d'autant plus puissant que sont plus riches les bois dévorés par lui. C'est un spectacle pénible. Représentez-vous l'homme d'Europe arrivant, une torche à la main, pour détruire le luxueux vêtement que la nature s'est donné dans ce pays avec une richesse inconnue ailleurs : il brûle jusqu'au kauri, le plus bel arbre que l'on connaisse, par sa taille élancée, sa grosseur et la solidité de son bois, et qui abonde ici dans les forêts.

Quand le colon a ainsi créé la désolation dans le paysage et enlaidi la place, il se construit une vulgaire habitation de planches, volées à la futaie. Le feu et le temps ont-ils enlevé toute trace des grands arbres, il promène sa charrue sur leur emplacement et sème ses cultures banales, celles que l'on trouve dans les plaines de la Beauce ou de la Brie. Adieu la poésie! L'homme est passé par là. Aux grandes et belles œuvres de la nature il a substitué ses petits champs et ses petits pois. Le Maori avait respecté les forêts. Il ne leur dérobait que ce qu'il lui fallait pour se chauffer ou pour cuire sa nourriture. Mais il prend maintenant, en se civilisant, les habitudes dévastatrices des Européens. On le verra bientôt incendiaire comme ses conquérants. Ses villages, adossés aux kauris et cachés sous les grands bois, étaient pourtant bien jolis! Il lui fallait si peu pour satisfaire ses besoins, que la pêche et la chasse lui suffisaient. Maintenant il s'habille comme un Européen; il a des pipes aussi longues et aussi coûteuses. Bientôt il dédaignera les fourneaux naturels des *hot springs,* près de ses geysers, et voudra cuire ses pommes de terre dans des cheminées, peut-être sur des fourneaux à gaz.

Que les amis de la belle nature se hâtent de visiter la Nouvelle-Zélande, pendant qu'il y a encore des *tribus* non atteintes par la civilisation des chemins de fer, et que le feu n'a pas ravagé toutes les forêts du *bush*. Ils pourront réjouir leurs yeux dans la contemplation de beautés uniques. Nulle contrée n'a une gamme de couleurs vertes aussi riche sur son vêtement. Adieu.

DIX-NEUVIÈME LETTRE

24 mars. A bord du Ventura, 10 heures

Est-ce qu'il ne vous semble pas, cher ami, que le nom de mon bateau, Ventura, sonne le retour ? Il viendra, et bientôt, le jour où je reverrai mon Saint-Aubin et mon Université ! *Ventura*. Il viendra le matin où, joyeux comme le vieil Ulysse après ses longs voyages, j'apercevrai ma chère ville d'Angers et ses clochers aimés. Un des grands plaisirs des voyages est de donner le désir du retour. Quand ce désir s'empare de vous, tous les êtres laissés au pays natal, tous les objets quittés se mettent en mouvement dans votre esprit ; ils se dressent tout vivants dans votre imagination, ils se revêtent de leurs charmes, de charmes même inconnus jusque-là ; ils vous appellent d'une voix irrésistible ; et quelle voix humaine pourrait rivaliser avec la leur pour l'émotion et la tendresse ! C'est le moment de tourner le cap vers la maison et de hâter la marche. Le nouveau n'a plus d'attraits ; vos yeux distraits n'en voient que la surface ; votre esprit ne pénètre plus dans la poésie des choses vues. C'est le moment du retour.

Après avoir béni le doux nom de mon bateau, je

vais maudire sa machine qui me secoue horriblement et qui m'empêche d'écrire. Pouvez-vous me lire ? Moi qui comptais sur les douceurs du Pacifique, pour achever de vous donner mes impressions! Ah! la mer, la mer! c'est décidément une bonace sur laquelle il ne faut jamais compter. Pendant deux jours elle m'a rendu très malade. Aujourd'hui je profite de son calme relatif. Mais ma main est secouée comme un prunier par le grand vent. Enfin tant pis! Peut-être me divinerez-vous sous mes lettres de vieillard centenaire.

Depuis quinze jours j'ai vécu dans le pays des Maoris. Je rêve encore de leur vie, de leurs mœurs et de leurs idées. C'est un beau peuple, intéressant par ses vertus naturelles, par sa bravoure et par certaine poésie de sa langue et de ses croyances. Ils se disent issus des îles Hawaï, venus au xve siècle dans la Nouvelle-Zélande, qu'ils appellent dans leur langue : le *Grand Nuage blanc*. N'est-ce pas un joli nom, indiquant l'impression que produit aux yeux du navigateur cette longue terre montagneuse, au-dessus de laquelle se dressent les nuages floconneux attachés par leur base aux flancs des montagnes ? Comment les Maoris sont-ils venus de si loin ? Les historiens, pour expliquer le fait, trouvent mille raisons ingénieuses, que je laisse dans leurs livres.

Le Maori est d'un brun mal teint, tirant sur le jaune olive ; il a les yeux et les cheveux très noirs, la tête un peu allongée, le buste long, les jambes courtes. Les traits du visage sont plus agréables que chez les indigènes d'Australie. Les hommes, en général, sont vifs et solides. Les femmes, pour la plupart, ont des cheveux de jais, très abondants. Leurs yeux brillants attirent tout d'abord l'attention. Mais leurs grosses lèvres, tatouées après le mariage, leur embonpoint précoce, dû, je pense, à leur paresse, leur donnent un air peu agréable. Les hommes, tant qu'ils ne sont pas trop gras, — et ils le sont souvent — ont une allure délibérée et énergique qui plaît. Ils ont conservé des qualités de leur vie guerrière d'autrefois : ils sont habiles cavaliers, bons joueurs de balle. Pour faire une marche d'un quart d'heure, ils iront chercher leur monture à une demi-heure de leur hutte. Quand ils sont à cheval, ils sont superbes, se tenant très droits, allant au pas ou au galop, jamais au trot. Le galop est plus de leur goût. Comme les enfants, ils ne connaissent point les demi-mesures. L'excitement de l'allure rapide va bien a leur tempérament. A les voir se précipiter ainsi à travers les routes de la forêt, on croirait qu'ils poursuivent encore quelques tribus de guerriers ennemis.

Les Maoris sont actuellement une cinquantaine de mille. Ils ont peut-être été cent mille. Leur diminution tient évidemment à bien des causes, que l'on a voulu analyser. Parmi elles, le changement absolu de leur vie doit être la principale. D'un peuple guerrier, s'exerçant sans cesse aux combats futurs, bâtissant des *pas* (forteresses) pour se mettre à l'abri des incursions, on a fait une nation de petits rentiers oisifs, qui passent une partie de leur vie assis ou couchés dans une hutte nauséabonde, où ils fument tout le long du jour le tabac acheté aux Européens. Ils ont emprunté de ceux-ci tous les vices faciles, sans leur prendre l'amour du travail et le désir de se faire, à force d'énergie, une situation supérieure à celle qu'ils ont. Enfin c'est un fait : partout où pénètrent les nations civilisées, les indigènes disparaissent peu à peu. Les naturalistes, comme M. Hy, pourraient nous dire si le même phénomène se reproduit dans le règne des plantes.

25 mars. — Le Maori n'a rien des peuples nomades de l'Orient. Il s'est établi par tribus dans la Nouvelle-Zélande, chaque tribu devenant propriétaire d'un certain canton, bien délimité par des montagnes, des fleuves, ou même des bornes artificielles. La terre n'appartenait pas au chef, mais à la tribu entière, dont chaque membre avait un droit incontesté sur toute la terre. C'était donc un peuple terrien ; je n'ose dire agriculteur : il faisait si peu de culture. Il vivait de poissons, de racines, surtout de racines de fougères. Depuis que les Européens ont introduit le porc, les brebis, les pommes de terre, il a enrichi sa cuisine qu'il fait abondante et aussi variée que le plus riche paysan français. Son amour pour sa terre était la principale cause des guerres, qui ne cessaient jamais entre les différentes tribus. « Sauvons notre terre et mourons pour elle », était le cri de guerre le plus efficace du chef, quand il voulait enflammer le courage de ses soldats.

Cet amour du sol a dû exciter et soutenir les Maoris dans leurs luttes contre les envahisseurs européens, contre les Anglais en particulier, jusqu'en 1870. Ils ont combattu près de quatre vingts ans pour défendre leur terre, les belles franges de leur *grand nuage blanc*. Mais que pouvaient leur bravoure et leurs armes de bois ou de pierre contre la poudre et le fer des Européens ? La première fois qu'ils virent des voiliers, ils les prirent pour de grands oiseaux, aux ailes immenses, venus de pays inconnus ; le bruit des canons leur parut être celui du tonnerre ; les hommes blancs, qui usaient de ces armes à feu, étaient sans doute quelques dieux méchants et puissants. Quelquefois, n'ayant pas idée que ces tonnerres pouvaient continuer leurs décharges, ils se laissaient tuer jusqu'au dernier, sans quitter la place où étaient tombés leurs amis, frappés les premiers.

C'est du reste un côté très intéressant chez ce peuple si primitif, si complètement isolé de notre civilisation avant la première moitié de notre siècle, que celui de sa naïveté, quand il s'agit de choses invisibles. L'hindou nous présente une accumulation de notions bizarres, puisées chez tous les peuples qui sont passés sur son sol. Le Maori, lui, semble n'avoir rien emprunté à personne. Il n'a, en fait d'idées générales, que le bagage le plus simple de la race humaine, enrichi de ce que son esprit a déduit de la nature qui l'entoure. C'est pourquoi il est intéressant de voir ce que lui dit cette nature, ce qu'il a conclu dans ses petits raisonnements du spectacle des merveilles de l'univers. L'homme primitif, le voilà.

Il admet l'existence de la divinité. Qui aurait fait les montagnes, la mer, la nuit et le jour, s'il n'y avait que des Maoris ? Mais il croit à la pluralité des dieux, à cause de la grande différence des objets qu'il voit. Le Ciel (*Range*) et la *Terre* sont les auteurs de toutes choses, même des autres dieux. Ils étaient tous deux unis et l'un sur l'autre au commencement : il y avait alors de la vie, mais pas de lumière. Leurs enfants dieux se liguèrent ensemble pour les séparer et, ainsi, donner de la lumière. *Tu*, à la ceinture rouge, dieu de la guerre et des hommes, *Tané*, dieu des forêts, les dieux de la mer, de la nourriture cultivée (comme le Kumara), de la nourriture sauvage, (comme les racines de fougère) réunirent leurs efforts. Ils coupèrent de grands pieux pour repousser le Ciel. Mais le Ciel résista. Alors *Tané*, le dieu des arbres, se dressant sur sa tête et sur ses mains, plaça ses pieds contre le Ciel et força Rangé à se séparer de la Terre. C'est dans cette attitude que sont restés jusqu'à aujourd'hui les arbres, enfants de Tané. La séparation était accomplie. Mais le chagrin des deux époux demeure inconsolable. Les pleurs de l'époux viennent fréquemment prouver à l'épouse qu'elle n'est point oubliée : ce sont les pluies, qui, en tombant dans le sein de la terre, lui donnent sa fertilité et sa verdure. La Terre, en revanche, dans les brouillards du soir, envoie à son époux les messages d'un amour qui n'a jamais connu la mort.

Le sixième fils, *Tawhiri-Matea*, le dieu des vents et des tempêtes, qui n'avait pas pris part au complot de ses frères, se réfugia avec son père dans le royaume des airs, d'où il tombe en vengeur sur la Terre. Mais la Terre, en bonne maman qui oublie, a reçu, pour les abriter, le dieu de la nourriture cultivée et le dieu de la nourriture sauvage. Le dieu de la mer s'est enfoncé dans les profondeurs de son royaume liquide ; ses enfants sont les poissons. Il ne reste que Tu, le dieu de l'humanité, exposé à la colère du dieu des vents. Ce dernier ruine les

CHEF MAORI

demeures, les barrières, les canots des pauvres Maoris. C'est pour cela que les hommes sont obligés de beaucoup travailler pour pêcher les poissons dans la mer et pour obtenir la nourriture cultivée ou sauvage renfermée dans la Terre.

Avouez que certains traits de cette mythologie ne manquent pas de poésie. La pluie qui représente les pleurs de Rangé, et les brouillards, qui sont les messages de son épouse, ne vous rappellent-ils pas certains beaux vers de Virgile exprimant absolument la même idée ? Les Maoris n'ont lu ni Homère ni Virgile. Leur imagination, en présence des beautés de la nature, leur fournit les mêmes idées que ces deux poètes nous ont décrites en leurs vers harmonieux.

C'est *Tiki* qui forma le premier homme avec de la terre rouge Certains disent que Tiki avait rougi cette terre avec son propre sang. La femme eut une origine plus poétique. Son père fut un rayon de soleil de midi, sa mère un écho des forêts. Les échos n'existent que pour parler : est-ce une malice dans la légende maori ?

Les Maoris ont aussi un déluge. Des prêtres, indignés de l'incrédulité et de la méchanceté des hommes, obtinrent par leurs prières que des pluies torrentielles vinssent submerger toute l'humanité, à l'exception de quelques hommes et de quelques femmes, qui, après avoir navigué pendant huit lunes sur les flots, abordèrent à Havaikï, la patrie des Maoris.

Il y a une autre vie pour les âmes. Celles des rois et des prêtres montent au ciel près de Rangé et près du fameux *Rehua*, le seigneur de l'amour, à la chevelure splendide, que prient les malheureux. Celles du peuple s'en vont vers le nord de la terre, dans une île appelée le *saut de l'âme*. Le mort est placé les pieds tournés vers le nord. Quand les chants mortuaires ont cessé, l'âme se met en marche vers cette île. Le long du chemin, elle s'arrête sur le sommet des collines, pour se délivrer des feuilles vertes dont on l'a entourée. Sur son passage le silence se fait dans les cataractes, dans les arbres, dans la nature entière. Quelquefois des esprits malins veulent la retenir dans des nœuds faits avec le lin maori. Quand elle est arrivée sur les bords du *saut des âmes*, elle trouve un arbre solitaire, planté sur une colline élevée, aux branches brunes, aux feuilles noires et aux fleurs rouges. Une des racines de cet arbre plonge jusqu'au ciel souterrain. Après avoir chanté et dansé, pour faire ses adieux à ses compagnons, l'âme descend le long de cette racine. Parmi les chants des invisibles danseurs on pourrait entendre les aboiements de leurs chiens. Arrivée sous terre, l'âme a encore à traverser un Styx, dont le Caron est une femme au cœur de fer, *Rohé*. Celui qui mange ce que lui offre Rohé demeure pour toujours dans l'Hadès. Celui qui refuse est renvoyé sur terre dans son corps et se réveille parmi ses parents.

C'est assez de mythologie maorie. Vous voyez que sous la grossièreté de ces mythes se cachent les principes de l'existence de Dieu, de la spiritualité et de l'immortalité de l'âme.

Peut-être me demanderez-vous comment un peuple sans écriture, sans livres, conservait ses traditions ? Les Maoris avaient à Wanganui une école célèbre, où, pendant cinq ans, les enfants des prêtres et des chefs étaient formés par des prêtres dans la science des légendes, des chansons et des rites de la nation. Cette école n'était fréquentée que du coucher du soleil à minuit. C'était un lieu sacré, dans lequel on ne pouvait dormir ; et il était sanctifié par le sacrifice d'un animal, quelquefois d'un être humain. Pendant des mois les élèves répétaient leurs leçons, par exemple l'histoire d'un mythe sacré, comme l'invention du tatouage artistique.

Le tatouage : voilà un art qui n'a pas chance de fleurir sur les boulevards de Paris. Et cependant il prouve un goût très délié, puisqu'il trouve la beauté qui se dégage de lignes bien arrondies, bien groupées, bien harmonisées Ce n'est pas le premier venu qui est capable de goûter ce genre de beauté, beaucoup plus caché que le beau des couleurs et des sons. Le tatouage du Maori sculptait la figure comme une porte d'armoire style Henri II ou Louis XIII, mais avec des dessins bien plus fins et plus compliqués ; il comprenait beaucoup de volutes, beaucoup de feuilles dentelées. Certains spécimens de cet art semblent rivaliser pour les détails avec les feuilles les mieux découpées de la fougère. Pour un bon tatouage, il fallait une main qui sût bien manier le couteau de pierre et le promener avec une science très expérimentée dans les chairs saignantes du patient. Puis quand, après un long travail, vingt fois répété, l'artiste avait fait ses lignes en chair vive, avec un sens exquis des proportions et de l'harmonie, il appliquait dans les blessures un charbon de véronique destiné à colorer le dessin. Il y avait une juste mesure à garder, qu'un appréciateur des couleurs pouvait seul obtenir. Aussi cet art a-t-il une origine semi-divine. Tous les beaux-arts veulent descendre du ciel ; sans doute, parce qu'en réalité c'est là qu'est la beauté parfaite, dont toutes les autres ne sont que de pâles copies.

Voici l'histoire. Le héros Mata-Roha avait pour femme la belle Niva-Rika Il lui fut infidèle. Celle-ci se sauva chez son père, qui habite sous terre. Mata-Roha repentant alla à se recherche. Un oiseau, doué d'une queue en éventail, lui dit qu'il l'avait vue passer. Mata-Roha alla chez son beau-père qui, en le voyant, se moqua de son vilain tatouage et lui en proposa un plus artistique. Il accepta, se coucha par terre. Pendant que le beau-père effaçait le bleu ancien et refaisait, à la pointe du couteau, un dessin plus savant dans les chairs vives, l'époux, malgré sa fièvre et sa souffrance, chantait les louanges de son épouse. Niva-Rika le sut ; touchée de ces sentiments, elle revint à son mari. Retournés sur la terre, ils enseignèrent aux Maoris ce nouveau style de tatouage, bien supérieur à l'ancien. Ce fut l'âge classique. Dans l'art de tatouer, on ne pourrait pas étudier l'évolution des genres : pour le voir dans sa perfection il faut remonter jusqu'à son origine céleste.

La mer devient houleuse ; ma main tremble ; je ne puis plus la guider. Adieu.

FEMMES MAORIES

VINGTIÈME LETTRE

Océan Pacifique. — Sur le Ventura, 25 mars

Cher ami,

Quand on n'a jamais quitté l'Europe, où depuis des siècles de nombreuses générations ont marqué leur empreinte en mille œuvres d'art, où la terre elle-même porte en tous ses recoins les traces du travail de l'homme, on a peine à se figurer l'impression que produit un pays neuf, tout fraîchement sorti, pour ainsi dire, des mains du créateur, sans maisons, sans chemins, sans champs délimités par des haies ou par des barrières. Il y a quelques années, je voyageais dans le Sud Algérien, à travers la brousse : je croyais toujours devoir rencontrer une route derrière le monticule que je gravissais, au bout de la plaine que je traversais. Mais la route ne se montrait jamais.

J'éprouvai la même impression en parcourant le nord de la Nouvelle-Zélande. Je traversai de longs espaces sans voir d'habitations, sans rencontrer de clôtures ou de haies plantées par les hommes pour délimiter leurs champs. La nature n'avait point subi encore la servitude humaine : elle était dans son désordre et dans sa puissance naturelle. Je fis d'abord comme les premiers explorateurs de la Gaule ; je remontai les fleuves pour pénétrer dans le pays : les fleuves, « ces chemins qui marchent », comme dit Pascal.

Après avoir, tout un jour, navigué sur le Wanganui, je m'enfonçai dans l'intérieur du pays maori, à travers les forêts vierges et les steppes encore incultes. Voici du reste le détail de mon voyage dans ce pays des geysers et des grands bois, depuis Pipiriki, où nous avait laissés mon dernier récit.

Pendant six heures, dans un *coach* à quatre chevaux, nous avons traversé des forêts vieilles comme le monde. Nous étions tantôt dans des vallées profondes, où chantait l'eau de torrents invisibles, tantôt sur les flancs de collines élevées. La forêt moins inextricable que la jungle de l'Himalaya, ne laissait cependant aucune place déserte. Elle est composée d'arbres très denses dont le tronc très élevé, sans branches, est tapissé de végétation agréable au regard. En effet, des mousses de toutes couleurs, des plantes grimpantes, des orchidées, des parasites, s'attachent aux grands arbres et vivent de leur vie. Le Kauri est le roi de ces forêts; il s'élève à des hauteurs qui étonnent, très droit, très gros et d'un port majestueux. A lui seul il mériterait le voyage dans ces admirables solitudes, où l'on n'entend que le bruit des cascades et des torrents, à quelques centaines de pieds au-dessous de la route, le chant des oiseaux qui peuplent ces vallées, et le cri des cigales qui vous font songer à la Grèce desséchée. On l'a appelé le cèdre de la Nouvelle-Zélande, dont il constitue du moins une des beautés et une des richesses. Ce bel arbre, dont le tronc creusé formait tout seul un canot pour les Maoris, fait des mâts pour les voiliers européens et fournit de bois de charpente les plus riches magasins des commerçants d'Auckland ou de Wellington. Vous l'admirez quand il se dresse près de vous, bien droit, dans la forêt. Mais le voisinage des autres arbres ne laisse pas soupçonner sa grosseur. Quand il est à terre, abattu par la hache des bûcherons et jeté sur le bord de la route, il étonne par ses dimensions colossales : sa masse suffit à faire une barrière et un rempart le long du chemin.

Notre première nuit, après Pipiriki, se passa dans une auberge en planches, en plein désert. Depuis le dîner nous avions parcouru, d'abord de grands bois, incendiés sur leurs bords pour les besoins de la culture, puis une plaine immense, couverte seulement d'une herbe dure, dans laquelle on apercevait de temps en temps de nombreux troupeaux de moutons. Dans les bois à demi brûlés nous avions vu, ici et là, quelques maisons nouvelles d'Européens, des attelages de dix bœufs traînant des arbres, enfin les premiers préparatifs de *settlements*. Dans la vaste plaine aucune trace d'Européen n'apparaissait. Près du gué d'une des nombreuses rivières que nous traversons (sans pont, bien entendu), nous trouvons seulement une grande blanchisserie de laine, où des Maoris lavent et font sécher les toisons de leurs troupeaux. La scène est pittoresque dans sa simplicité. Les laines sont jetées et battues à grande eau dans des auges en bois fixées dans la rivière ; puis elles sont étendues sur les herbes de la prairie. Des charrettes, chargées des toisons sèches, sont prêtes à partir. Mes compagnons ne manquent pas de photographier la scène.

Notre gîte pour la nuit s'appelle Vaïrou. Il est sur le bord d'un tout petit lac artificiel. Il se compose de quatre ou cinq bâtiments en planches, éloignés les uns des autres de plusieurs centaines de pieds, par crainte des incendies, je suppose L'intérieur est des plus simples : de la toile et du papier forment la séparation des chambres, si bien qu'à la lumière des bougies on a des ombres chinoises d'une cellule à l'autre. La nuit on entend la respiration et les ronflements des habitants de tout l'établissement. On peut occuper ses insomnies à reconnaître les gens d'après leur respiration. Je constate que celle des Américains est forte et un peu bruyante.

Notre hôtelier et sa femme sont intelligents et prévenants. Quoique solitaires et perdus dans un vrai désert, ils se sont donné les raffinements de la civilisation. Pendant le dîner, nous entendons notre hôte converser avec son plus proche voisin qui est à cinquante milles. Il a un téléphone, en qualité de directeur de poste. Tout le long de notre chemin nous remarquons, en effet, que les hôteliers centralisent, avec leurs fonctions de maîtres d'hôtel, celles de postiers, de télégraphistes ou téléphonistes, de marchands épiciers, drapiers. etc., etc. La division du travail et du commerce n'a pas encore lieu dans ces régions. A Tokéano, le télégraphe est suppléé par des pigeons voyageurs. Chaque matin, l'hôtelier attache à la patte d'un de ces messagers les nouvelles pour Taupo. Il annonce ainsi le nombre des voyageurs qui iront demander un abri dans cette station séparée de lui par un lac.

De grand matin il nous fallut quitter Vaïrou pour atteindre dans la journée les bords du lac Taupo. Ce fut la partie la plus banale de notre voyage. Presque tout le temps nous voyagions dans des plaines ondulées, sans arbres, couvertes de grandes herbes ou de bruyères. De temps en temps nous traversions des ruisseaux sans pont, des tranchées dans une terre molle ou dans une pierre ponce, qui n'a pas eu le temps de se durcir depuis qu'elle est sortie de la grande chaudière des volcans. Des troncs d'arbres calcinés, enfouis en terre, nous prouvent que là furent des forêts. Cependant le paysage n'est pas dépourvu de tout charme. Pendant le jour notre horizon est borné par une haute montagne, une des plus célèbres de la Nouvelle-Zélande, le Rupéhu, que certains touristes ont appelé l'Etna de l'Australasie. Le matin, au soleil levant, j'avais vu resplendir les neiges abondantes de son sommet : ce fut un joyeux spectacle matinal et comme une invitation à chanter les grandes œuvres de Dieu. Il me revenait un souvenir du Mont-Blanc et de l'Himalaya. Le Rupéhu présente toutes les variétés de spectacles que peut fournir une montagne : outre ses neiges, il possède à son sommet un lac et un volcan en activité, toujours fumant. Ses flancs portent de riches forêts de sapins. La fumée des volcans, le blanc de la neige et le vert des bois composent un spectacle suffisant pour compenser la monotonie du désert que nous traversons.

Notre *lunch* se prend dans une sorte de grange, où l'on monte par une échelle, qui semble faite pour des poules. Mais la faim rend accommodants les plus difficiles. Les Londoniens, qui m'accompagnent, trouvent l'endroit presque confortable. Le soir nous atteignons Tokéano, la première station des *Hotsprings*, des solfatares et des geysers.

Vers cinq heures du soir nous apercevons, le long d'une montagne très verte, des sillons blancs, que les uns prennent pour de la neige, d'autres pour des trous de carrières de pierre en voie d'exploitation. C'étaient des spirales de fumée s'échappant de volcans, invisibles pour nous. En arrivant à Tokéano nous voyons des deux côtés de la route, et dans le chemin lui-même, des trous qui fument, des mares qui bouillonnent, des eaux qui jaillissent brûlantes de fissures nombreuses. La première impression n'a rien d'esthétique : c'est un étonnement mélangé de crainte. Sur quelle terre marche-t-on ? Si cette croûte, trouée à tant d'endroits, allait céder sous les pas ?

Mais que l'homme est complexe en ses sentiments ! Il a peur de cette immense chaudière qu'il sent bouillante sous ses pieds, dont les fumées ardentes et bruyantes lui assaillent les yeux et les oreilles ; et cependant il reste là, attaché par la curiosité : il veut voir. Il suit les autres hommes dont la présence le rassure ; et comme ces autres se baignent dans deux étangs, dont les eaux sont moins brûlantes, il s'y baigne avec eux. Et cependant, en se baignant, il ne peut oublier (tant le bruit de la grande chaudière se fait perceptible à travers les crevasses), que le fond de son bain n'est peut-être pas très solide, que, s'il s'effondrait, ce serait la mort dans un gouffre de feu. Il reste quand même, tour à tour effrayé par les craquements souterrains et rassuré par je ne sais quelle vertu qu'ont toujours sur nous l'exemple d'autrui et l'habitude de vivre en paix avec les éléments de la nature. Comment s'imaginer que la terre va s'effondrer et qu'elle laissera jaillir des torrents d'eau bouillante ? Et cependant elle l'a fait. A quelques mètres de lui le baigneur aperçoit l'eau du bain sans cesse renouvelée par la chaudière souterraine. L'homme est un singulier mélange de couardise et de bravoure imprudente. Quelquefois même la crainte lui devient un plaisir. Il est toujours cet enfant, qui, le soir à la veillée, se fait raconter des histoires de plus en plus terribles, dont il a bien peur : si peur qu'il n'ose plus quitter sa mère pour gagner son lit. Mais il se complaît dans cette peur et demandera demain qu'on la renouvelle.

A Tokéano je rencontrai un jeune Maori de 18 ans, qui étudiait le dessin. Quand il sut que j'étais Français, il ne tarit pas de questions sur la France, surtout sur Paris. Notre capitale hante l'imagination de bien des peuples, même des sauvages. Mon jeune *cicerone* me présenta un de ses compatriotes, Georges

Rangipoto, qui avait vu l'Exposition dernière, en compagnie d'un riche touriste. Paris avait émerveillé le Maori voyageur, dont les récits font maintenant tourner la tête à ses auditeurs. Un Français ! Mon guide me présentait et nommait ma nationalité à tous les gens de son village qu'il rencontrait. J'étais, paraît-il, le premier Français qu'il voyait, à qui il parlait. Tant de célébrité inattendue et imméritée me fatigua très vite. Je priai mon apprenti peintre de renvoyer ses amis, qui se mettaient à notre suite pour avoir l'honneur d'accompagner et de voir un Français, probablement un de ces Parisiens fameux dont Georges Rangipoto avait raconté et racontait encore tous les jours les prouesses extraordinaires dans des arts inconnus aux Maoris.

La nuit mit fin à mon triomphe. Le lendemain, mon peintre n'étant plus là, je disparus, quoique Français, dans la foule banale des voyageurs qui règlent leur note d'auberge et qui préparent leurs bagages pour le départ.

La veille au soir, j'avais trouvé devant mon hôtel un jeune Zélandais, qui m'avait montré la Croix du Sud dans tout l'éclat d'un beau ciel d'orient. Ce jeune homme me parla avec enthousiasme de la beauté et de la richesse de son pays, de l'excellence de ses institutions. Dans la Nouvelle-Zélande il n'y a ni grandes fortunes de millionnaires, ni paupérisme comme à Londres ou à Paris. Tout le monde travaille et gagne sa vie. La journée de travail est de huit heures : de huit heures du matin à midi, et de une heure à cinq heures. Après cela, l'ouvrier se repose ou s'adonne aux occupations de la famille.

AU PAYS DES GEYSERS

En dehors du dimanche il y a, dans chaque ville, un demi-jour de congé par semaine. Pour certaines villes c'est le mercredi, pour d'autres le jeudi Les femmes ont les mêmes droits que les hommes dans les votes politiques. Ce pays, organisé d'abord par des missionnaires et pour la culture, semblait plutôt fait pour un régime d'autorité. Or voilà qu'il est le plus démocratique qui existe au monde. Je n'ai point le temps de chercher les causes philosophiques de cette anomalie.

De grand matin il fallut quitter Tokéano, d'où partit avant nous un pigeon voyageur qui nous précéda et qui annonça notre arrivée à 30 milles de là. Le lac de Taupo, que nous allions traverser, est le plus grand de la Nouvelle-Zélande. Aussi les Maoris l'appellent-ils la mer. Il est entouré de tous côtés de montagnes, qui semblent des volcans éteints; quelques-uns de ces volcans sont encore, du reste, en activité. On aperçoit ici et là des colonnes de fumée qui se détachent sur le vert des forêts. Dans ce pays le fond du tableau est toujours vert. Même au bord des gouffres d'eau bouillante ou des solfatares brûlantes, des tapis de mousses abondantes cachent aux voyageurs le péril qu'ils courent en s'approchant. Les fleuves et les torrents semblent rouler leurs eaux dans un lit de verdure, tant sont épais les bois et les buissons de leurs rives. Le contraste des rapides et des cascades bruyantes avec le calme du paysage verdoyant offre un charme tout particulier. Les fougères et les saules baignent leurs feuilles et leurs branches dans les vagues écumantes des rapides comme dans des eaux dormantes. Puis, aussitôt que les flots s'arrêtent ou reprennent une marche régulière, les plantes de la rive envahissent le fleuve et lui font un riche manteau de velours. Souvent le Vaïcato, le plus agité des fleuves en certaines passes étroites, est revêtu jusqu'en son milieu de nappes sans cesse grandissantes d'un cresson couleur d'émeraude. L'eau toujours tiède du fleuve convient à cette plante, qui se développe là comme nulle part ailleurs. Aussi, en quelques endroits, on aperçoit à peine le dos mouvant des eaux, qui cependant seraient assez profondes pour porter des bateaux à vapeur.

Après avoir couché à Spa, que j'ai décrit ailleurs, nous allons à Waïrakei, qui est une grande auberge en bois, au centre des geysers et des rapides du fleuve Vaïkato. La vallée des geysers doit être unique au monde. Qu'on se figure le vallon le plus frais et le plus tranquille, fait pour les rêveries solitaires des poètes. Des deux côtés les collines sont chargées de bois, qui descendent jusqu'au fond du ravin. Des oiseaux chantent dans les taillis. Mais quand vous arrivez sur les bords du ruisseau, vous assistez à des spectacles étranges, effrayants. Dans un espace de quelques centaines de mètres vous voyez bouillonner, fumer, jaillir en colonnes d'eau et de vapeur plus de vingt geysers : les uns intermittents, les autres à jeu régulier. Vous entendez des bruits de tonnerre sourd, qui semble éclater derrière vous, des grondements de vagues souterraines battant des rochers, comme au Vésuve. L'ouverture de ces geysers présente les formes les plus variées. Ici, c'est l'aspect d'une chaudière immense dans laquelle s'agite à gros bouillons une eau écumeuse, de temps en temps poussée en flots ardents au-dessus de la paroi en pierre. On appelle ce geyser le puits de Champagne. Là, les eaux, quand elles jaillissent en deux colonnes de dix à douze pieds, prennent la forme de grandes plumes blanches : on appelle ce geyser les Plumes du prince de Galles. Je préférerais des noms maoris à ces appellations européennes et sans poésie.

Je devrais connaître la vraie théorie des geysers, car notre guide nous l'a expliquée avec complaisance. Mais, hélas ! j'avoue la dureté de mon cerveau ; je ne comprenais pas toujours les explications.

Que je vous présente mon guide, Bob. C'est un bon Anglo-Saxon, de 35 ans, gros, grand, aux larges épaules, au teint riche en couleurs, aux cheveux rouges, qui pourrait être né aussi bien sur les bords de la Sprée que sur ceux de la Tamise. Il a quitté l'Europe, il y a quinze ans ; mais il ne veut plus y retourner. Comment vivre dans les brouillards d'Angleterre après avoir goûté le climat pur de la Nouvelle-Zélande ? Puis, qui expliquerait aux touristes les geysers de Waïrakei ? Depuis cinq ans, la lumière complète s'est faite dans l'esprit de Bob ; maintenant il possède à fond la théorie des geysers, qui sont devenus comme son domaine, sa chose, que seul au monde il connaît et peut expliquer. Il se rit de la science et des savants, qui ont écrit des non-sens sur les geysers.

Quand il aura le temps, il publiera lui-même ses explications, qui seront une illumination sur la matière. Quel plus beau sujet pour un écrivain ? « Moïse et Abraham, dit-il, ont pris grand intérêt aux geysers ». Quant aux derniers écrivains, qui en ont parlé, ils ont volé à Bob quelques-unes de ses explications. Car dit-il, « je suis connu dans le monde entier ». J'eus après cela l'impolitesse de lui demander son nom. « *Bob the guide* », me répondit-il. Bob aime ses geysers et il se plaint de ce que certains voyageurs ne lui font pas de questions suffisantes sur chacun d'eux ou sur leur manière de travailler. Il a toute une théorie sur la grosse bulle de vapeur qui s'échappe de l'eau bouillante en chaque bassin. Il décrit sa marche souterraine, son jeu d'une paroi à l'autre, sa force irrésistible. Aussi, pour vous faire apprécier cette force, il a inventé un instrument qu'il vous met entre les mains. C'est une sorte de *raquette* en bois, armée d'un long manche, que vous placez sur la bulle d'un geyser, pour l'empêcher de monter et de s'échapper à la surface. Vous sentez votre main et votre bras secoués violemment : la bulle s'échappe malgré vous et avec grande force.

Bob the guide, docteur en geysers, n'a rien de la banalité de ses confrères. Il s'intéresse à beaucoup de choses ; il fait une collection de monnaies ; mais hélas ! elle lui a déjà été volée une fois. — Je lui donne trois pièces nouvelles. — Il m'explique que chaque matin il prend son bain dans l'eau alcaline et sulfureuse de Waïrakei. Mais il ne le prend pas à la façon vulgaire des touristes. Après avoir plongé dans les flots tièdes du bassin, il se lave les dents, qu'il a fort belles à cause de cela ; puis il avale un peu d'eau pour se clarifier l'estomac, et il finit par se faire la barbe dans le bain. Il paraît que même pour la barbe de Bob l'eau de ses geysers a une vertu extraordinaire : elle supplée le savon le plus apprécié.

Le métier de touriste ressemble à la vie du Juif-Errant. Elle oblige à ne jamais s'arrêter, à toujours pousser de l'avant. Je demeurai un jour à Waïrakei et il me fallut partir pour Rotorua dans le coach à quatre chevaux. Nous étions en plein pays maori, pendant longtemps sur les rives du Waïkato. A moitié route nous trouvons une école de petits Maoris, qui nous saluent d'une façon gracieuse. A Ateamuri nous dînons près d'un groupe de geysers plus extraordinaires les uns que les autres. Ici, c'est un petit lac d'eau sulfureuse bouillante, dont on n'a pu trouver le fond à 800 pieds. Quand on y jette une poignée de sable, il s'y fait pendant plus d'une heure des bouillonnements et des bulles comme au-dessus d'une cuve de champagne. Là, c'est une mare d'eau noire comme de l'encre ; ailleurs, l'eau ressemble à du lait, à du beurre, suivant qu'elle traverse telle ou telle matière. Les dépôts de souffre forment de vrais rochers, d'un jaune étincelant, à côté desquels vous trouvez des blocs d'alun, qui n'a point besoin d'être travaillé ou clarifié pour les usages de la pharmacie.

Le Maori, propriétaire de ces geysers, les a renfermés sous double clôture, pour y exploiter la curiosité des voyageurs. Aux plaintes des visiteurs, tondus de trop près, il répond par un sourire malin et un flot d'explications banales, qui n'expliquent rien. Il vit de ses geysers ; et, si le gouvernement n'arrête sa cupidité, il sera bientôt un gros rentier. Comme il se félicitait beaucoup de la bonne aubaine que lui apporterait bientôt la visite du duc d'Yorck, je lui dis que l'habitude des princes d'Europe était de donner leur signature en paiement et, dans les grandes circonstances, leur photographie. Cette sorte de monnaie n'eut point l'air de lui plaire ; il préfère les schillings anglais.

Rotorua fut le terme de notre voyage en *coach*. Assise sur les bords d'un beau lac, cette petite ville, qui date de vingt ans à peine, possède déjà des églises, des hôtels, de beaux magasins, un petit parc et de grandes rues ombragées d'arbres. Comme un chemin de fer la relie à Auckland, ses geysers et ses bains sont les plus fréquentés de la Nouvelle-Zélande. L'auberge Whakarewarewa est toujours remplie de voyageurs et de baigneurs. On vient de lui donner un concurrent : un grand hôtel, aménagé à la façon des palais suisses.

Rotorua possède un quartier maori, où les indigènes ont, à côté de leurs maisons, des bains en plein vent, alimentés par l'eau des geysers, et une grande salle de réunions publiques. Soir et matin, les bains sont remplis de baigneurs indigènes. Le jour de notre passage, il y eut dans la salle commune, ornée de sculptures en bois, une répétition des danses préparées pour l'arrivée du duc d'York.

Comme le temps change vite les mœurs ! Quand ce duc naissait, les pères des danseurs étaient en pleine insurrection contre les troupes anglaises. Le pays de Rotorua était le principal théâtre d'escarmouches incessantes. Si l'on avait dit à un des chefs maoris d'alors que, dans trente ans, ses enfants organiseraient des fêtes pour recevoir un prince anglais, il se serait tué de désespoir.

La danse maorie a quelque chose de sauvage et dans les mouvements et dans la voix des danseurs.

Les mouvements du corps, des jambes, des bras, des yeux, sont très expressifs : ils expriment, à leur façon, les actes divers d'un drame, d'une bataille, de quelque assaut guerrier : c'est de la danse imitative. Tous les bras ont les mêmes mouvements bien rythmés ; et comme chacun de ces mouvements se répète deux ou trois fois, il en résulte pour les assistants une impression violente. Puis quand tous les yeux des danseurs s'élèvent brillants, à demi-clos, vers le même point, le spectateur se demande quelle passion commune anime tous ces visages, quelle vision les illumine.

Les voix sont puissantes et sonores. Un coryphée semble faire des questions, auxquelles tous les danseurs répondent à plusieurs reprises avec des phrases violemment rythmées par les pieds et les bras. Tout d'abord, c'est étourdissant. Puis l'excitation des nerfs et de l'esprit, causée par le spectacle et par le bruit, devient un plaisir. C'est, d'une certaine façon, comme un enivrement sauvage. On conçoit que ces danses et ces chants fussent usités autrefois par les Maoris avant de livrer bataille. Les guerriers étaient par là secoués de leur torpeur et mis au degré d'enthousiasme voulu pour affronter la mort.

On raconte qu'un chef maori, pour effrayer un général anglais avant de conclure un traité, lui donna le spectacle de quinze cents guerriers chantant et exécutant leur danse nationale, équipés de leurs armures de combats. Ce devait être un spectacle effrayant, surtout alors que tous les visages étaient fendus et ciselés par le tatouage.

Le Maori a sa physionomie bien spéciale parmi les

sauvages du Pacifique. Il occupe, je crois, le premier rang en dignité. Il est brave. La guerre était sa principale occupation. Il passait sa vie à la préparer ou à la faire. Son principal soin, quand il arrivait dans un canton de son île, était de construire des forteresses en terre sur les lieux les plus élevés. C'étaient les *pas*. Plusieurs enceintes en terre et en branches, faites avec un certain art, protégeaient ces *pas*. Le Maori pouvait repousser les assiégeants sans être exposé au danger. Des milliers d'Anglais ont succombé autour des *pas* de l'île du Nord.

La bravoure du Maori allait jusqu'à la férocité. Pour un rien une tribu déclarait la guerre à une autre; et la tribu victorieuse mangeait les captifs par centaines Cependant, en dehors de la guerre, le Maori était hospitalier. Il respecta toujours les missionnaires blancs, dont aucun ne fut mis à mort par les terribles indigènes. Le cannibalisme était réservé pour les ennemis, quand ils étaient battus.

Les Maoris n'ont pas craint de se mesurer pendant plus de vingt ans contre les forces anglaises. S'ils n'avaient pas eu de défections parmi leurs tribus, on se demande s'ils n'auraient pas sauvé l'indépendance de leur île. Pour se procurer des fusils et de la poudre, quand ils en connurent la puissance, ils donnèrent tout ce qu'ils possédaient : le fils d'un chef, qui avait reçu des présents de Georges IV, les vendit à Sydney pour acheter des fusils. Leur résistance fut héroïque; et l'on pourrait recueillir dans leurs faits d'armes mille traits dignes de nos plus grands capitaines. Ils se battaient comme des lions dont le courage augmente avec la violence de la lutte.

Ils ne connaissent point cette peur enfantine, que la plupart des sauvages éprouvent qaand ils se trouvent devant les armes des blancs. Ils rappellent par leur amour de la guerre et par leur bravoure nos chevaliers français du moyen âge, du xɪᴠe et du xᴠe siècle, de ces époques où la guerre semblait un sport.

Le Maori n'est pas mendiant. Je n'en ai vu aucun tendre la main. Généreux, il partage volontiers ce qu'il a. Mon compagnon demanda à un indigène l'usage de son cheval. Le maori sella sa bête et l'abandonna, sans s'informer de ce qu'on lui donnerait, ni du temps que durerait l'absence Au retour il était très fier de ce que l'on avait apprécié la bonté de son cheval qui, en effet, était excellent.

Rotorua a eu pendant quelque temps un Français pour maire : *very nice man*, un excellent homme, me dirent les Maoris, *the best of the Europeans*, le meilleur des Européens. Mais il est mort depuis deux ans.

De Rotorua à Auckland, un jour de chemin de fer suffit. On traverse un pays qui fut le théâtre de la dernière guerre et où depuis vingt ans se sont développés de nombreux et riches *settlements*.

Le long de la route le voyageur aperçoit des villes et des villages en formation, des cultures nouvellement établies, des marchés de chevaux et de brebis : on se dirait dans une Normandie qui commence.

Un jour je rencontrai à une station du chemin de fer, qui relie Auckland à Rotorua, de nombreux Maoris offrant aux voyageurs des fougères et des tapis faits en fils de racines. Parmi eux, quelques jeunes femmes portaient sur le dos, en des toiles grossières, nouées sur la poitrine, des fardeaux mystérieux, qui excitaient notre curiosité. Était-ce des fougères plus précieuses que les autres ? Était-ce la récolte de leur journée dans les champs de pommes de terre ? Un voyageur s'avisa d'écarter très discrètement les bords de la toile et de regarder ce que portaient ces femmes. Quelle ne fut pas sa surprise et la nôtre ! Nous aperçûmes, complètement enveloppé dans des langes grossiers, un enfant de quelques semaines. Le pauvre petit n'ouvrait qu'avec peine les yeux à la lumière. Mais comment pouvait-il respirer ? La mère souriait de notre curiosité et continuait la vente de ses fougères.

Cette façon de porter des enfants sur le dos, dans un châle ou dans une toile, est commune à de nombreuses tribus sauvages. On la trouve chez les peuples de l'Océanie et chez les Malgaches. Les femmes hindoues portent leurs enfants à califourchon sur leurs épaules, ou sur leurs hanches ; les femmes européennes les tiennent sur leurs bras ou sur leur sein. On pourrait juger du degré de civilisation d'un peuple à la façon dont les mères portent leurs enfants.

En effet, voyez la mère européenne. Elle assied son enfant sur son bras ; elle lui sourit ; elle lui parle des doigts, de la main et des yeux, avant qu'il puisse distinguer les sons ; puis, à mesure qu'il grandit, elle lui adresse des mots de tendresse. Elle demeure constamment en rapport avec lui : elle le regarde et il la regarde. Elle connaît les moindres détails de sa physionomie ; et lui, il a pris de sa mère une photographie si vivante, qu'elle lui demeurera présente toute sa vie. Nos mères ! Quel mot ! Il éveille tou-

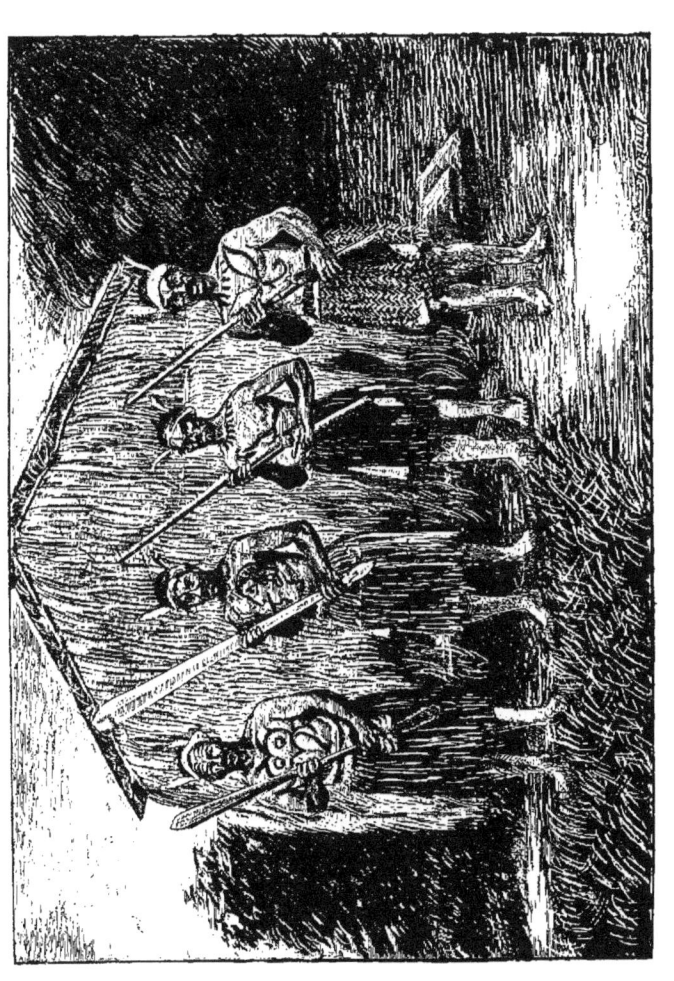

GUERRIERS MAORIS

jours en notre mémoire l'image la plus exactement connue de toutes celles que nous aimons.

La femme hindoue ou arabe porte son enfant sur ses épaules. Elle le voit à peine et de côté ; encore n'est-ce pas les yeux de son enfant qu'elle peut voir. Elle sent ce fardeau animé qui, quand il s'agite, lui prend la tête, lui tiraille les cheveux. Elle ne peut que difficilement lui faire risette. Elle ne le contemple pas face à face. Aussi comme elle le dépose facilement à terre ! Comme elle l'abandonne vite aux hasards de la rue ou du grand chemin poudreux, aussitôt qu'il peut mettre ses pieds l'un devant l'autre !

La mère maorie ou malgache doit être classée la dernière pour la façon dont elle porte son enfant. Quand il est tout petit, elle le place elle-même dans un châle, qu'elle roule en forme de poche, et le met sur son dos comme un paquet. Il est impossible au passant de distinguer ce qu'elle porte ainsi. Lorsque l'enfant peut de ses mains abaisser les bords du châle, il élève sa petite tête et inspecte l'horizon, semblable à l'oisillon qui, au-dessus de son nid, examine les êtres d'alentour. Puis, quand il marche seul, il grimpe lui-même dans le sac suspendu d'avance sur le dos de sa mère, qui le porte ainsi pendant ses marches et ses travaux. Pauvre petit ! il est secoué à droite et à gauche. Habitué à la misère, il ne crie pas ; mais il n'entre jamais avec sa mère dans ces colloques sans fin, qu'engage avec la sienne l'enfant européen. Aussi, dès qu'il n'a plus besoin d'être porté, il s'éloigne de celle qui ne lui est plus nécessaire. N'avais-je pas raison de dire que l'amour filial et l'amour maternel, et peut-être la civilisation, se mesurent à la façon dont les mères portent leurs enfants ? Je livre à votre appréciation mes petites observations.

Auckland est appelé la Corinthe de l'Océanie, à cause de sa situation sur l'isthme de ses deux mers. C'est une ville de cinquante mille habitants. Ses maisons neuves et ses jardins sont d'un aspect très gai, vus du sommet du mont Eden, qui domine la ville, les mers et l'isthme. Le port, qui est une grande baie, donne beaucoup d'activité à la ville. Les catholiques, au nombre de dix ou douze mille, jouissent d'une liberté complète. L'évêque est très aimé et très considéré. Près de sa maison se trouve un couvent français, celui des petites sœurs des pauvres. Elles ont installé leurs vieillards dans la situation la plus belle et la plus saine que l'on puisse rêver, sur une colline dominant une baie entourée de sapins.

Je dînai chez ces petites sœurs, dont la supérieure, une Lavaloise, a un frère vicaire à Craon. Trois autres sœurs sont également françaises. Leur joie fut grande de recevoir un prêtre de leur pays. Pour moi, leur hospitalité fut une halte charmante dans ma vie de marcheur sans repos. Parmi les vieillards de leur asile, je trouvai plusieurs compatriotes, dont un Parisien hâbleur, échoué là, aux antipodes, par une invraisemblable série d'aventures, qu'il me raconta avec beaucoup de verve dans le langage imagé des ouvriers faubouriens de notre capitale. Les épaves de la civilisation trouvent partout un asile sous le toit de Jeanne Jugan, la bonne Bretonne, dont la charité nous donne en tout pays, à nous autres Français, une charmante auréole de charité.

VINGT-ET-UNIÈME LETTRE

Ventura (Océan Pacifique) : parages des îles Samoa,
29 mars

Hier, après cinq jours de traversée monotone dans le Pacifique, nous faisions escale dans un port qui semble un vrai nid de verdure. Comme la main des hommes n'a encore rien changé à la nature, on ne voit ni quais, ni magasins, ni fumée d'usine. Une baie bien arrondie, le long de laquelle des cases de Samoans s'abritent sous des cocotiers, dans une profondeur de quinze à vingt mètres ; au-dessus une montagne à pic, habillée du pied à la tête d'un manteau vert, aux plis arrondis, aux teintes légèrement variées Ce manteau semble neuf, sans un trou qui laisse voir le rocher. Puis il a cela de particulier qu'il modèle si bien, en formes arrondies, les circonvolutions de la montagne, que pas un arbre ne paraît dépasser les autres et faire pointe sur la surface du souple vêtement. Le sommet lui-même disparaît sous la molle étoffe verte. Pour le voyageur, ce n'est pas une île de rochers ou de terre qu'il a sous les yeux, mais une énorme corbeille de verdure, telle qu'il n'en a jamais vue. Il ne peut discerner à quelle profondeur descendent ou à quelle hauteur montent les arbres et les plantes, dont les cimes se confondent en une surface lisse et sans fissure. Quel admirable coup d'œil, quand on arrive des plaines unies et monotones de la grande mer, que l'entrée dans la rade de Pago-Pago! Après une première baie, à l'entrée de laquelle des rochers verdoyants se détachent de l'île, comme des sentinelles, vous entrez, à gauche, dans une autre baie, cachée d'abord, qui sert de port, depuis quelques mois, aux steamers américains.

A droite on aperçoit bientôt, se détachant sur les palmiers et les cocotiers, une chapelle catholique bâtie par les maristes, qui, depuis cinquante ans, évangélisent les Samoans. Je trouvai là deux Pères missionnaires. J'étais le premier prêtre français dont ils recevaient la visite. Ils étaient occupés à se bâtir une maison. Le missionnaire, dans ces îles, doit professer et enseigner tous les métiers, depuis celui d'architecte jusqu'à celui de maçon. Je vis la chaux que les Pères avaient faite avec de la pierre prise sur le rivage de la mer; elle semblait excellente pour bâtir. La mission de Pago-Pago se compose de 600 catholiques sur 4.000 habitants. Elle possède, outre sa chapelle, les cases de 50 chrétiens qui vivent ainsi sous la tutelle de l'Église. Ces cases sont faites avec un certain art : pas un clou, pas un morceau de fer n'entre dans leur construction. Des poutres en bambous, des feuilles, des ficelles d'écorce composent la matière première. La plus grande de ces cases est estimée mille dollars. On y entre de tous les côtés. Portée par des montants en bois et tissée en feuilles de palmier, la toiture ne s'élève qu'à un mètre environ au-dessus du sol, si bien que les passants peuvent voir les habitants de la case ou mangeant ou dormant.

Les Samoans, qui sont peut-être 40.000 dans l'ensemble de leurs îles, passent pour les plus paresseux des sauvages du Pacifique. Ils vivent de poissons et des fruits du cocotier, du manguier, de l'arbre à pain, etc. Dieu est prodigue de ses dons envers ces sauvages : il leur donne en abondance, et toute l'année, de quoi se nourrir sans travailler. Avec une racine d'arbre, ils se composent une boisson très rafraîchissante, le *Kava*. Autrefois ils coupaient et préparaient cette racine avec leurs dents. Le gouvernement américain, pour empêcher les maladies qui se communiquaient par là, les oblige à la préparer maintenant d'une autre façon. Le sifflet de mon steamer ne me laissa pas le temps de goûter au Kava qu'on me préparait chez les missionnaires. Je dus me contenter d'une noix de coco.

Je revins à la hâte de la maison des Pères à mon bateau, le long du rivage de la mer, sous les palmiers, les cocotiers et les manguiers, qui descendent jusque dans les eaux de la baie. Les indigènes sortaient de leur case pour me voir et me saluer : « *Tarafa* », me disaient-ils, en me tendant la main. On m'a dit depuis que *Tarafa* signifie : bonjour. Mon guide, un Samoan de 25 ans, grand et vigoureux, à la voix très douce, comme tous ses compatriotes, au sourire gracieux, aux yeux brillants, qui, chez nous, passerait, à cause de son air langoureux, pour rêveur et mélancolique, s'ingéniait à m'être agréable : il me coupait des fleurs et des plantes rares ; il me soutenait de la main sur les ponts faits de troncs d'arbres branlants Il me montrait sur son bras gauche, tatoués avec art, son nom et celui de son fils ; sur son bras droit, celui de sa femme. Il s'appelait Nun. S'il a autant d'enfants que son père, qui en a eu dix, ses deux bras seront un registre d'état civil bien rempli. N'est-ce pas une jolie idée pour un chef de famille de porter, ainsi imprimés dans la chair vive de ses bras, les noms de sa femme et de ses enfants ?

Chemin faisant, je trouvai un cottage en planches, le seul construit à l'européenne et habité par un Français, qui s'est marié avec une Samoane. La femme me donna un bouquet fait de plantes rares ; l'homme m'expliqua qu'il cultivait la vanille et le cacao. Il espère, cette année, gagner mille dollars dans ses cultures. Il se loue beaucoup du gouvernement américain, qui a réglé les mœurs par trop sauvages des habitants du pays.

Les Samoans sont plutôt cuivrés que noirs. Quelques-uns, surtout les femmes, ont presque la couleur des Européens. Ils sont grands et vigoureux ; mais ils n'emploient guère leur force que pour les amusements, la danse et la natation. Pendant les quatre heures que notre bateau est resté dans le port, vous auriez vu des Samoans, filles et garçons, nager, plonger, faire la course nautique autour de leurs pirogues. Ils étaient accourus pour nous saluer, pour vendre les menues curiosités de leur industrie enfantine et aussi pour pêcher au fond de la mer, ou plutôt entre deux eaux, les pièces d'argent jetées par les passagers. C'était un spectacle unique que celui de ce peuple, qui a les mœurs des amphibies, pagayant, nageant et s'agitant autour d'un gros steamer chargé de civilisés. Il s'établit un marché très actif entre les habitants du steamer et les sauvages des pirogues. Ceux-ci, les yeux et les bras tendus vers les acheteurs, offrent tout ce qu'ils ont pu mettre dans leurs barques : fruits, coquillages, bois sculptés, tapis tissés de racines ou d'écorces, guirlandes de fleurs ou de feuilles.

De costume, ils n'ont guère que l'essentiel, ces Samoans pagayeurs, nageurs et vendeurs de menus riens. Et cependant quelle variété d'accoutrements ! quel joli mélange de couleurs ! quelles façons différentes de porter une ceinture de feuilles, une guirlande de fleurs, un chapelet de graines ou de coquillages, une plume dans les cheveux ! Leurs beaux yeux noirs et leurs dents bien blanches animent leur physionomie. Quelques-uns se sont peint les cheveux en rouge brique, comme certaines dames parisiennes. Cela leur donne grand air, puisqu'ils se trouvent à la mode. D'autres portent une chevelure peinte en blanc sale : on la dirait enduite de mauvaise chaux. Presque tous les hommes ont les jambes entièrement tatouées : ce qui leur fait des pantalons en indienne inusables. Ces Samoans témoignent ainsi de leur goût et de leurs modes. Par le pittoresque et la variété des couleurs, ils produisent grand effet avec peu de choses : ce doit être, je pense, une perfection de leur art.

VINGT-DEUXIÈME LETTRE

Ventura, 6 avril 1902. — Nous avions quitté Pago-Pago au milieu des ovations des sauvages qui, sous les ondées de pluies tropicales, ne quittèrent pas un instant leur poste d'enfants curieux, pour jouir du spectacle européen donné par nous. Ils n'en voulaient rien perdre. Quand la pluie tombait trop fort, vous auriez vu quelques-uns de nos Samoans ouvrir des parapluies et abriter gravement leur nudité, eux qui tout à l'heure s'étaient jetés à l'eau et qui n'avaient pas un pouce de vêtement sec sur leurs membres. Le contraste semblait plaisant. Il y avait du reste bien des épisodes charmants pour un observateur dans ces barques de sauvages. A l'écart des autres j'apercevais une Samoane, en robe rouge éclatante, qui, sans se mêler à la foule, observait avec des yeux mélancoliques, le trafic et les jeux de ses compatriotes, les costumes, les allées et venues des Européens. Que se passait-il dans cette tête de Samoane ? Peut-être rêvait-elle pour son île quelque importation de nos mœurs et de nos costumes. Peut-être aussi regrettait-elle les vieilles coutumes de son pays, qui menaçaient de s'en aller au contact des hommes blancs. Encore quelques années et le passage des steamers aura bien entamé la simplicité des mœurs samoanes. Ne voit-on pas déjà une route qui se construit autour de la baie. Puis j'aperçois quelques-uns de mes compagnons de bord, qui jettent aux pagayeurs d'en bas des chemises et des paletots de rebut : ces objets sont immédiatement revêtus comme habits de luxe. L'Europe et l'Amérique auront bientôt détruit toute la poésie des îles du Pacifique, sans hélas! améliorer les mœurs de leurs habitants.

Les Samoans parlent un dialecte du Tonga : langue harmonieuse qu'ils font valoir par leurs chants. Ils aiment à chanter et à danser. En l'honneur de M. Prekels, le propriétaire du Ventura, les notables de Pago-Pago avaient organisé des chansons et des danses.

En retour, M. Prekels invita les notables à monter à bord. Ils vinrent, une trentaine environ, dont quatre jeunes filles en robe de soie rouge, des plumes et des fleurs dans les cheveux. Tout ce monde n'avait point l'air emprunté. Ils défilèrent tous gaiement sur le pont, à la file indienne, donnant des poignées de main à tout le monde, en disant « Tarafa. » Au salon, on leur joua du piano. Assis dans les fauteuils, ils écoutaient gravement, comme des enfants étonnés.

En tout, ce sont en effet des enfants. L'un d'eux, le plus vigoureux, vêtu d'un riche pagne, se mit à danser sur le pont, pour exprimer sa joie. En partant, ils renouvelèrent leurs poignées de main. Ils n'oublièrent point les religieuses françaises, nos compagnes de voyage, dont le costume paraissait bien les étonner un peu. On les reconduisit avec des marques d'honneur. Je suis sûr qu'ils firent beaucoup de jaloux. J'apercevais, seule dans une pirogue, une jeune fille, en robe rouge, qui jetait des regards d'envie sur ses compatriotes, hôtes passagers du puissant steamer.

Le peuple samoan a tous les défauts des enfants ; mais il en a aussi les qualités. Il est hospitalier : si vous le visitez dans ses cases, il vous donnera tout ce qui vous agréera parmi les objets dont se compose son mobilier, sans exiger aucun paiement. Il a un bon cœur. Mais aussi il se fait envie de tout ce qui brille. Une des Samoanes visiteuses du bateau, voyant une belle bague au doigt d'une passagère, lui demanda combien elle voulait la vendre. Cette bague aurait été d'un si joli effet à la main de l'indigène!

Je vous ai parlé du Kava, la boisson favorite des îles du Pacifique, boisson dont un seul verre rafraîchit pour tout un jour et que vous ne pouvez refuser, sans insulte, quand l'indigène vous l'offre en témoignage de bonne hospitalité. Voici comment on le fabriquait avant les derniers règlements du gouvernement américain.

La racine de la plante, d'où est extraite cette boisson, était coupée en petits morceaux et ces morceaux confiés à la bouche de jeunes filles assises en rond pour cette grave opération. Il est bien entendu que les bouches avaient été lavées auparavant, à grande eau. Les jeunes filles mâchaient les morceaux avec vigueur ; puis, quand elles les avaient réduits en pâte, elles crachaient cette bouillie dans un grand vase, où des bras musculeux, bien lavés aussi, la boulangeaient dans de l'eau de source. La fermentation du tout donnait ce nectar, qui, pour les gens du Pacifique, est une boisson digne des dieux.

Maintenant que la pâte n'est plus pétrie dans des bouches humaines, la liqueur conservera-t-elle toutes ses vertus ? Certains en doutent. Malgré la réglementation sévère du nouveau gouvernement de Pago-Pago, sur la fabrication du Kava, les Samoans aiment mieux les Américains que les Allemands qui sont à Apia, principale ville de l'archipel Samoa. Ils trouvent la main des Saxons trop lourde et leur façon de commander trop grave. L'Américain se montre bon enfant avec eux. Il leur paie un dollar leur journée de travail de huit heures, quand ils veulent bien travailler à la route commencée, qui doit faire le tour de la baie. Il est vrai qu'ils sont plus souvent au repos qu'à la corvée. Le bon Dieu n'a-t-il pas planté pour eux des arbres qui suffisent à leurs besoins ? Deux de ces arbres leur donnent des fruits qui remplacent notre pain. J'ai goûté à ces fruits et je les ai trouvés excellents.

Huit jours après avoir quitté Pago-Pago, nous entrons dans les eaux des îles Hawaïennes. Parmi les huit îles principales de l'archipel, Oahu est la plus connue, non à cause de sa grandeur (Hawaï est plus grande), mais à cause de sa capitale et de son port. Honolulu, la capitale de tout l'archipel, compte 30.000 habitants dont 8 à 10 000 blancs et 20 000 indigènes ou asiatiques. C'est, depuis un an, une ville américaine, dont les progrès s'annoncent par des constructions nombreuses d'un goût et d'un luxe tout modernes.

Vu de la pleine mer, Honolulu se détache en blanc sur le vert pâle des montagnes qui le dominent. Quelques maisons, comme si elles trouvaient la vallée trop étroite, envahissent déjà les premières pentes des collines. Ces collines et ces montagnes n'offrent pas le beau tapis de verdure de Pago-Pago. Leur manteau de mousses et de bruyères laisse apparaître de temps en temps l'écorce de la terre et des rochers. Ici et là des pics s'élèvent noirs et brûlés, témoins incontestés de la formation volcanique de l'île. A droite, j'aperçois le mont Diamant, qui est un volcan éteint. Si l'œil s'abaisse des pics vers la plaine, il voit que la verdure commence au pied des montagnes et vient jusqu'à la mer, suivant une ligne courbe qui descend de l'est à l'ouest. Dans cette plaine semi-circulaire, assez longue, mais peu profonde, je retrouve la végétation puissante de Ceylan : les hauts cocotiers qui balancent leurs fruits au souffle des vents marins, les manguiers, les arbres à pain, les lauriers-roses, les bananiers, les orangers.

A terre, nous sentons tout d'abord une atmosphère chargée du parfum des fleurs tropicales. Une des religieuses, qui m'accompagnent, se croit, à cause de ces parfums, transportée à Lima qu'elle a habité. Dans ces pays des tropiques les fleurs, en effet, ou parce qu'elles sont plus riches en parfums, ou parce qu'elles en sont plus prodigues, alors qu'elles ne sont point contractées par le froid, ont des odeurs fortes inconnues dans nos régions. Elles offrent au promeneur, surtout le soir, des douceurs enivrantes. Comme elles sont cachées sous la verdure des bosquets et qu'elles sont mélangées les unes aux autres, elles vous surprennent de leurs présents, sans se montrer elles-mêmes. Leurs parfums vous assaillent, sans que vous sachiez au juste d'où ils viennent. Renforcés les uns par les autres, ils composent une atmosphère d'un charme incomparable, dans laquelle le promeneur trouve un excitant mystérieux, dont il jouit sans fatigue et qui le replace facilement dans les souvenirs les plus lointains et souvent les plus gais de sa vie.

Si vous voulez faire une étude philosophique sur le sens, un peu dédaigné et cependant si puissant, de l'odorat, allez dans les pays fleuris des tropiques ; vous étudierez sur le vif sa force d'action sur notre organisme et, ce qui est plus intéressant, sur notre imagination, sur notre mémoire. N'est-il pas vrai qu'une simple odeur nous reporte si vivement dans une situation de notre vie passée, que nous revoyons les lieux où nous étions, les objets qui nous entouraient ? Pour cette étude choisissez Honolulu : le site est beau et pas encore gâté par trop de touristes européens.

Il est cependant déjà un peu tard pour visiter les îles Hawaïennes. Car depuis un an elles ont perdu leur royauté et sont devenues possession américaine. Pauvres rois hawaïens, si fiers de leur trône et de leurs beaux manteaux de plumes jaunes ! Ils ont fondu devant les armes américaines comme la neige au soleil. En un clin d'œil tout a disparu de leur puissance et de leur majesté. On cherche leurs traces dans la capitale ; et, un an seulement après leur chute, on ne trouve ces traces que dans le musée qui a recueilli leurs vêtements de fêtes, leurs bijoux et les décorations de leurs funérailles. Le cœur de leurs sujets semble vide de leur souvenir. Enfants ingrats, ces sujets ont oublié ceux qui les ont gouvernés pendant des siècles et qui étaient pour eux le principe de toutes leurs joies et de toutes leurs craintes.

La reine détrônée, Lilinokalani, vit seule, comme une bourgeoise, dans une maison ordinaire de son ancienne capitale. Elle fut emmenée à Washington pour quelques mois, puis ramenée ici comme une personne sans importance, dont il n'y avait rien à craindre. Le Bossuet, qui fera son oraison funèbre, aura une belle matière pour montrer la fragilité des trônes, même des plus vieux, des plus entourés de salamalecs, des plus éloignés des progrès modernes qui rongent, comme de la rouille, les vieilles institutions. Il devra peindre le règne agité de son époux, le roi Kaulaukaua, un vieil enfant, pas méchant, ami de tout ce qui brillait et désireux de faire de sa capitale une sorte de Versailles tropical, mais, comme les enfants aussi, incapable de résister aux filous qui savent flatter et dresser des machines habiles pour capter la confiance.

La cour et le gouvernement de Kaulaukaua étaient remplis de flibustiers en recherche de fortune. De ces aventuriers trompeurs il y en avait de toute nation et de toute religion. Un des plus influents était un mormon, venu d'Amérique, dont les agissements, à la fin, révoltèrent tellement le peuple hawaïen, qu'il fut obligé de fuir et de repasser les mers. Le pauvre roi voulait battre monnaie pour satisfaire ses goûts de dépense. Pour cela il vendit le monopole du commerce de l'opium. Voyez-vous ce roi besogneux qui vend à un fripon le droit de pouvoir, lui seul, empoisonner le peuple et de faire fortune au détriment de la santé et de la moralité publiques ? C'est un spectacle attristant. Notre Bossuet hawaïen pourrait trouver matière à un tableau bien émouvant : il montrerait dans cette action du roi une des causes principales de chute pour la royauté. Dieu doit retirer le pouvoir à qui en abuse de la sorte.

Kaulaukaua, qui est mort en 1890 sans enfants, avait la manie des ornements, des présents, des décorations et des cérémonies. Les rois d'Europe satisfirent par des présents une partie de ses goûts ; il s'appliqua à satisfaire, par lui-même, les autres.

Quelques années avant sa mort, il lui prit fantaisie de célébrer son couronnement. Il avait acheté à Londres, pour lui et pour la reine, des couronnes qui sont maintenant au musée. Parmi les objets de son palais on voyait un portrait de Louis-Philippe, reçu à la cour hawaïenne, en grande pompe, le jour même où tombait le roi de France ; un buste de Victor-Emmanuel, qui, donné depuis au ministre mormon, a trouvé son dernier asile dans une auberge d'Honolulu ; une décoration en argent, ornée de camées, donnée par Pie IX et portant l'inscription : *virtuti et merito*. Mais ce qui faisait l'ornement le plus original de la royauté hawaïenne et ce qui intéresse le plus aujourd'hui les visiteurs du musée, ce sont les fameux manteaux princiers en plumes jaunes, d'un très grand prix. Ces plumes étaient données, comme tribut annuel, par les sujets du roi. Elles étaient enlevées à des oiseaux très rares, habitants de quelques-unes des îles de l'archipel. Ces oiseaux, blancs extérieurement, portaient sous les ailes de petites plumes jaunes, luisantes et brillantes, que les indigènes extrayaient chaque année, sans tuer pour cela l'oiseau précieux. Cependant on me dit qu'une espèce des plus belles a disparu : ce qui augmente encore la valeur des fameux manteaux.

Des artistes attachaient une à une les plumes à la trame des manteaux princiers et en faisaient une étoffe d'un éclat doré incomparable. Quel tisseur en soie pourrait en effet se vanter de rivaliser avec les couleurs qui composent la robe brillante du faisan doré ou argenté ? On trouve dans les plumes les plus belles des oiseaux un éclat, une variété, une vie en un mot, qui surpassent les couleurs les plus habilement mélangées par les tisseurs et même par les peintres. Il y a toujours la différence de ce qui est vivant et de ce qui est mort, de ce qui est créé par Dieu et de ce qui est seulement composé par l'homme. Dans le premier la couleur n'est pas ajoutée : elle est dans la substance elle-même, créée, colorée, comme un rayon de soleil, ou comme une poignée de neige. Or, quel peintre fera un rayon de soleil ou créera un flocon de neige ?

Les rois hawaïens, drapés dans leurs manteaux de plumes jaunes, avaient raison d'être fiers de leur parure. Un beau manteau valait plus de mille dollars. En 1883 on exposa à Londres une robe royale hawaïenne, dont les plumes avaient été patiemment recueillies pendant 150 ans : elle trouva acquéreur en Angleterre pour deux millions et demi.

Honolulu est bien joli ; mais il faut, hélas! y chercher les Hawaïens, pour les étudier. Ils disparaissent de plus en plus dans la foule des Chinois, des Japonais et des Portugais, qui ont envahi l'île pour cultiver la canne à sucre et pour exercer le commerce. Toutes les échoppes de blanchisseurs et de tailleurs sont occupées par les Chinois, qui sont, paraît-il, les premiers lingers du monde. Vous voyez ces célestes dans leur case en bois, rangés autour de tables propres et luisantes, repassant et dressant le linge bien blanc des Européens. Ils sont habiles à donner aux chemises d'hommes une solidité et une blancheur inusitées en Europe. Ils sont aussi employés dans les maisons riches comme domestiques et comme cuisiniers. Leur activité et leur propreté sont proverbiales. Sans bruit, ils vont et viennent dans la maison, infatigables, jamais rebutés par la besogne. Leur visage sans barbe, leurs longues tresses noires, leurs traits qui n'indiquent pas d'âge, leur robe jaune ou bleue, font qu'on les prendrait facilement pour des femmes de service.

Les Japonais et les Portugais travaillent dans les jardins et dans les champs. Les deux nations rivalisent pour la culture des fruits, des légumes et des fleurs. En ai-je vu de ces jardiniers incomparables le long de la belle route qui conduit d'Honolulu à la pointe de Waikiki! Pendant une heure de marche on voit, à droite et à gauche, de belles villas, au milieu de jardins verts, fleuris et entrecoupés de temps en temps par des champs de bananes ou de cannes à sucre ; et, dans ces jardins ou ces champs, des hommes jaunes ou bronzés qui, tout entiers à leur travail, bêchent, sèment, coupent, promènent la ratissoire ou l'arrosoir sur les plates-bandes. Vus dans ce beau décor de verdure et de fleurs, ces hommes me faisaient souvenir des admirables tapisseries de la cure de Saumur, dans lesquelles on voit, occupés à tous les travaux du jardinage, de petits ouvriers, beaux comme des chérubins. Ici les jardiniers sont moins soignés dans leur personne ; mais leur travail et leurs cultures sont d'une variété aussi plaisante aux yeux.

Les Portugais, venus de Madère et des Açores, représentent, parmi les immigrants, la population catholique. Aussi donnaient-ils à la fête du Jeudi saint, que nous avons célébrée à Honolulu, un air particulier de piété joyeuse, que l'on trouve seulement au-delà des Pyrénées et des Apennins, dans les pays de foi démonstrative. Les fleurs abondaient dans les rues, sur les trottoirs ; des femmes indigènes tressaient des guirlandes qu'elles vendaient aux passants. On rencontrait des dames parées de ces guirlandes, accompagnées d'enfants également chargés de fleurs. Les plus petits de ces enfants semblaient étrenner leurs habits neufs pour aller visiter le *Paradis,* c'est-à-dire, le reposoir de la cathédrale, comme cela se pratique en France.

Le matin, l'évêque, Mgr Ropert, avait chanté la messe et fait les saintes huiles. Je pris part à la cérémonie et je remplaçai un chanoine pour la vénération liturgique du saint chrême. J'étais heureux de participer ainsi, dans une île du Pacifique, à la cérémonie de consécration des saintes huiles, qui serviront au baptême des petits Hawaïens.

Les P. P. des Sacrés-Cœurs de Picpus, au nombre de vingt-quatre pour tout l'archipel, ont un ministère fécond et bien accepté par la population. Ils sont dans cette mission depuis quarante ans. Deux d'entre eux résident au milieu des lépreux, dans l'île Molokaï, qui sert d'hôpital. En ce moment ils sont entourés de neuf cents malades. Assistés de quelques sœurs franciscaines, ils continuent l'œuvre admirable du P. Damien, donnant, au péril de leur vie, les consolations de la religion à ces pauvres lépreux, qui n'ont aucun espoir de guérir et de revoir leur famille.

A Honolulu, les PP. missionnaires sont aidés dans leur ministère par des sœurs de Picpus, qui tiennent une grande école catholique. En comptant les différentes classes de pensionnaires et d'externes, les sœurs ont environ quatre cents élèves. Comme elles ne sont qu'une vingtaine, elles ont un ministère très chargé. Mais elles ne se plaignent point. Elles se rappellent doucement les unes aux autres, pour se réconforter, les beaux exemples de leur fondatrice, une grande dame poitevine, Mme Aymer de la Chevalerie, qui avait conçu le dessein de sa fondation alors qu'elle était détenue dans les prisons de la première République. Son confesseur, le P. Coudrin, un Poitevin aussi, emprisonné pour sa foi, qui devint le fondateur des P. P. de Picpus, avait soutenu et aidé la pieuse dame dans l'organisation de cet institut de religieuses. Le nom des deux fondateurs est maintenant béni dans les îles du Pacifique.

Ces bonnes sœurs d'Honolulu reçurent avec une cordialité touchante les religieuses du Bon-Pasteur, mes compagnes. Quand l'hospitalité chrétienne revêt ces formes aimables, elle prêche d'elle-même aux hommes la charité de Jésus-Christ, qui en est le principe. Elle semble leur dire : voyez comme ils sont affectueusement unis dans le service du même Dieu, leur père, et de la même Église, leur mère !

Sur le Pacifique, 7 avril, jour de Pâques. — Notre église, ce matin, fut une cabine de passagers, juste assez grande pour contenir le prêtre célébrant et deux assistants. Malgré l'étroitesse du sanctuaire et le peu d'éclat des cérémonies, la majesté de l'Océan donnait à notre messe une solennité peu ordinaire. Faire descendre Notre Seigneur sur ces flots mouvants, où il n'a ni temple ni autel, dans les flancs de cette maison roulante que les vagues secouent comme une plume malgré ses vastes dimensions ; l'adorer au milieu des bruits de la mer, au nom des créatures qui le chantent dans la création ; le recevoir en soi-même et le donner aux autres, comme un viatique de notre grand voyage vers l'éternité, et cela dans l'agitation de la machine à vapeur qui vous emporte à toute vitesse : quelles cérémonies touchantes dans leur simplicité ! Les noms des amis absents, les œuvres auxquelles vous avez dévoué votre vie, se présentent à l'esprit avec une vivacité inaccoutumée, quand vous interrompez les prières liturgiques pour le *memento* des vivants et pour celui des morts.

Le Christ est ressuscité ! Alleluia ! L'âme est à la joie ; elle se sent unie dans son allégresse à tous les chrétiens du monde entier, qui ont mis leur confiance dans Jésus-Christ et espèrent leur salut comme fruit de sa passion. Depuis que la bonne nouvelle a été proclamée à Jérusalem, elle s'est répandue peu à peu sur toute la terre; elle a envahi l'immense empire romain qu'elle a fait tressaillir et qu'elle a changé. Le Christ est ressuscité! Les esclaves et les ouvriers de la Rome antique ont entendu Pierre et Paul leur annoncer la résurrection et ils ont senti un souffle de liberté passer sur leur misère. Les chaînes des uns se sont déliées, les durs travaux des autres se sont adoucis au beau soleil des espérances divines. Le Christ est ressuscité! Ce cri d'allégresse a été répété d'âge en âge à tous les peuples. Les nations barbares de la Germanie, qui ont secoué et jeté par terre le vieil empire des Césars, l'ont entendu de la bouche de pauvres missionnaires envoyés par les successeurs de Pierre. Les forêts sacrées de la Gaule ont tressailli ; leurs idoles sont tombées d'épouvante, et des clartés célestes ont pénétré dans l'obscurité de leurs grands bois. Les Francs ont aperçu la figure divine du Christ ressuscité.

Depuis deux mille ans la même nouvelle se répète à travers le monde, partout où un missionnaire, partout où une religieuse peuvent pénétrer pour gagner à l'Église quelques recrues. Saint François Xavier l'a annoncée aux Indous de l'immense presqu'île asiatique; les prêtres et les grands seigneurs portugais l'ont portée aux Cinghalais légers et aimables de Ceylan; les religieux de tout ordre la répandent dans les villes populeuses de la Chine, sur les rivages du Japon. J'ai trouvé des Maristes occupés à la propager parmi les sauvages demi-nus des îles Salomon et des îles Samoa ; et j'ai vu briller sur le visage de ces derniers fils du christianisme une joie céleste inconnue à leurs pères. Le Christ, l'Homme-Dieu, est ressuscité pour eux. Peu à peu, devant la lumière que porte avec elle la bonne nouvelle, les ténèbres de la barbarie reculent ; le rayon lumineux a envahi, l'une après l'autre, chacune des îles du Pacifique. Depuis quarante ans, c'est-à-dire depuis l'arrivée des PP. des Sacrés-Cœurs de Picpus, il a pénétré dans les îles Hawaïennes ; il éclaire d'une divine espérance les plaies des pauvres lépreux, soignés par la charité d'un P. Damien. Courage, frères souffrants, derniers venus dans la grande famille chrétienne! Votre corps est livré à la douleur ; mais celui du Christ ressuscité l'a été aussi. Votre visage et vos traits sont défigurés par la lèpre ; mais ceux du Christ ressuscité l'ont été aussi par les coups de fouet et par les insultes des méchants. Courage! Vous êtes les membres encore souffrants du corps de Jésus-Christ ; vous ressusciterez comme lui, avec lui, et vos chairs, aujourd'hui si misérables, seront vivifiées et transfigurées par la vertu de sa résurrection !

Que les hommes sont ingrats, quand ils refusent d'adorer Jésus-Christ! Sans sa résurrection la force brutale, qui dominait et conduisait le vieil empire romain et les peuples barbares, serait encore la maîtresse du monde. C'est Jésus-Christ, qui, prêché à travers les nations, a fait pénétrer dans les masses profondes de l'humanité les notions salutaires de justice divine, d'égalité des âmes rachetées devant Dieu, de mérite et de récompense éternelle. Quand les rois ont cru à un Dieu mort pour l'humanité et ressuscité dans la gloire, ils ont respecté cette humanité ; ils l'ont regardée comme un dépôt sacré, confié à leurs soins, et non plus comme un objet de jouissance ou comme un être voué à la servitude. Résurrection! Résurrection! tu fus le cri universel du monde nouveau!

8 avril. — Hier, saint jour de Pâques, passé dans les solitudes silencieuses du Pacifique, je donnai mes pensées au joyeux mystère de la Résurrection. Aujourd'hui je retourne, en imagination, pour quelques instants, à Honolulu : j'ai conservé de cette capitale hawaïenne un si doux souvenir! Nous disons qu'Angers est la ville des fleurs ; il faudrait abdiquer ce beau titre, si Honolulu était en France. Dans la ville hawaïenne non seulement les roses, les gardenias, les renoncules, les tulipes de toutes couleurs transforment les jardins en perpétuelles corbeilles de fleurs ; mais les bouquets embaument les rues et les maisons ; les couronnes et les guirlandes composent l'ornement journalier des riches et des pauvres et servent d'expression à leur respect et à leurs joies. Les princesses hawaïennes se passent facilement de bijoux ; mais elles se mettent au cou, à la ceinture et sur la tête les belles fleurs, que les dames d'honneur leur apportent comme hommage de respect.

Au départ de notre bateau, la foule, qui encombrait le quai, avait enroulé des guirlandes au cou des passagers, mes compagnons de voyage. Ceux-ci, en retour, une fois sur le pont, jetaient aux amis restés à terre, une partie de ces fleurs ; si bien qu'à la fin, voyageurs et habitants, tout le monde était chargé de bouquets et de guirlandes.

Cet amour des fleurs n'indique-t-il pas un goût singulièrement délicat chez ces gens que nous regardons comme sauvages? Quelle fraîcheur et quelle variété ces fleurs ne donnent-elles pas à l'habillement de ceux qui les portent! Elles répandent autour d'elles une impression de gaieté, que ne peut donner aucun bijou, aucune étoffe précieuse. Elles ont, ce semble, emprunté à la nature elle-même, à la lumière du soleil, à l'air embaumé du printemps, quelque chose de leur puissance mystérieuse de gaieté, que nous connaissons si bien par expérience sans pouvoir la définir. Puis, elles sont joyeuses comme des promesses : est-ce qu'elles ne promettent pas la saison des fruits? Leur fragilité et la brièveté de leur vie d'un jour ajoutent encore au charme de leur contemplation. Elles se montrent ici, sur la tête ou autour du cou des hommes, juste au moment rapide de leur beauté éphémère. Elles n'épuiseront point votre plaisir en le rassasiant, comme ces bijoux qui, à force d'être portés toujours les mêmes et dans le même état de leur éclat monotone, perdent leur charme de nouveauté. La satiété est l'ennemi des plaisirs les plus délicats : or le charme des fleurs est de trop courte durée pour rassasier jamais.

Les Hawaïens ont des sentiments de justice admirables. Jusqu'ici le vol était inconnu dans leurs îles : le voyageur pouvait laisser sa bourse ouverte, à la merci des domestiques d'hôtels ; jamais un sou n'était dérobé. On me dit que les steamers ont amené d'outre-mer des gens moins honnêtes. Le vol est

venu avec les étrangers. Un trait bien touchant de
ce peuple, qui possède l'esprit de famille comme peu
d'Européens : quand la lèpre attaque quelqu'un des
leurs, les Hawaïens ne le délaissent point par crainte
de l'horrible maladie. Mais ils l'entourent de soins,
le dérobent autant qu'ils peuvent à la surveillance des
médecins qui l'éloigneraient de force Pour le mieux
cacher, ils le confieront à des amis habitant des
recoins isolés des îles ; et ces amis soigneront le
malade comme un membre de leur propre famille.
Quand le gouvernement, il y a vingt-cinq ans, décréta
la rélégation des lépreux dans un canton de l'île
Molokaï, il y eut une sorte de révolution dans les
neuf cents familles qui avaient des malades. On ne
voulait pas se séparer de ces infortunés. Maintenant
encore le départ des lépreux pour l'île-hôpital est
l'occasion de démonstrations touchantes. Les parents
leur témoignent toutes les marques possibles d'affection ; ils les embrassent, sans prendre souci de l'horrible mal, qui défigure et qui ronge les chairs.

Les vingt mille acres de l'île Molokaï, qui servent
d'asile aux lépreux hawaïens, sont comme une prison défendue par la mer et par d'affreux précipices.
Personne ne peut s'échapper. Il paraît que le spectacle des neuf cents lépreux qui, dans ces lieux,
attendent la dissolution lente de leurs chairs, a
quelque chose de poignant, qui fait peur. Quelques
visiteurs en ont remporté des impressions obsédantes
qu'ils ne pouvaient chasser. Les contrastes abondent
saisissants dans cette île de misères. Le soleil y
brille sans nuages, le sol fertile disparaît sous la verdure ; la mer caresse les rochers, l'aspect seul des

malades est repoussant. Cependant, ce qui est encore un autre contraste, l'humeur des lépreux ne s'assombrit point. Souvent ils n'ont pas l'air de souffrir de l'affreux mal qui les ronge ; ils portent, comme lorsqu'ils étaient dans leurs familles, des fleurs sur la tête et autour du cou. Quelques-uns se remarient (la loi le leur permet) ; et plusieurs ont des enfants. Quand ces enfants n'ont aucune trace de maladie, ils sont ramenés dans la terre des vivants, c'est-à-dire, dans les îles non infectées.

Il fallait prendre soin de l'âme de ces malheureux, les assister à leurs derniers moments et leur prêcher la résignation, qui transfigure les maladies et en fait des mérites pour la vie éternelle. Deux missionnaires des Sacrés-Cœurs, successeurs du P. Damien, et quelques sœurs franciscaines se sont chargés de cette mission héroïque. Quel spectacle digne des anges, qui le contemplent, que celui de ces saintes filles, élevées dans les délicatesses de notre vie européenne, allant et venant autour des lépreux, ou assises à leur chevet avec un calme qui ne se dément jamais! Quelle vision angélique que celle de la sœur garde-malade pour ce pauvre moribond, dont les chairs tombent en poussière et dont l'état hideux l'a séparé de sa famille! Chère petite sœur, ton calme et ta sincérité prêchent le Dieu Sauveur qui t'anime. Tes paroles sont persuasives comme celles de Jésus-Christ lui-même, ton époux. Tu es pour le pauvre malade, qui expire lentement près de toi, une admirable portière du Paradis.

9 avril, 9 heures du matin. — Un de mes compagnons de voyage, qui, comme moi, a fait le tour du monde, me prie de décrire la mer. Comment répondre à ce désir ? La mer a été décrite par tous les grands poètes de l'antiquité et des temps modernes, par ceux qui la connaissaient d'expérience et par ceux qui ne l'avaient vue qu'en imagination. Hésiode et Homère l'ont dépeinte, telle qu'ils l'ont vue dans les golfes de l'Hellade ou de l'Ionie ; Virgile, telle qu'il l'a admirée autour des côtes de l'Italie ou de la Sicile. De nos jours, des marins, devenus écrivains, ont fait des peintures si vivantes des tempêtes et des beautés de la mer, qu'ils ont pu communiquer à leurs lecteurs quelque chose de leurs propres sensations.

Mes rapports avec la mer datent de mon enfance. Les uns ont été doux et agréables, d'autres effrayants. Tous m'ont laissé dans le souvenir une impression particulière, très distincte de celles que m'ont données mes voyages sur terre. La bonace a des charmes énivrants, que ne possède point le sol des plus belles campagnes ; elle vous attire par des chants de sirène ; elle se présente à vous sous les formes les plus variées, tantôt clapotantes et ondulées, tantôt moutonnantes et roulées en montagnes, tantôt avec un manteau bleu, tantôt avec un manteau vert, tantôt avec des franges blanches à ce manteau, tantôt avec des rayures de soleil jetées en travers. Homère a peint ce manteau couleur de vin ; Virgile l'a décrit semblable à l'azur du ciel italien. Je l'ai vu tout rose dans les fiords de Norwège, sous les rayons d'un soleil toujours prêt à se coucher et ne se couchant jamais. Je l'ai trouvé d'un beau noir de charbon sous le ciel de la Russie et d'un éclat métallique dans les étouffants détroits de la mer rouge. A Ceylan il emprunte des reflets rouges au sol qui porte les cocotiers ; en Australie il prend des couleurs blanchâtres, semblables au sable des grèves. Qui voudrait noter les nuances de la mer sous les différentes latitudes et dans la variété de ses mouvements, épuiserait bien vite la gamme des couleurs établie par la science des hommes. Les sept couleurs de l'arc-en-ciel, même avec leurs combinaisons les plus complexes, ne suffiraient pas. La mer, comme un œil limpide, reflète la couleur de tous les objets qui l'approchent et qui se mirent dans son cristal : des arbres, des montagnes, du sol de ses rivages, des nuages qui volent sur son sein, du soleil qui la réchauffe, de la lune et des étoiles qui éclairent ses nuits, du firmament bleu qui l'entoure et lui fait un ciel de lit pour son sommeil, quand elle est calme. Elle semble n'avoir que des couleurs d'emprunt ; mais combien riches et combien variées, puisque ce sont les couleurs de tous les êtres créés qui, de près ou de loin, peuvent la voir. Or tous les tons sont dans la nature ; ils y sont vivants, modifiés par la vie de chaque être. La mer, qui les reproduit, est donc le plus grand coloriste que l'on puisse imaginer. Aussi a-t-elle attiré et tenté le talent de littérateurs et de peintres nombreux. Mais comment atteindre à la perfection de son coloris, surtout à la variété de ses nuances ? Les marines de nos plus grands artistes demeurent toujours très loin de la réalité.

La première fois que je vis la mer, j'avais dix-sept ans. Les descriptions des auteurs classiques m'en avaient donné une idée confuse et cependant puissante sur mon imagination. Je la sentis de loin avant de la voir. La brise du soir m'apportait l'odeur fortifiante de ses marais salants. Quand j'arrivai sur ses bords, la marée était basse et l'obscurité de la nuit ne me permettait pas d'apercevoir les vagues du large. Le bruit lointain de ses flots me tint longtemps éveillé. Le lendemain je voulus la voir dans toute sa splendeur : j'allai à la *grande côte*. Le cœur me battait bien fort. J'entendais un bruit confus paraissant venir de très loin et ne ressemblant à rien de ce que j'avais connu jusque-là. J'étais étonné, car le ciel était pur ; on ne sentait pas de vent dans l'air ; un doux soleil de juin éclairait les champs. Quand j'aperçus enfin le dos mouvant du grand Océan, ses vagues arrondies se poussant symétriquement les unes les autres, sautant sur les rochers de la côte et s'affaissant en gros flots d'eaux écumantes, sans que je visse la cause naturelle, la force motrice de tout ce mouvement et de tout ce grand bruit, je fus comme enivré d'émotions, admirant et rêvant. Il me semblait que la puissance de Dieu, qui a créé et qui conserve les êtres, était là plus présente, plus apparente que partout ailleurs, dans ces flots, dans cette agitation, dans ces allées et venues de masses liquides obéissant à une force invisible. J'aurais voulu rester tout le jour dans ma contemplation.

Un autre rapport avec la mer m'a laissé un des souvenirs les plus poignants de ma vie. Je faillis me noyer en me baignant dans une baie dangereuse. Pendant vingt minutes je luttai contre les vagues, qui grandissaient sans cesse et qui de trois en trois me passaient bien haut par-dessus la tête. Je croyais mourir. La lutte me paraissait désespérée : je sentais que tous mes efforts ne changeaient en rien la régularité féroce des coups, que me portait mon ennemie. Comme avec une joie sauvage et aveugle, la troisième vague se précipitait sur moi et me plongeait au fond des eaux. Contre un animal j'aurais pu peut-être combattre par la ruse. Ici les vagues ne me permettaient point ce genre de combat. Pendant la *Commune*, j'étais tombé aux mains des Communards, qui m'emmenaient en prison. J'avais peur assurément de leur brutalité féroce. Cependant je me rassurais un peu par la pensée que je leur prouverais mon innocence : ces hommes devraient se rendre aux bonnes raisons. Mais ici je sentais que tous mes raisonnements restaient sans effet et que l'ennemi, qui me frappait et me roulait en tous sens, était une force brutale, incapable d'être attendrie. Ce sentiment de sa férocité aveugle m'oppressait durement.

Enfin Celui qui commande aux flots eux-mêmes me sauva. Harassé, demi-mort, je sortis de la terrible étreinte de la mer. Je gardai pendant quelque temps un souvenir pénible de mon aventure. Mais peu à peu la mer a repris pour moi ses charmes, qui ont chassé mes terreurs passées.

En ce moment je vogue sur ses eaux depuis dix semaines. Pendant ce long voyage j'ai pu étudier et admirer la variété de ses aspects, ses mouvements mystérieux et un peu la vie de ses abîmes. Ce matin même, elle nous offre un aspect tout nouveau, que je n'ai pas encore vu depuis que je suis à bord. Elle est calme comme un lac immense, dont on n'apercevrait pas les bords ; mais ses eaux semblent plus pesantes que celles d'un lac. Elles ont des ondulations très arrondies, peu hautes, larges, comme après une ébullition les eaux d'un vase immense. Sur ces ondulations, vastes et de directions diverses, dont la cause reste cachée, une brise légère passe en pinçant très légèrement la surface et compose de minute en minute une série presque infinie de jolis dessins. Tantôt c'est comme un grand filet aux mailles carrées, régulières, qui voudrait contenir le dos toujours remuant de la bête immense vivant dans les eaux. Puis les mailles du filet se rétrécissent ou s'agrandissent, prennent des formes oblongues ou triangulaires, suivant je ne sais quelles lois de statique océanique. Tantôt le grand tisseur, le vent, dont les coups d'aiguille sont si variés et si délicats, compose, en un clin d'œil, un grand manteau bleu, dont les rayures sont plus variées et plus finement exécutées que celles des étoffes étalées chez les marchands d'Oxford-Street, à Londres. Ici le tissu est rayé en long, là en petits ronds qui ressemblent à des marguerites ; puis il devient souple comme le meilleur drap d'Elbeuf : il se roule en petites volutes comme les étoffes à l'étalage de la *Belle Jardinière*. La main qui le ploie ainsi a plus de souplesse dans les doigts que l'employé de nos grands magasins.

Depuis deux heures que je suis sur le pont, j'ai vu déplier tour à tour, devant moi, une telle quantité et une telle variété de dessins, que mon imagination demeure éblouie par leur richesse et leur beauté, et que ma plume se refuse à les décrire. L'habile ouvrière que la mer, quand elle a pour la seconder l'aiguille légère et magnétique du vent ! De temps en temps le sillage de notre bateau, qui semble glisser sur ces eaux avec des souliers de caoutchouc, tant les mouvements sont légers, laisse sur les flancs de légers ris d'écume, qui, fouettés par la brise, produisent des embryons d'arc-en-ciel. Ces crêpelures blanches et ces petits rayons aux sept couleurs complètent les dessins des étoffes. Ce sont, comme autour des belles tapisseries d'Aubusson, les bordures délicatement travaillées qui parfont l'étoffe et lui donnent la perfection de son prix. A certains moments, les clartés blanchâtres de l'horizon au-dessus des eaux tranquilles me rappellent l'aspect de la Loire dans ses grandes crues, quand le fleuve s'étend sur la vallée et roule ses flots dans le grand lit blond de ses rives les plus distantes.

Un habitant du Canada me dit, quelques instants plus tard, qu'il croit voir le Saint-Laurent aux premiers jours d'hiver, alors que le froid a gelé ses flots mouvementés et que la neige ne l'a pas encore transformé en pleine blanche de Sibérie.

Un Suisse aurait pu me dire, une heure après, qu'il apercevait les eaux bleues de son lac de Genève. Voyez plutôt : dans les vagues, qui fuient sous la pression de notre bateau, quel bleu intense! L'azur du ciel en offre rarement d'une couleur si franche et si pure. Où donc est la main qui, depuis quelques minutes, a peint les eaux du Pacifique des mêmes couleurs et des mêmes nuances que les lacs les plus bleus de la Suisse? Elle a donc à sa disposition, dans ces immensités liquides, toutes les substances qui colorent et toutes les industries qui préparent les couleurs et les mettent en œuvre. Oui, parce qu'elle est la main du Tout-Puissant qui a fait les mondes.

VINGT-TROISIÈME LETTRE

New-York, 17 avril 1901.

Quand vous arrivez dans le port de New-York, un des plus beaux du monde par ses eaux et par son paysage, vous avez l'impression étrange que vous êtes chez un peuple jeune, audacieux, qui a poussé à l'excès toutes les puissances de l'industrie moderne. Ses bateaux-mouches sont grands comme des trois-mâts, ses hôtels, ses maisons de banques et de journaux sont des carrés énormes de quinze ou dix-huit étages, surmontés de jardins d'été ; aussi les clochers, qui datent de plus de quinze ans, écrasés par ce voisinage, ont un air tout humilié. Broadway, la rue du grand commerce, qui traverse la ville de l'est à l'ouest, est bordée de ces maisons gigantesques. Au premier abord vous êtes étonné et tenté de crier à la monstruosité. Mais quand, de dix à quatre heures, la foule se presse affairée dans cette large rue, l'œil s'accoutume à ces grandes maisons, qui ne lui semblent plus trop vastes pour contenir ces foules énormes.

L'impression s'adoucit, elle devient même agréable ; et quand vous allez dans la fameuse *cinquième avenue*, bordée d'hôtels-palais, rappelant tous les styles et toutes les époques, vous vous laissez gagner aux charmes d'une architecture hardie, variée, faite pour un peuple jeune, qui, dans quelques semaines, bâtit des palais comme il crée des usines.

L'Américain a le besoin de la grandeur : tout est immense chez lui. Les brasseries de Milwaukee sont les plus vastes du monde ; la bourse de Chicago vend plus de blé que toutes les bourses d'Europe ; les journaux de New-York ont plus de pages que ceux de Londres, qui en ont tant cependant. Aussi, à la fin des nombreuses affiches multicolores qui décorent les maisons de New-York et qui, pour le passant du pont de Brooklyn, se détachent comme des devantures de magasins, suspendues dans les airs, on distingue presque toujours ces mots : *The greatest of the world*, — le plus grand du monde — L'Américain, soit brasseur, soit coiffeur, soit dentiste, a toujours un *match* engagé avec ses collègues de l'univers entier : et il prétend les battre par la grandeur de son installation ou par le confortable de ses nouveaux procédés. Arrivé le dernier à la civilisation parmi les peuples, il a profité des expériences de tout le monde pour dépasser tout le monde. Il est même le grand essayeur, le grand lanceur des inventions des Européens : vapeur, électricité, téléphonie. Il a poussé ces inventions aux dernières limites de leur puissance.

Vous arrivez à Kansas-City, une ville moins vieille que vous et qui a déjà plus de 200.000 habitants ;

vous voyez courir dans toutes les grandes rues, longues de deux à quatre kilomètres, des tramways électriques. C'est en juillet : vous entrez dans un bar : des ailes de moulins en bois, mues par l'électricité, vous soufflent un vent rafraîchissant. Vous allez dans un hôtel : autour d'un hall central, quatre ou cinq ascenseurs électriques s'offrent à vous pour vous porter ou plutôt pour vous lancer jusqu'au quinzième étage. A Chicago, il y a jusqu'à treize de ces ascenseurs dans le *Freemason-house*. Du reste, l'électricité est distribuée dans les villes américaines comme l'agent principal de la lumière, du mouvement et de toutes les communications rapides. Voilà que la chute de Niagara en fabrique pour une partie des États-Unis. Avec l'électricité, qui est bien parmi les forces connues de la nature la plus merveilleuse, l'Américain semble vouloir maintenir en toutes sortes d'industries sa réputation du peuple le plus avancé et le plus entreprenant du monde. *The champion of the world*, comme il dit : *le champion du monde*.

Il n'est pas de mots plus souvent entendus aux États-Unis que ceux de *dollar* et de *money*. Ces deux mots semblent résumer toutes les préoccupations du Yankee. Si, depuis la découverte de la Californie et du Pérou, l'Europe a eu pendant des siècles les yeux tournés vers ces contrées comme vers le pays de la fortune, il est aussi resté dans l'esprit de l'Américain une fièvre comme naturelle de l'or. Le Père Abbé de la Trappe d'Oka me racontait qu'un *frère donné* de son couvent, ancien chercheur d'or, était de temps en temps saisi d'un besoin maladif et irrésistible de retourner à ses premières occupations.

Il partait et, pendant quelques semaines, il cherchait les précieuses pépites ; il en recueillait pour la valeur de 50 à 60 francs par jour et revenait dans le calme de sa solitude.

L'Américain demeure toujours chercheur d'or. Quand il est millionnaire et même milliardaire, il ne sait pas goûter le repos de la vie retirée, comme le Français. Il poursuit ses combinaisons pour devenir encore plus riche. Ce n'est pas qu'il soit avare : il donnera un million, deux millions, pour fonder un hôpital, une école, une bibliothèque, comme j'en ai vu à Chicago. Sa recherche de l'or est plutôt une sorte de dilettantisme d'un genre spécial. Il se plaît à déployer son habileté et ses forces pour lutter contre la concurrence, battre son adversaire et réaliser une fortune colossale, qui est un triomphe sur la nature et souvent sur les hommes. C'est ainsi que cette activité, poussée à outrance, a donné des fortunes immenses à des gens qui travaillent toujours : à Vanderbilt, le roi des chemins de fer ; à Pullmann, le roi des sleeping-cars ; à Mackay, le roi des mines ; à Hooks, le roi des huiles.

L'esprit de l'Américain a quelque chose de tendu qui sent l'effort d'une volonté puissante. L'origine de cette nation, formée d'exilés ou d'émigrés volontaires, obligés de se créer un sort à force d'énergie personnelle, explique en partie cette tension de l'esprit, toujours proccupé de faire fortune. Là-bas, sur les bords de l'Hudson, où cependant l'air est si pur et si agréable pendant l'été, on ne voit point de gens de loisir absolu. Les riches y travaillent plus que les pauvres. Quand les jeunes gens s'amusent, leur jeu est une lutte. Et quelle lutte : le foot-ball, le polo, la boxe! Quand, au Rugby-foot-ball, vous voyez les deux équipes de joueurs, divisés en groupes égaux, se ruer sur la balle, se bousculer, se peloter en tous sens, vous croiriez assister à un assaut de sauvages ennemis, qui s'attaquent à mort. Il y a comme des allures de chiens en bataille. Si on annonce un concours de boxe à Washington, les trains sont envahis par les curieux : cinquante mille, cent mille spectateurs viendront assister à la lutte. Voyez cette foule devant les lutteurs : l'œil en feu, elle suppute les chances de la victoire et engage des paris comme sur une course de chevaux. Le Yankee est tout entier dans sa volonté : employer ou voir employer l'énergie morale ou les forces physiques lui est une jouissance suprême.

Pour l'Américain, l'individu ne peut jamais disparaître dans la masse. Il doit se montrer partout et en tout : il marquera, par là, sa liberté. Chaque Yankee ne relève que de lui-même : il est pour lui son maître, sa petite république. Il pousse aussi loin que possible l'art de tout organiser pour son individu. Voyez une table d'hôtes dans un hôtel américain : on n'a pas une série de grands plats communs pour tous les convives et faits pour être portés à la ronde autour de la table. Non : le repas de *Willy* ne peut pas convenir à *John*, puisqu'ils ont un tempérament et un estomac différents. Chacun choisira son repas et le composera selon son goût et son caprice, en prenant quelques-uns de ces plats innombrables qui sont indiqués sur la carte. *John* commencera par un plat de fraises au lait, pour se rafraîchir l'estomac; *Willy* s'ouvrira l'appétit par un *cock-tail* au blanc d'œuf, à base de wisky. L'individualisme est souvent poussé jusqu'à l'excentrique. Pour agir selon ses besoins, c'est-à-dire, souvent, selon ses caprices, sans souci des convenances des autres, le Yankee se distinguera de tout le monde par ses allures. Les plus grands originaux du monde sortent de l'Amérique. Ils étonnent d'autant plus qu'ils ne rient guère et gardent un air sérieux dans leurs excentricités.

Nous autres, Français de cette fin du XIXe siècle, nous sommes blasés sur tant de choses, que notre curiosité trouve plaisir à voir les tours de force de tout genre que nous fournit le peuple des Yankees, de même qu'en littérature, depuis vingt ans, nous recherchons trop souvent ce qui est étrange et produit par des cerveaux névrosés.

Depuis quelques années aussi, nous sommes en France dans une sorte d'agitation fébrile, à la recherche des remèdes qui pourraient guérir nos souffrances politiques, sociales et économiques. L'Amérique, soit que ses défauts se perdent pour nous dans l'éloignement, soit que sa jeunesse nous présente réellement plus de choses à imiter, attire notre attention, plus qu'aucun autre pays, par le spectacle de sa vie exubérante. Beaucoup ne voient qu'un côté de sa civilisation hâtive, et ils l'ambitionnent pour notre France : l'industriel envie les procédés rapides de ses usines ; le cultivateur, ses cultures à la vapeur ; le journaliste, les procédés commerciaux du *New-York-Herald* ou du *Globe*. L'homme d'affaires voit devant lui, comme un modèle idéal, ce Yankee, dont les débuts ont été très modestes — vingt dollars souvent et de l'énergie — et dont les millions maintenant commandent les cours de la bourse de Chicago ou de New-York. Quel homme d'affaires merveilleux que ce tailleur rencontré par moi sur le bateau de Liverpool! Arrivé, vers 1866, en Amérique, avec cinquante dollars dans sa poche! il possède maintenant cinq millions de francs, gagnés par ses ciseaux et ses aiguilles. Là-bas, l'homme d'affaires, c'est tout le monde : depuis le roi des chemins de fer, Vanderbilt, jusqu'au maître d'hôtel qui commence par un bar à vingt-cinq centimes le cocktail (on ne descend pas au-dessous) et qui finit par construire un *Palace-hôtel* avec ascenseurs, music-halls, serres chauffées. Ce côté commerçant de l'Américain attire les regards d'une classe nombreuse de Français : c'est pour eux le roman de leurs rêves, réalisé au-delà de l'Atlantique.

Pendant longtemps, le goût des catholiques français pour les libertés d'Amérique était borné à une classe d'esprits, hardis, en beaucoup de points, regardés comme téméraires par leurs frères : les Montalembert, les Lacordaire et ce groupe de généreux écrivains, qui les premiers, sur le terrain de l'enseignement, se lancèrent à la conquête de la liberté. Beaucoup d'autres, attachés aux idées monarchiques et traditionnelles, qui n'avaient jamais vu l'Église séparée de l'État prospérer dans un pays bien organisé, regardaient les États-Unis avec crainte, comme capables de troubler les esprits en les entraînant à une imitation maladroite.

Le petit groupe des admirateurs de l'Église catholique américaine s'est augmenté, à mesure que s'est accru le catholicisme au-delà de l'Océan, et, il faut le dire, à mesure qu'ont grandi les persécutions tracassières, dont souffre l'Église de France depuis quelques années. Nous sommes comme des enfants qui portent envie à des frères plus heureux. La liberté de pratiquer sa religion et de propager sa foi, sans avoir à craindre les persécutions du pouvoir civil, quelle joie pour un bon catholique! Or, cette liberté fleurit des bords de l'Atlantique aux bords du Pacifique. L'Église s'administre, possède, fonde des écoles et des paroisses, sans être gênée par un gouvernement jaloux. Ses communautés naissent, se développent et se multiplient en pleine liberté. J'ai visité quinze des quarante maisons que le Bon-Pasteur d'Angers a fondées aux États-Unis; aucune ne paie d'impôts, même fonciers, parce que ces couvents, aux yeux de l'État, remplacent le gouvernement dans son devoir social envers les pauvres filles abandonnées. Même, dans le Bon-Pasteur de New-York, qui abrite plus de mille personnes, l'État paie la pension de trois cents enfants; il donne pour chacune cinq cents francs par an. Comment des religieux de France ne regarderaient-ils pas d'un œil d'envie leurs frères d'Amérique, marchant librement dans leurs œuvres, l'esprit uniquement occupé de leur sainte mission, sans avoir à se défendre des persécutions d'une franc-maçonnerie haineuse?

L'Église catholique en Amérique a suivi la marche des institutions humaines de ce pays; elle s'est étendue avec une rapidité qui tient du prodige. Au commencement du siècle, il n'y avait qu'un évêque aux États-Unis, Mgr de Caroll; aujourd'hui, il y en a plus de quatre-vingts. Il y avait quarante mille catholiques ; aujourd'hui, ils sont dix ou douze millions. Les chemins de fer, qui ont semé les villes des bords de l'Atlantique aux bords du Pacifique, ont semé en même temps des églises, autour desquelles se sont groupés les immigrants catholiques, arrivant d'Europe au nombre de soixante mille par an au moins. Puis, il s'est formé un clergé américain, entreprenant, ami de la liberté, simple en ses allures, mêlé au peuple, prenant part à la vie publique, dirigeant les meetings de charité ou de tempérance. Très respecté pour l'autorité divine qu'il représente, ce clergé prend la parole en public à toute occasion. J'ai vu en juillet 1895, Sa Grâce Mgr Corrigan, évêque de New-York, présider, dans le théâtre de Plattsburg, des séances du *sommerschool*, c'est-à-dire, des conférences littéraires et scientifiques à l'usage des gens de loisir des États-Unis. M. Bourget nous a décrit, dans des pages émues, une séance du Congrès des religions à Chicago : cette hardiesse toute américaine, qui en France serait une entreprise inconvenante.

En Amérique, l'Église vit d'associations, comme la plupart des autres institutions : associations pour posséder, pour enseigner, pour soutenir les œuvres. Les forces mises en commun donnent du courage à chaque fidèle, l'excitent au bien, l'entretiennent dans le zèle par la conscience qu'il a d'être membre d'une grande société.

Là-bas, les religieux et les religieuses ont cette audace dans le bien, qui est une marque de nationalité. *Go-ahead :* en avant! Tel semble être leur mot de ralliement. En 1871 l'incendie, qui dévora Chicago, avait détruit le couvent bâti par les sœurs du Bon-

Pasteur. Quelques jours après, la supérieure de ce couvent écrit à la mère générale d'Angers : « Le « Bon-Pasteur de Chicago a disparu en un instant, « comme un petit bout de papier qui allume la chan- « delle. Sœurs bien-aimées, consolez-vous, nous ne « sommes pas découragées. L'étoile de l'espérance « luit sur nos ruines. » Et, en religieuses américaines, elles ont, en quelques mois, rebâti un couvent plus grand que le premier. Déjà il ne suffit plus à leurs élèves. Elles en construisent un troisième, plus vaste encore, dans la banlieue de la grande ville.

Les États-Unis se peuplent d'émigrants européens, comme autrefois toute l'Amérique recrutait des nègres africains. J'en ai vu à Hambourg, au Havre, à Liverpool, par milliers, de ces pauvres Européens, délaissés de la fortune, qui, confiants en la Providence, s'embarquaient pour le Nouveau-Monde. Je les ai vus parqués sur l'entrepont des transatlantiques, réunis en familles allemandes, irlandaises, polonaises, italiennes, les yeux fixés vers cette patrie inconnue, où ils allaient chercher, sinon la richesse, du moins les moyens de vivre en travaillant. Eh bien, ces émigrants, une fois transportés sur le sol d'outre-mer, sont, au bout de deux ou trois générations, transformés en véritables américains. J'ai voyagé avec des fils d'émigrants allemands, qui ne parlaient plus qu'anglais. Ils faisaient, du reste, un métier bien américain : ils allaient *interviewer* les hommes célèbres de chaque ville, pour le compte de l'éditeur d'un grand dictionnaire biographique. Ils me montraient la photographie des hommes politiques de Denver et le manuscrit de leur autobiographie.

Permettez-moi de vous rapporter un exemple, pris dans l'ordre religieux, de l'esprit d'initiative qui s'empare des immigrants du Nouveau-Monde. En 1842, une jeune fille d'Angers, Mlle Porcher, la sœur du vénérable trésorier des écoles libres, arrive en Amérique à l'âge de vingt-trois ans, accompagnée de trois religieuses. Elle est timide ; elle ne sait pas la langue du pays. Mgr Flaget, le saint évêque de Barstown, qui l'a fait venir, s'effraie de sa jeunesse et de sa timidité. Mais voilà que la douce Angevine et ses compagnes se mettent à l'œuvre : elles fondent un couvent à Louisville, un autre à Saint-Louis. En quarante années, elles deviennent les chefs de nombreuses familles religieuses, qui s'étendent sur toute la surface des États-Unis. Il règne dans ces grands couvents, une activité, une confiance dans l'avenir, une hardiesse dans les entreprises, qui nous étonnent, nous autres Européens. En décembre dernier, les filles religieuses de la Mère Marie-des-Anges Porcher entraient dans un couvent immense nouvellement bâti dans la banlieue de Saint-Louis.

On parle souvent en France du sens pratique de l'Américain. En effet, il y a peu de métaphysique dans l'instruction du Yankee ; les Universités, très bien rentées, ont peu d'élèves : celle de Washington n'en avait pas cent l'année dernière. Les diplômes de docteur en droit, en médecine, ès lettres, ès sciences, s'obtiennent trop facilement et un peu partout, même dans les collèges d'enseignement secondaire, décorés du titre pompeux d'*Universités*. Il y a même des pensionnats de jeunes filles, qui s'appellent *Académies*. Le jeune Américain apprend les affaires : dès l'école, il est initié au mécanisme de la lettre de change et du chèque. Celui qui se destine à l'industrie se livre tout enfant à l'étude de la mécanique. Aussi l'Américain est-il facilement intéressant quand il parle de ce qu'il possède si bien : des moyens de faire fortune, du commerce ou de l'industrie.

C'est plutôt à la femme qu'est dévolue l'instruction théorique et désintéressée des lettres. L'Américaine lit beaucoup de romans, de récits de voyages ; elle apprend les langues étrangères. Jeune fille, elle parcourt le monde, souvent toute seule. Mariée, elle garde la maison et dépense dans son intérieur les richesses qu'amasse son mari.

Il n'est pas étonnant que les romans français de nos jours, à la recherche de curiosités humaines, se soient emparés de l'Américain. Ils l'ont exploité dans toutes les variétés de ses goûts et même de ses excentricités. Ils l'ont montré chez lui dans la fièvre de ses entreprises hasardeuses, passant de la pauvreté à la fortune et toujours travaillé par l'amour de l'or. Ils l'ont suivi en dehors de son pays, à travers la vieille Europe, qu'il étonne par l'indépendance de ses allures, par l'étrangeté de ses goûts et par le dédain des vieilles formes de vie sociale, que nous devons à nos traditions. Nos romanciers en ont-ils peint de ces Yankees, amis d'aventures, qui sur leur yacht de plaisance passent l'Océan, comme le Parisien traverse le boulevard, et qui font le tour du monde en quête d'aventures! Avant et après la Bettina de l'abbé Constantin, en ont-ils présenté de ces jeunes Américaines, riches, hardies, entrant dans nos sociétés toujours un peu étonnées, avec des allures de conquérantes, et payant leurs caprices avec les millions gagnés par leur père, qui fait le commerce des blés ou des porcs à Saint-Louis ou à Chicago! Il est vrai que le roman exprime souvent le rêve des imaginations : or, depuis trente ans, que de barons allemands, que de princes italiens ou de pairs d'Angleterre, ruinés ou embarrassés dans leur fortune, ont rêvé et réalisé le mariage avec la jeune et riche Américaine!

Malgré l'enthousiasme changeant des Français pour les choses d'Amérique depuis cent ans, nous devons reconnaître que l'Américain et son pays ont peu donné à notre civilisation, en comparaison de ce qu'ils ont reçu de l'Europe. C'est toujours du vieux monde, c'est-à-dire, de celui où, depuis des siècles, l'homme pense et travaille, que part le plus de lumières et d'idées bienfaisantes. Nous avons reçu nos arts, comme notre religion, du vieil Orient ; et ces arts ont suivi et suivent encore la marche du soleil : ils s'en vont de chez nous éclairer l'Occident d'outre-mer. Pour la civilisation, nous demeurerons toujours les fils de l'Orient. L'Attique, plus petite que le moindre des états de l'Union, a plus fait pour les arts que tout le nouveau monde.

Cher ami, quand vous voudrez faire un voyage riche en impressions esthétiques, qui excite l'imagination, meuble l'esprit de pensées profondes, ne prenez pas le Central-Pacific-Railway. Pendant six jours et six nuits vous traverseriez, en wagons aménagés avec le confort d'hôtels ambulants, des prairies sans fin, où se détachent à peine sur l'horizon quelques villages formés de maisons en bois peint, construites d'hier ; la monotonie vous endormirait. Allez plutôt à Athènes, prenez la voie sacrée, qui va de l'Acropole à Éleusis. Elle n'a que dix ou douze kilomètres. Mais elle traverse le Céphise, illustré par Platon ; le bois de Colone, chanté par Sophocle ; les champs d'Éole, où, dit la légende, Triptolème a reçu de Cérès le grain de froment. Tout le long de la route, vos regards se heurtent à des fragments de marbre, qui parlent de grands hommes et de grands événements. En face de vous s'élève Salamine, que dominent l'ombre de Thémistocle et le souvenir des vers d'Eschyle. Vous aurez plus de pensées fécondes, plus d'images belles et agréables pendant vos deux heures de route, que pendant les six jours d'express aux États-Unis. Dans le voyage d'Athènes à Éleusis, c'est toute la Grèce qui s'éveille en vous et qui vous présente les modèles immortels des arts les plus parfaits de l'humanité : c'est Platon et Aristote, qui dominent encore notre philosophie ; c'est Eschyle et Sophocle, que nos poètes tragiques n'ont jamais dépassés ; c'est Démosthène, que tous nos grands orateurs ont imité, sans le pouvoir égaler. Le Parthénon excite et enchante votre pensée par le simple effet de son nom, qui vous rappelle je ne sais quels souvenirs agréables. La lumière violette, qui entoure la baie de Salamine, donne aux choses une teinte douce et mystérieuse, admirablement adaptée à vos rêves poétiques. L'horizon restreint montre tous les objets proportionnés à la taille de l'homme.

L'Amérique n'a produit ni un Sophocle ni un Phidias : elle ne présente point le charme des arts. Cependant on ferait une bibliothèque immense des livres qui ont été écrits sur le nouveau monde. C'est qu'e l'attrait de l'au-delà est un des plus puissants et des plus difficiles à satisfaire. Qu'y a-t-il au-delà de l'Océan ? Notre imagination s'excite, surtout quand on a dit qu'un peuple, né d'hier, enfante des merveilles d'industrie, telles que nous n'en avons jamais imaginées de ce côté-ci de la mer.

Quand nous étions enfants, nos mères vendéennes nous racontaient que nos grands-pères, les soldats vendéens, avaient passé l'eau (entendez la Loire). Il nous semblait qu'ils étaient allés dans un autre monde, plein de choses extraordinaires, appelé, du reste, par eux d'un nom étrange, *la Galerne*. Nous étions avides de récits sur ce pays mystérieux. Or, nous sommes toujours des enfants à l'égard des régions lointaines, à l'égard de l'inconnu. Nous aimons à entendre raconter ce qui se fait au-delà de l'Océan.

Cher ami, je vous ai parlé de grands-pères : les Américains semblent n'en point avoir ; la plupart datent d'hier en Amérique. Ils n'ont donc pas de traditions Or ce sont les traditions qui ont civilisé tous les peuples. Les arts de la Grèce ont vécu de traditions : Théocrite se faisait encore l'élève d'Homère. Rome, dans sa puissance, vivait des lois et des coutumes des premiers Quirites ; le camp des légions de César reproduisait, dans les forêts de la Gaule, la forme primitive de la Rome des rois. Nous autres Français, nous devons nos meilleures qualités à la formation traditionnelle de nos mères. L'esprit et le goût français ne sont que le fruit de l'enseignement séculaire des fils par leurs pères ; enseignement qui, vivifié par le christianisme, est plus apte à former notre esprit et à développer notre goût que toutes les curiosités et les choses étranges des pays nouveaux.

Quand les Bretons vont en pèlerinage à Saint-Jean-du-Doigt, le prêtre fait passer sur les yeux des enfants la relique du saint, renfermée dans un doigt d'argent. La légende dit qu'après cela les enfants voient le monde dans un jour riant et agréable. Eh bien, la tradition chrétienne de nos mères est comme le doigt de saint Jean sur les yeux de notre âme; elle leur donne la vertu de voir les hommes et les choses dans la lumière pure du christianisme et de ses bienfaisantes traditions.

VINGT-QUATRIÈME LETTRE

Océan Atlantique. — *La Lorraine, 19 avril 1901*

Cher ami,

Je suis depuis deux jours en France, puisque le bateau qui m'emporte, *la Lorraine,* est sous nos couleurs nationales et que la langue parlée autour de moi est celle de notre beau pays. Aussi me semble-t-il que je suis arrivé : six jours de traversée ne sont plus rien, après les deux mois de mer que j'ai enregistrés depuis mon départ de Marseille. Le cœur est à la joie, parce qu'il vit déjà avec les amis d'Angers et dans les occupations aimées, qui ont rempli ma vie et qui m'attendent encore. Puis, de temps en temps, une pensée de tristesse profonde s'empare de moi ; je ne puis échapper à la comparaison qui s'impose entre les pays que j'ai visités dernièrement, libres et florissants, et ma pauvre patrie livrée aux violences des ennemis de la religion. Tout le long de mon voyage, j'ai rencontré des amis de la France, que quelques-uns appelaient le cœur de l'Église ; ils me demandaient, avec une affection touchante, pourquoi la France se laissait de plus en plus distancer par les autres nations pour le commerce, pour l'influence ; pourquoi elle se faisait persécutrice de la religion qui l'avait glorifiée. Fatigué de répéter les mêmes réponses, à la fin je me contentais de me lamenter avec mes interloculeurs.

Mais maintenant que je rentre au milieu des agitations politiques et des cris de guerre lancés contre nous, je me reporte, malgré moi, vers les libertés que j'ai vues en Australie, en Nouvelle-Zélande, en Amérique. Les peuples jeunes ont le respect de la religion, de la loi de Dieu qu'ils observent dans leurs règlements sur le repos du dimanche. En beaucoup d'endroits, ils subventionnent les couvents de charité. L'État de New-York entretient plus de cinq cents petites filles dans les maisons du Bon-Pasteur. Est-ce que nous allons être la seule nation qui reniera Dieu et rejettera ses missionnaires ? Mais je ne veux pas m'abandonner inutilement à ces pensées de tristesse. Je vous donnerai seulement quelques-unes de mes impressions sur la dernière partie de mon voyage. Sur une page égarée dans mon carton, et qui manquera à la collection de celles que j'ai envoyées, je vois que j'en étais resté à Honolulu, à l'établissement des lépreux.

D'Honolulu à San-Francisco, la paix de ma cabine fut troublée par l'invasion de deux passagers américains, hommes d'affaires, qui étaient venus, avec deux cents de leurs compatriotes, établir *deux loges maçonniques* aux îles Hawaï. Quelques-uns étaient accompagnés de leurs femmes et de leurs enfants. Mes deux compagnons, l'un de Boston et l'autre de Chicago, furent très polis à mon égard : les Américains ne connaissent ni la morgue ni la réserve de certains européens. — « Mon nom est Morton, me dit tout d'abord l'homme de Boston, en me tendant sa carte ; « quel est le vôtre ? D'où venez-vous ? » — Je lui répondis de façon à le satisfaire. Il me dit aussi le nom de l'homme de Chicago et me vanta ses qualités. Je m'aperçus bientôt que ces louanges étaient méritées. L'homme de Chicago était même plus distingué et plus agréable que celui de Boston. Il réunit plus de qualités physiques et morales, propres au type américain. Maigre, élancé, les traits accentués, il présentait l'expression d'un homme de volonté, capable de faire son chemin dans les affaires. Il m'expliqua qu'il représentait une maison de commerce, qu'il n'était pas marié et se préparait à faire un tour en Europe.

Mais son titre de *Shriner* m'intriguait. Je lui demandai des explications sur cette secte, dont les allures avaient effrayé les meilleurs catholiques et les missionnaires d'Honolulu. L'évêque de cette ville m'avait dit que les *Shriners* avaient installé deux loges franc-maçonnes dans sa ville, avec accompagnement de cérémonies étranges, sentant l'Islam. Ils portaient dans les rues le fez et des vêtements propres aux musulmans. Ils s'étaient promenés à la file indienne, tenant tous une longue corde, comme les enfants de certaines classes d'asile. Ces cérémonies attristaient les missionnaires, qui dans les confessions de Pâques, ne voulurent pas admettre les fidèles coupables d'avoir pris part aux cérémonies musulmano-maçonniques : « Tu as été à la corde », disaient-ils aux délinquants. *Le péché de la corde* avait, du reste, très mauvais renom près des bons catholiques. Il leur semblait ajouter le grotesque à l'odieux d'une défection.

Mon Chicagotin me dit que, des deux loges installées, l'une contenait soixante-dix et l'autre quarante membres ; que des émissaires étaient venus d'Amérique préparer d'avance les prosélytes ; que le voyage des deux cents *Shriners* était à la fois un pèlerinage et une promenade d'agrément. Ils avaient profité de cette occasion religieuse pour visiter les îles Hawaï. Comme ils portaient tous des décorations, je m'informai de leur signification. Mon homme m'apprit que leurs rubans étaient l'insigne du pèlerinage actuel ; les médailles formaient l'insigne spécial des *Shriners*. Au centre d'un croissant en or, orné de pierres précieuses, était suspendue une figure de dromadaire également en or. Le tout avait coûté au Chicagotin trois cent vingt-cinq francs. A sa montre il portait, en guise de breloques, une sorte de croix de Malte en or, sur laquelle on observait un arc dominant un siège, « emblème de la chaire du chef », me dit le *Shriner*. Sur l'or se détachait, en bleu, le chiffre 32. Mon compagnon était franc-maçon du 32e degré. Il m'expliqua que très peu étaient du 33e et que les places de ce degré étaient limitées ; il faut que la mort fasse des vides pour qu'on puisse y atteindre. Je lui demandai quelles conditions il fallait remplir pour être *Shriner*. « Il faut être, me dit-il, dans des conditions de bonne moralité, avoir une réputation intacte. » Le brave homme ne pouvait guère faire autrement que louer sa confrérie. Mais il se montra un peu naïf et peu instruit sur les dernières fins de son association, quand il me dit qu'il n'y avait que les Juifs parmi les Européens à ne pouvoir faire partie des loges, parce qu'ils ne croyaient pas au Christ : « car, me dit-il, nos chefs des degrés supérieurs doivent faire serment de croire au Christ ».

Sur le pont du *Ventura*, un troisième *Shriner*, de l'État du Montana, vint s'asseoir auprès de moi, et, sans plus de cérémonies, se mit à rouler ma couverture autour de mes pieds pour les garantir du vent, et, après m'avoir dit son nom et demandé le mien, m'exprima son désir de s'entretenir avec un prêtre français : « J'aime bien, me dit-il, parler de toutes choses, en particulier de choses religieuses avec les Pères catholiques. J'ai, du reste, un frère et une belle-sœur catholiques. » Puis le voilà lancé dans des explications sans fin sur ses affaires, sa famille et surtout sur l'association des *Shriners*, qui sont déjà, selon lui, cinquante mille en Amérique, trois mille à Chicago. Le propriétaire de notre bateau est *Shriner*. Mon homme prétend qu'il y a des catholiques parmi eux. Puis il me parle des ouvriers du temple de Salomon, premiers membres de la franc-maçonnerie. Ces vieilleries m'intéressaient moins que les particularités des *Shriners*. Il était, lui aussi, franc-maçon du 32e degré. Je fus vivement attristé à la pensée que tant de gens simples étaient ainsi enrôlés par des chefs pervers, qui conduisent leur armée à la démolition du christianisme.

L'homme est plein de contradictions. L'Américain croit avoir rejeté toutes les distinctions de classes de la vieille Europe, distinctions qui, selon lui, blessent l'égalité des hommes. Or nulle part on ne trouve autant qu'en Amérique de médailles, de rubans, de boutons de toutes couleurs fixés à l'habit des hommes et même des femmes, indiquant que le décoré se distingue de la foule et qu'il appartient à telle ou telle société. Chacun veut être membre d'une confrérie qui le fasse sortir du vulgaire. Étant donnée l'habileté du diable à introduire des points de sa doctrine, destructive du christianisme, dans les règles des sociétés secrètes, on comprend les défiances de l'Église devant cette efflorescence d'associations américaines. Il y a quelques années, le cardinal Gibbons publia un opuscule pour combattre les principes d'une très puissante association de travailleurs.

Chez nous, la Révolution a tué les corporations. Sous le faux prétexte d'affranchir l'individu, elle l'a livré sans défense à la merci de la concurrence et à la brutalité du plus fort. Dans la républicaine Amérique l'effort individuel centuple sa force par l'association, qui existe dans tout ordre de travaux. On ne trouverait nulle part actuellement plus de corporations de travailleurs qu'aux États-Unis.

A bord de La Lorraine, le 21 avril. — J'ai traversé les États-Unis de l'ouest à l'est, de San-Francisco à New-York. Pendant quatre jours et quatre nuits, je suis resté, sans fatigue, dans ces *Pullmann-cars* qui sont comme de petits hôtels ambulants, pourvus de bons lits pour la nuit, de cuisine et de buffets renouvelés tous les jours, de salons de lecture et de toilette, d'eau glacée et de journaux. A la monotonie sévère de l'Océan avait succédé pour moi le spectacle toujours changeant de campagnes, de villes, de fermes, extrêmement variées dans leur aspect. A voir défiler devant la fenêtre de son wagon les œuvres de Dieu et des hommes mêlées ensemble, l'esprit est sans cesse excité et entraîné vers des réflexions nouvelles. Sur la mer, il peut être affecté plus profondément, mais ses impressions sont plus monotones. Ici il passe plus vite d'une réflexion à l'autre, du gai au triste, avec la rapidité des spectacles qui s'offrent à lui.

San-Francisco, vu de la mer, m'est apparu, dès le matin, dans la splendeur, légèrement voilée par la brume, d'un beau soleil d'Orient. Je songeais à Constantinople vu du Bosphore. La barre qui garde la baie, est dangereuse, dit-on ; plus d'un bateau s'y est brisé. Nous l'avons passée avec précaution. Du port, les maisons vous apparaissent énormes, échelonnées sur une série de collines. En effet la plupart des grandes rues se terminent par une montée aboutissant à une falaise. On se sent tout de suite dans une grande ville d'affaires, telles que seule en possède l'Amérique. Des banques, des hôtels, des offices, des tramways électriques dans toutes les directions vous font souvenir de New-York. Descendus à l'hôtel Occidental, nous sommes, dès le premier instant, l'objet d'attentions toutes particulières. Le propriétaire dit aux deux religieuses qui m'accompagnent qu'elles sont ses hôtes et qu'en cette qualité elles n'auront rien à payer pendant leur séjour dans sa maison. Puis, faisant venir Patt (abréviation de Patrick), son cocher, il lui ordonne de se mettre à la disposition des bonnes sœurs, et de s'occuper de leurs repas et de leurs bagages. Et le brave Patt fit comme il en avait reçu l'ordre. Les religieuses furent aussi étonnées que touchées.

On sent la richesse de la Californie en tout ce que l'on visite à San-Francisco. L'église Saint-Ignace des PP. Jésuites et leur maison de résidence sont d'un luxe peu ordinaire. La maison se compose de deux beaux hôtels juxtaposés, et l'église, avec ses deux tours, son grand vestibule, sa vaste nef à caissons dorés et à peintures à fresques, rappelle les plus décorées des chapelles romaines. Le sanctuaire surtout est d'une richesse un peu fastueuse : le marbre, les candélabres, les grilles sculptées, tout respire la richesse et le luxe. Les confessionnaux eux-mêmes, tout le long des bas-côtés, avec leur bois bien travaillé et leur lumière électrique, semblent trop beaux et trop décorés pour recevoir ce qui est essentiellement laid, les péchés des hommes.

Quand je quittai San-Francisco, à dix heures du matin, j'éprouvai le sentiment que je quittais l'un des coins d'Amérique les plus favorisés par Dieu. Quelle belle lumière d'avril répandue sur la ville et faisant miroiter, comme des flots d'argent, les vagues de la rade doucement soulevées par la brise! Je ressentis une impression de jeunesse, que ne peuvent donner nos plus belles journées de printemps en France.

Nous avons moins de lumière, moins de vie et moins de puissance de végétation dans la nature. Ici des milliers d'oiseaux volent sur les vagues ou courent sur les grèves. Le long de la baie, s'arrondissent des collines verdoyantes où les villas abondent, signe de la richesse du pays.

Pendant tout le jour, ce fut un enchantement des yeux à travers ces plaines de la Californie, dont la terre, un peu noire, semble porter sans travail les végétations et les cultures les plus variées. Les prairies y étaient vertes. Des fleurs d'un rose tendre ou d'un jaune de jonquilles y formaient des bouquets immenses, agréables à contempler. Plus loin des oseraies aux chatons déjà verdissants, ou cotonneux et jaunissants, me rappelaient la vallée de la Loire au printemps. Mais ici on trouve tous les arbres et tous les fruits. La vigne s'allie à l'olivier, l'oranger est près du pommier, le figuier rivalise de fertilité avec le poirier ; les fruits de ces arbres sont, en général, d'une taille et d'une saveur qu'ils n'ont point ailleurs. Certaines oranges y sont deux fois grosses comme celles de Valence et plus succulentes que celles d'Algérie.

En traversant ce riche pays, j'étais triste malgré moi ; je songeais au mien. Dans ce siècle de communications rapides, où la concurrence s'établit en toute sorte de commerce, la richesse de cette contrée est une menace pour l'agriculture de la France. Comment le petit champ français, travaillé si péniblement par les bras du fermier, pourrait-il rivaliser avec les plaines immenses de la Californie, où les charrues, les herses, les semoirs et les faucheuses à vapeur font plus de travail en un jour que tous les laboureurs réunis d'une commune de mon pays ? Je sentais que cette fertilité du sol que je traversais, la grande industrie qui le travaillait, le beau soleil qui le fécondait, étaient autant d'ennemis des paysans français, parmi lesquels j'avais passé mon enfance. La crise agricole de France, la misère croissante de nos campagnes, se présentaient à mon esprit avec une vivacité qui m'accablait de tristesse malgré moi. De la joie des yeux naissait une tristesse profonde du cœur. Hélas ! c'est souvent ainsi dans la vie.

L'avouerai-je ? Je fus presque content de sortir de cet *eldorado* qu'est la Californie, pour entrer en des régions plus pauvres, moins dangereuses, semble-t-il, pour l'agriculture française. En tout cas, mon âme ne fut plus obsédée de pensées de tristesse ; elle se contenta d'admirer les grandes œuvres de Dieu dans les montagnes et les neiges de la Névada. Pendant de longues heures, nous grimpons le long des pentes tournées du côté de la Californie, au-dessus desquelles on aperçoit une série de pics neigeux. Arrivés au sommet, nous changeons, semble-t-il, d'hémisphère. Nous étions dans la chaleur et la splendeur du printemps ; nous entrons dans l'âpreté de l'hiver. Les arbres n'ont plus de feuilles ; l'herbe, quand elle n'est pas cachée par la neige, est jaunie et brûlée par le froid. Le paysage est grandiose mais austère. Pendant trente-six heures, nous voyageons dans les neiges, apercevant, de distance en distance, des lacs et des rivières, bien jolis dans leur solitude où ils n'ont pour les admirer que les voyageurs trop pressés des *Pullmann-cars*. Pendant longtemps, trop longtemps, le train roule caché dans une sorte de tunnel en planches, fait pour le protéger contre les tourbillons de neige. Les fissures laissent voir ici et là le paysage blanc. Quelquefois, grâce au soleil reflété par la neige, c'est comme un jet de lumière électrique qui vous éblouit. Ailleurs vous apercevez. suspendues aux planches, des stalactites de glace, qui brillent sous un rayon glissant entre les planches.

Après la Sierra Névada, nous entrons dans le grand désert d'Amérique, où pendant vingt heures peut-être, nous n'apercevrons que des plaines et des collines sans arbres, sans habitations, couvertes seulement de hautes herbes jaunes et de buissons sauvages. Ce désert précède, comme un champ de désolation, le grand lac salé sur les bords duquel les Mormons, repoussés par les Américains, ont établi, à force d'énergie et de persévérance, leur capitale, *Saltlak-City,* qui compte maintenant plus de cinquante mille habitants. L'étrange chose que l'histoire de ces Mormons qui, à la voix d'un jeune homme se disant illuminé, vont fonder un état de civilisation contre nature, mêlé de pratiques mystiques, et qui parlent du Christ et des apôtres avec l'onction de religieux fervents ! Leur doctrine est mauvaise, mais comme ils ont beaucoup souffert pour leur foi, ils y sont fortement attachés. Je lisais hier, dans un journal, que deux *apôtres* mormons partaient ces jours-ci en mission, l'un en Europe, l'autre au Japon. Ces *saints des derniers jours* (c'est le nom qu'ils se donnent) ont construit leur ville de telle façon que les monuments religieux y ont la première place. Vingt mille personnes peuvent se réunir dans leur principal temple.

Je ne connais rien au monde qui évoque plus facilement des idées et inspire plus vivement des impressions variées que le spectacle de la nature, même quand elle est vue à la vapeur, par la fenêtre d'un express. Je voudrais pouvoir reproduire la longue série de mes pensées et de mes impressions, telles qu'elles naissaient en moi, quand, pendant quatre jours, je traversai les plaines immenses de l'Amérique du Nord. Mais hélas! c'est impossible. Il m'aurait fallu un phonographe plus délicat que ceux de l'industrie moderne, pour enregistrer les vibrations de l'esprit et du cœur, au passage, devant mes yeux, des beautés de la nature et des constructions des hommes. Dans les prairies du Far-Ouest, les hommes ont semé leurs petites habitations le long des lignes de chemin de fer, pour trouver une protection plus facile et pour expédier plus commodément les produits de leurs travaux. Mais qu'elles sont petites ces taupinées de fourmis humaines, formées ici et là, le long des voies ferrées, dans les prairies sans limites des États-Unis! Quelques planches apportées par le train et liées ensemble font les murs et le toit de la plupart des habitations. Je crois que dans le monde entier il y a plus de maisons en bois qu'en pierres. Comme l'homme change facilement ses idées suivant ce qu'il voit! J'ai entendu des Américains proclamer la maison en bois bien supérieure à la maison en pierres, parce qu'elle serait, selon eux, moins froide et moins humide,

J'avais vu aux Indes des hommes figés dans les

idées et les pratiques séculaires d'une civilisation plus vieille que l'histoire. En Nouvelle-Zélande, aux îles Samoa et Hawaï, j'avais rencontré des sauvages, vivant en dehors de toute civilisation, dans un état que n'avaient modifié ni la science, ni l'industrie. Dans les plaines de l'Amérique, je voyais le premier établissement sur un sol vierge des peuples venus là avec tout l'appareil d'une civilisation poussée jusqu'aux derniers raffinements de l'industrie. Du premier coup, ces hommes nouveaux, établis dans ces plaines, malgré la simplicité de leurs maisons de bois, dépassaient, pour les avantages de la vie, et les vieux hindous et les primitifs sauvages.

Une éolienne, à côté de chaque maison, me disait que l'habitant savait se servir de l'industrie pour l'agrément et l'utilité de son domaine. A presque toutes les stations, j'apercevais quelques engins ou instruments de fer destinés aux mineurs, à ceux qui brisent la pierre et en extraient l'or et l'argent, à ceux qui clarifient et recueillent l'huile minérale, à ceux qui exploitent le charbon caché en couches épaisses sous les champs des États-Unis. Les instruments de l'industrie humaine, semés ainsi le long de la voie ferrée, ne permettaient point d'oublier qu'en Amérique l'homme est toujours au premier plan.

Toutes ces maisons en bois, construites le long du chemin de fer, m'inspiraient bien des pensées diverses. Une de ces pensées, la plus habituelle peut-être, était celle-ci : « D'où viennent les gens qui ont établi leurs demeures dans ces solitudes ? De quel point de notre vieille Europe sont-ils partis ? Quels rêves de fortune ou quels événements domestiques les ont enlevés à leurs villages pour les pousser jusqu'en ces plaines américaines ? Je savais que des Allemands, des Irlandais, des Polonais, des Italiens, par milliers, traversaient chaque année l'Atlantique, et venaient chercher ici le bonheur qu'ils ne trouvaient point chez eux. En passant devant ces fermes bâties à la hâte, devant ces villes embryonnaires aux rues boueuses et sans macadam, plantées en pleine prairie de l'ouest américain, je me représentais quelques-unes des scènes qui avaient dû se dérouler dans ces familles au début de leur séjour. L'isolement devait être bien dur. Les rêves dorés, entrevus dans les brumes de l'Allemagne, avaient peut-être bien vite perdu de leurs charmes devant les tristesses de l'austère réalité.

Ici vous apercevez un groupe de têtes blondes, aux yeux bien bleus, qui vous font songer aux peuples scandinaves ; bien sûr leurs pères sont venus du Danemark, de la Suède ou de la Norvège. Ailleurs, dans les villes principalement, des cheveux noirs, des yeux noirs, des figures bronzées d'enfants moins robustes que les blonds, vous apprennent que l'Italie a envoyé ici une colonie de Napolitains. Les Allemands et les Irlandais s'établissent volontiers dans les campagnes où ils créent des fermes et élèvent des bestiaux. La paysanne venue d'Irlande est heureuse, quand elle est assez riche pour acquérir quelques vaches et acheter une *baratte* en bois pour faire du beurre. L'Irlandais est, dit-on, le plus grand mangeur de beurre que l'on connaisse. En cela il se rapproche du Breton son frère, et du

Vendéen, son ami. Il serait curieux d'étudier l'origine de ce goût commun et peut-être ses effets sur le tempérament de ces peuples qui ont tant de traits de caractère semblables.

L'Italien reste habituellement dans les villes, où il se charge des travaux de terrassement, qui semblent pourtant bien durs pour ses membres délicats. Il est vrai que les plus faibles, parmi les Italiens, chercheront un emploi dans les échoppes de barbiers ou dans les magasins de fruits et de fleurs. Chicago a peut-être 800.000 Danois et Allemands et 200.000 Italiens. On trouve également des villages entiers qui ont été transportés de Pologne en Amérique ; ils forment immédiatement des paroisses catholiques.

Ce nouveau monde est comme un immense creuset dans lequel s'amalgament très vite les nations. Au bout de deux générations, la langue apportée d'Europe est complètement oubliée. Les petits enfants ne parlent plus que l'anglais-américain. Comme ces émigrants sont une sélection de gens énergiques, qui ont préféré l'exil à la misère, leurs qualités de décision et d'audace, en se transmettant à leurs enfants, maintiennent, dans le peuple américain, un niveau peu ordinaire de ces vertus qui font les inventeurs et les entrepreneurs en tout genre d'industrie. L'Américain semble toujours penché sur une idée nouvelle qui, si tout est bien ordonné, révolutionnera une branche du commerce ou une institution sociale. Il aime le nouveau. Persuadé que les inventions doivent servir à augmenter la puissance de l'homme et à diminuer son travail, il met immédiatement en pratique la théorie de l'inventeur.

L'Amérique est le pays du monde où l'électricité a ses applications les plus variées et chez le plus grand nombre de gens. Le téléphone est installé jusque dans les maisons de moyenne apparence ; la lumière électrique est prodiguée plus que le gaz chez nous. Un simple couvent du Bon-Pasteur possède une machine à vapeur pour créer sa lumière électrique.

New-York était pour moi une vieille connaissance. J'y avais séjourné, il y a six ans. La première impression que vous donne une ville, un pays nouveau, est toujours une saveur qui ne se retrouve plus quand on les revoit une seconde fois. On ne peut faire revivre les plaisirs délicats du premier voyage, pas plus qu'on ne peut faire renaître les impressions de son enfance. C'est une infirmité et une impuissance de notre nature qu'il est amer de constater. Nous nous étendons, si je puis dire, de toute la longueur de notre être, pour ressaisir des plaisirs qui nous avaient enchantés dans telle ou telle visite, dans telle ou telle promenade ; il nous est impossible de les atteindre. L'impression de la première vue des choses est perdue pour nous. Nos joies les plus délicates ne se répètent pas. Les unes succèdent aux autres, mais les dernières n'ont jamais la fraîche délicatesse des premières.

Depuis l'annexion de Brooklin, la capitale des États-Unis compte plus d'habitants que Paris ; bientôt elle surpassera Londres. Elle en a aujourd'hui trois millions et demi. Ses maisons augmentent leurs étages. L'une en a jusqu'à vingt-cinq. Il faut le jeu rapide de nombreux ascenseurs pour desservir de pareilles tours de Babel. La *cinquième avenue* s'embellit encore d'hôtels construits sur le modèle de nos châteaux, et Broadway augmente ses banques et ses maisons de commerce.

24 avril 1901. — Cher ami, ce sont les dernières lignes que j'écrirai à bord. Je vous les enverrai de France. Cette pensée me semble très douce. A force de rouler, je suis fatigué de l'*inconsistance* de mon *home* toujours provisoire. J'ai besoin de fixité. Le pauvre *moi*, qui dépend beaucoup des objets d'alentour, est tout étourdi par le perpétuel changement. Pour se ressaisir dans le tourbillon des choses qui passent devant lui, il est obligé de se laisser aller aux rêves du passé. Il est vrai qu'alors ce passé l'envahit avec une force extraordinaire. Je n'ai jamais tant vécu avec les personnes aimées de ma vie d'autrefois que pendant ce long voyage. Très souvent, je ne pouvais m'arracher à leur pensée, à leur vision qui devenait comme un cauchemar. J'ai compris qu'à mon âge la pente naturelle de l'âme est de se reporter en arrière, du côté où il y a le plus de soleil, le plus de joie, le plus de figures bienveillantes. Les rêves d'avenir sont finis, ces beaux rêves qui, autrefois, avaient pour objet la fondation de Saint-Aubin, son peuplement, les diplômes de ses étudiants. Je ne m'étais pas aperçu que je vieillissais, tant que ma pensée s'en allait d'elle-même vers l'avenir. Maintenant sa pente naturelle est vers le passé ; c'est le signe de la vieillesse. Mes pauvres cheveux blancs auraient dû m'en avertir. Mais, par une grâce de Dieu, leur voix n'était pas assez forte, parce que je ne me sens pas, dans mes forces et dans ma santé, une diminution appréciable. Plus jeune, j'étais toujours souffrant au contraire. Le bon Dieu me demande donc que je travaille encore ; eh bien ! je travaillerai avec vous.

Je devrais vous présenter les passagers de *La Lorraine*, qui est ma maison depuis huit jours. Le commissaire est connu et aimé sur notre rocher de Saint-Aubin ; c'est M. Dubois, notre ancien élève. Voici une bande d'artistes parisiens, en tournée de comédies ou d'opéras, enrubannés de la légion d'honneur pour avoir chanté et amusé les Français. Ils sont les *princesses* du bord, occupant les cabines de luxe. Je sens, hélas ! à ce fait-là, que je rentre chez nous ; les cabotins sont trop souvent les rois Aux États-Unis, les maîtres sont les gens d'affaires qui voyagent côte à côte avec l'ouvrier. Mon papier finit ; adieu ! J'aurais pourtant encore bien des choses à vous dire ; ce sera pour le retour, dans les longues causeries de l'amitié. Bonjour affectueux à tous.

L'ARBRE A CIRE
OU ARBRE A CHANDELLES
(CEYLAN)

PRINCIPAUX ÉTONNEMENTS D'UN VOYAGE AUTOUR DU MONDE[1]

Chargé de visiter les communautés du Bon-Pasteur d'Angers, j'ai fait le tour du monde. Parti de Marseille le 23 novembre 1900, sur l'*Indus*, bateau des Messageries Maritimes, je me rendis aux Indes que je parcourus de l'ouest à l'est et du nord au sud. Je passai de là à Ceylan. Vingt-et-un jours de traversée

[1] Conférence faite au Palais des *Facultés Catholiques*.

me transportèrent de Colombo en Australie, d'où je me rendis en Nouvelle-Zélande. Puis, d'Auckland, je partis sur un vaisseau américain à travers l'Océan Pacifique, pour atteindre San-Francisco, visitant en cours de route les îles Samoa, et Honolulu, la capitale des îles Hawaï. De San-Francisco, je traversai, en quatre jours et quatre nuits, les États-Unis. De New-York, je regagnai le Havre sur la *Lorraine*, bateau de la Compagnie transatlantique. A la fin d'avril, j'arrivais à Paris et je reliais les deux bouts de ce ruban immense de mon voyage, qui, en passant par les antipodes, embrasse la terre tout entière, et mesure dix et peut-être douze mille lieues, si l'on compte les circuits inévitables que je dus faire le long du chemin. Je ne sais si je puis dire avec Du Bellay, le poète angevin :

> Heureux qui, comme Ulysse, a fait un long voyage,
> Ou comme cestuy-là qui conquit la toison,
> Et puis est retourné, plein d'usage et de raison,
> Vivre entre ses parents le reste de son âge.

Depuis mon retour, j'ai été assailli de questions sur ce que j'ai vu, sur ce qui m'a le plus intéressé. Je voudrais aujourd'hui répondre d'une façon générale, en choisissant sommairement, parmi mes impressions, celles qui dominent les autres par le dérangement qu'elles ont mis dans mes idées d'avant le voyage. J'essaierai donc de rendre, aussi simplement que possible, les principaux étonnements que j'éprouvai à la lecture rapide « du grand livre du monde », comme dit Descartes.

I

La terre, quand on n'en a parcouru qu'une partie, comme l'Europe, vous donne, malgré vos connaissances géographiques, l'impression d'une surface sans fin, dont vous ne verrez jamais le bout. Vous avez beau marcher, prendre les trains ou les automobiles, vous voyez toujours se profiler devant vous une route droite et plate, qui semble plutôt monter aux nues que descendre sous la boule terrestre. *Grand comme l'univers*, veut dire immense et sans fin imaginable. Maintenant que j'en ai fait le tour, la terre me paraît petite. Qu'est-ce, en effet, que ce monde terrestre que j'ai visité en ses points les plus extrêmes ?

II

Malgré soi, on se figure la terre solidement appuyée sur des bases plongeant à l'infini.

Elle est si lourde et nous paraît si bien assise ! Quand les tremblements volcaniques l'ébranlent tant soit peu en un coin, l'homme s'affole. Il craint qu'elle ne perde son équilibre et que sa masse ne soit dérangée sur ses fondements. — J'ai maintenant très nettement l'idée de sa sphéricité.

Je vois, avec une évidence qui me frappe de stupeur, qu'elle n'a point de bases solides et qu'elle n'est qu'un ballon immense, suspendu en l'air. Alors se pressent en mon esprit plus vivement qu'autrefois des questions comme celles-ci : Par quelle vertu ce ballon se tient-il tout seul dans l'espace ? Pourquoi ne tombe-t-il jamais dans l'abîme ? Par qui est retenue autour de lui la couche d'air qui l'entoure, claire et chaude ici, là nébuleuse et glacée ? Comment cette molle et mobile enveloppe n'est-elle pas mise en lambeaux, dispersée par le mouvement rapide de la terre et jetée dans l'espace ?

III

En dépit des cartes de géographie, on s'imagine volontiers que les terres occupent la principale partie de l'univers. La plupart des Français ne connaissent que le sol de leur pays ; quelques-uns seulement ont vu, aux jours des vacances, la belle frange bleue, dont l'Océan a ourlé les frontières ouest et nord de notre France. Mais cette frange, comment l'imaginer plus grande que le manteau ? Quand on est resté, comme moi, soixante-cinq jours sur mer, faisant cent cinquante lieues par jour, on change ses idées sur la grandeur relative de la terre. Le sol abandonné aux hommes semble bien petit, comparé à l'immensité des eaux. Quelles plaines sans fin que celles de ce Pacifique, qui vous retient plus de trois semaines de suite, sans que vous aperceviez d'autres terres que celles où vous devez faire escale : les îles Samoa et les îles Hawaï !

C'est encore une illusion destinée à tomber que celle qui vous faisait croire, à cause des cartes de nos atlas, que l'Océan Pacifique, comme une mer Égée, était semé d'îles si rapprochées qu'on ne perdait presque jamais la vue de la terre.

Ces eaux immenses, qui couvrent plus des deux

tiers de l'univers, qui se montrent si terribles en leur colère, si mobiles sous la poussée des vents, comment s'arrêtent-elles à leurs rivages, faits du même sable mobile que les digues érigées par les enfants autour de leurs châteaux fragiles, objet de leurs amusements ? Pourquoi n'envahissent-elles pas les taupinées des hommes ?

Je comprends et je sens mieux qu'auparavant la beauté de ces mots que Dieu lui-même dit à la mer : « Tu viendras jusque-là et tu n'iras pas plus loin. »

IV

Depuis que j'ai parcouru les dix mille lieues de la ceinture du monde, que j'ai traversé les Indes, que j'ai visité l'Australie qui est grande comme l'Europe sans la Russie, les États-Unis qui dépassent en grandeur l'Europe avec la Russie, je trouve que la France s'est rapetissée. Elle ne me semble pas plus grande que le plus petit des États d'Australie : dans une nuit, vous allez du Nord au Sud, de l'Est à l'Ouest. Qu'est-ce qu'un pays que l'on traverse en douze heures, quand vous en dépensez plus de cinquante, pour aller d'un bout à l'autre de l'Inde, quand, par le train rapide du Pacific Railway, il vous a fallu cinq jours, cinq nuits et cinq heures de Vancouver à Montréal. Les deux cents lieues de Calais à Marseille, si longues, semble-t-il, au Français qui n'a point quitté son pays, se réduisent à bien peu pour celui qui a traversé les douze cents lieues qui séparent les deux Océans, de San-Francisco à New-York.

Les distances changent de valeur pour celui qui,

par les antipodes, parcourt la grande ceinture de notre planète. Je me croyais presque arrivé en France, quand je mettais le pied sur le bateau américain, qui dans six jours devait me déposer au Havre. Quant à la traversée de la France, vous la feriez en une enjambée, entre votre dîner du soir et votre déjeuner du lendemain.

Q'est-ce, en effet, que ces quelques heures de nuit, qui suffisent pour vous porter des brouillards de la Manche aux côtes lumineuses de la Provence, quand pendant huit jours, dix-sept jours, vingt-et-un jours, vingt-cinq jours de suite, vous avez senti la trépidation du bateau qui vous emportait à toute vapeur, et qui, sans faire d'escale intermédiaire, vous jetait sur des terres éloignées de deux mille lieues de celles que vous aviez quittées? Ce mouvement du bateau qui ne vous laisse pas une minute en repos, ni jour ni nuit, vous donne à la fin l'impression qu'il ne doit jamais s'arrêter. Quand vous avez mis pied à terre, vous êtes tout étonné que rien ne marche plus et que les êtres environnants restent les mêmes, dans l'immobilité.

V

Nous nous accoutumons et nous accommodons si bien notre esprit aux choses qui nous entourent, que nous avons peine à nous représenter, pour d'autres hommes, des conditions de vie différentes des nôtres. Nous partageons toujours un peu l'état d'esprit des badauds de Paris, qui, au dire de Montesquieu, se répétaient les uns aux autres à la vue d'Usbeck venu de Téhéran en France : « Comment peut on naître Persan ? » Ainsi, nous avons quelque difficulté à nous figurer la variation des climats, se faisant sentir à quelques jours de distance pour celui qui exécute rapidement le tour du monde.

Je quittais la France le 20 novembre : il faisait froid. C'était le commencement d'un hiver, qui devait vous tenir pendant des mois dans ses brouillards et peut-être dans ses neiges. Huit jours plus tard, c'est-à-dire, le temps qui s'écoule entre deux cours de littérature dans nos Facultés, je me trouvais sous le soleil brûlant d'Afrique, dans cette chaudière, toujours ardente, que l'on appelle la Mer Rouge; et, après cela, je ne devais plus sortir de la chaleur, jusqu'à mon retour. J'ai sauté, à pieds joints, par dessus un hiver. Que dis-je, un hiver ? j'en ai, me semble-t-il, enjambé deux, plus un été. Arrivé aux Indes pendant le mois de décembre, je voyais germer le blé et croître le riz, comme au printemps. Parti le 3 février de Ceylan, j'arrivais en Australie vingt-deux jours après : c'était l'automne. On cueillait les fruits, les poires, les pommes, les figues et les pêches. On foulait la vendange dans les pressoirs.

Le 5 ou le 6 mars, je quittais la Nouvelle-Zélande, où c'était la fin de l'automne; et vingt-cinq jours après j'abordais en Californie, où naissait le printemps. Les jonquilles, les violettes et les pentecôtes émaillaient les prairies des deux côtés de la voie du chemin de fer. Les vignes et les figuiers étalaient leurs premières pousses sur les pentes orientales de la Sierra Nevada. — Que ne peut-on rester toujours ainsi à la saison des fleurs ou à la saison des fruits!

Dans la question des climats, je me trouve bien plus embrouillé qu'avant mon voyage. Quand je n'avais assisté qu'aux saisons de France, il me semblait naturel, presque nécessaire, d'avoir froid en hiver, chaud en été, de respirer l'air embaumé des fleurs au printemps, et de réjouir mes yeux au spectacle des fruits de l'automne. Maintenant, ces idées de saisons ne se présentent plus à moi, avec les mêmes notions, sous les mêmes couleurs. J'ai vu des pays où il ne fait jamais froid, où les habitants n'ont aucun besoin de vêtements d'hiver, pour se protéger contre les rigueurs de la gelée : les Indes, Ceylan, Pago-Pago, Honolulu. A Bombay, plus de cent mille indigènes couchent dans les rues tout le long de l'année.

Il y a des pays où règne une chaleur perpétuelle. On me disait à Calcutta, à Jeypore, à Dehli, que j'étais dans les mois les plus frais de l'année. Or cette fraîcheur ne me permettait pas de sortir de dix heures à quatre heures, à cause de l'ardeur du soleil; elle n'empêchait pas mon *boy*, c'est-à-dire mon domestique hindou, de dormir sur le sol, à la porte de ma chambre, et de préférer sa place à la mienne qui étais à l'intérieur. Oh! le désir de la fraîcheur et du froid! Comme il s'empare violemment de l'Européen, qui se souvient des hivers du temps passé, quand il est plongé dans l'atmosphère brûlante des tropiques! Votre tête somnolente entre, malgré vous, dans les rêves d'un demi-sommeil qui n'est jamais le repos complet et bienfaisant. On se garantit du froid avec le feu. Mais, comment sortir de cette atmosphère brûlante, qui s'infiltre partout, à l'ombre comme au soleil, à l'intérieur des maisons comme dans la rue ? Vous sentez le besoin de sortir de toute chambre fermée, comme vous éprouvez celui de rejeter les vêtements épais, qui vous brûlent de leur contact pesant.

VI

Le soleil vous poursuit autour du monde, tandis que les étoiles habituelles de votre hémisphère vous lâchent à mesure que vous avancez dans l'hémisphère austral. A Melbourne, je ne voyais plus la Grande ni la Petite Ourse. La Croix du Sud avait remplacé l'étoile polaire ; mais le soleil avait gardé son même aspect, sa même distance, sensiblement sa même couleur, malgré les reflets ou blancs, ou jaunes, ou roses ou violets, que donne le sol touché de ses rayons. — Cependant quelle différence dans ses effets selon les latitudes! Ici il fait mûrir les poires, les pommes et les raisins. Aux Indes et à Ceylan, il les dévore dans leur fleur. Ici il remplit d'un nectar doré des grappes suspendues aux flancs de nos côteaux ; dans les pays où il règne toute l'année, sans réaction de l'hiver et du froid, il laisse les vignes s'épuiser, sans fruits, en végétation folle, utiles seulement pour protéger l'homme contre les rayons de midi. Mais sa vertu s'exerce bienfaisante sur d'autres plantes ; il fait croître et mûrir en quelques semaines des fruits hâtifs, juteux, sucrés, d'une saveur d'autant plus douce qu'il les a plus promptement tirés de leur fleur : il ne les a point laissés mijoter et se parfaire dans un goût compliqué, inimitable! La banane, l'ananas, la mangue elle-même et la noix de coco, fruits des Indes et de Ceylan, n'ont point la saveur de nos fruits. Un soleil trop ardent les a tirés trop vite d'une plante trop vivace. Ils n'ont pas eu le temps de se perfectionner par une lente maturation. La nature elle-même ne fait point par sauts son meilleur travail.

La cosmographie a beau donner ses explications : depuis que j'ai traversé, et en si peu de temps, des climats si divers, depuis que j'ai vécu sous le soleil éternellement brûlant de Madras et de Colombo, j'ai peine à m'expliquer pourquoi cette couche légère, mobile et diaphane, que nous appelons l'atmosphère, n'est pas plus semblable à elle-même sous toutes les latitudes, pourquoi si promptement elle devient ici glacée et là chaude, ici floconneuse, chargée de brumes aveuglantes, là toute lumineuse et transparente. Maintenant nos brouillards du nord me pèsent plus lourdement qu'autrefois ; je voudrais les écarter de devant mes yeux comme un rideau gênant. Où commencent-ils au juste à s'accrocher au firmament pour nous cacher l'horizon ? Vive le pays où ils ne trouvent aucun point d'attache, pour fixer leurs vilaines soieries blafardes !

De tous les astres, c'est la reine des nuits qui a le moins changé d'aspect pour moi, dans mon immense circuit. J'ai dit que les étoiles de notre horizon habituel s'étaient cachées, que le soleil était devenu brûlant et dangereux. La lune elle, a toujours gardé son aimable éclat, cette douceur mélancolique qu'elle répand sur toutes choses, quand elle est au-dessus de nos têtes. En Orient elle ne faisait que gagner en douceur à la pureté de l'atmosphère.

Qu'elle était belle, quand je la voyais se lever sur le golfe du Bengale, monter lentement au-dessus des flots où elle traçait une colonne de lumière large et brillante comme du cristal en fusion, et lancer ses rayons comme des flèches d'argent à travers les arbres embroussaillés de la jungle sauvage ! C'était l'astre, simplement embelli, de nos nuits angevines, tel qu'il se lève et se balance au-dessus de notre Loire quand, sur les feuilles blanches des oseraies, se reflètent doucement, au printemps, ses pâles rayons. J'étais étonné de la retrouver seule la même de tant de choses qui avaient changé : elle me représentait la fidélité discrète de l'amitié, qui nous suit partout et aussi loin que nous nous égarons.

VII

Parti vers l'Orient, j'allai tout le temps de mon voyage au devant du soleil, poussant chaque jour les aiguilles de ma montre toujours en retard sur l'heure du méridien. Cette pauvre montre en est toute détraquée : elle a pris l'habitude d'aller au galop.

A marcher ainsi constamment vers l'Orient, je gagnai un jour. Quand nous fûmes arrivés à moitié route de Samoa à Honolulu, au passage de la ligne (c'était dans la semaine sainte), le commissaire de notre steamer américain nous dit que nous aurions deux mardis de suite. En effet, on laissa pendant 48 heures le nom de mardi sur le tableau du bord qui indiquait les jours : jugez de notre étonnement. Le dimanche précédent, j'avais célébré dans ma cabine la messe des Rameaux et distribué aux assistants des palmes, cueillies à Pago-Pago. — Comment pouvoir mettre deux mardis dans la semaine et ne trouver Pâques que le dimanche suivant et non le samedi ? Pour moi la chose se compliquait d'une question de théologie assez piquante. Quel office du bréviaire devais-je dire le second mardi ? Il n'y en a pas de prévu pour un pareil cas. Nous attendions, avec une certaine anxiété curieuse notre arrivée à Honolulu, deux jours plus tard, pour voir si nous serions d'accord avec le calendrier de cette île, après la fantaisie de nos deux mardis.

Ce fut une tranquillité d'esprit originale : nous arrivions bien le jeudi saint. Nous étions d'accord. Il est donc constant que depuis un an j'ai vu une fois de plus que les Angevins se lever le soleil au-dessus de l'horizon et que pour rétablir l'équilibre des jours je devrais reprendre ma course autour de la terre en sens inverse, c'est-à-dire, par le couchant. Les notions de cosmographie qui expliquent le fait ne dissipent pas complètement l'étonnement.

C'est une convention internationale et arbitraire qui a voulu que certain jour de la semaine se doublât pour les voyageurs, au moment où ils passeraient l'équateur dans l'Océan Pacifique.

VIII

Outre les étonnements causés par la nature elle-même, par la terre, les eaux et le firmament, vus en des lieux si divers et si éloignés, j'ai ressenti, agrandies au centuple, des impressions d'enfance venues des agglomérations humaines, des villes qui passaient sous mes yeux. La première fois que je quittai la maison de mes parents pour aller au bourg de ma paroisse, je trouvai ce bourg bien grand : je voyais des maisons qui touchaient d'autres maisons. Il y en avait comme cela des douzaines alignées, porte à porte, ayant des toits et même des cheminées en commun.

Plus tard, j'allai jusqu'à Chemillé, monté sur le même cheval que mon père, que je serrais fortement pour ne pas tomber. Il y avait sur une grande place, appelée champ de foire, des femmes et des hommes, qui portaient d'autres chapeaux et d'autres coiffes que les gens de chez nous. Ils arrivaient et s'en allaient par cinq ou six belles routes, plus larges que la grande rue de notre bourg. Ils étaient plus de quatre fois plus nombreux, bien sûr, sur cette place, que les assistants de la grand'messe.

A dix ans, je vins à Angers ; ce devait être à la Saint-Martin. Pendant une lieue et demie, d'Érigné à la ville, je voyais une longue file de voitures et de charrettes, à triple et quelquefois à quadruple rang. Que cette ville me parut grande! C'était bien plus vaste que Chemillé! On se perdrait certainement dans les rues, si on quittait la main de son père ou de sa mère. Puis on voyait des gens qui arrivaient de tous les côtés, par tous les chemins, à pied, à cheval, en voiture. Il y en avait même qui, en tas serrés, comme des moutons, sortaient de longues voitures attachées les unes aux autres et toutes traînées par une immense chaudière qui fumait. On me dit que cela s'appelait un train de chemin de fer. C'était pour moi un mystère que ce long train qui marchait si vite et avec tant de fracas. Puis que d'habits différents ! Des messieurs en chapeau très haut ; des dames en crinolines, des paysannes avec des coiffes deux fois larges du fond comme les coiffes de la Vendée. On disait que ces femmes étaient du Saumurois.

A vingt-quatre ans, j'allai à Paris. Pour le coup, je me crus dans un océan d'hommes ; les passants étaient à pleines rues. C'était comme des *frairies* perpétuelles. On ne pouvait pas distinguer un passant plutôt qu'un autre, tant le flot humain coulait vite et était promptement remplacé par le suivant. Il devait y avoir des hommes de toutes les nations. On se demande où tout ce monde-là trouve à coucher, où il peut se procurer à manger. C'était bien plus dense que les essaims d'abeilles, quand ils sortent de leurs ruches aux premiers jours d'été.

Dans mes courses de vacances à travers la France, à travers Paris, Lyon, Bordeaux, Toulouse, je m'étais fait sur notre pays cette opinion : qu'il contenait une population presque innombrable. Que de Français ! Que de Français ! La géographie disait quarante millions.

Or, dans un des quatre ou cinq pays visités pendant mon voyage, dans les Indes seulement, on compte près de trois cents millions d'habitants : sept fois autant qu'en France.

En arrivant à Bombay, à Calcutta, à Bénarès ; en traversant le Radjpoutana, je voyais fourmiller autour de moi une humanité si dense que j'aurais pu me croire toujours sur les boulevards de Paris. Dans les chemins de poussière qui avoisinent Dehli, Agra,

Jeypore. je rencontrais de longues files d'Hindous, qui, les uns dans des chariots, les autres à pied, avaient l'air de se rendre à quelque foire, tant ils étaient nombreux. Aux environs de Bénarès, se formaient des processions ; dans les rues sales d'Adjmere, une foule bariolée s'agitait autour des boutiques du bazar; sur les ponts de Calcutta, des travailleurs couraient pressés, comme les ouvriers anglais à l'heure de midi sur les ponts de Londres. Les trains de chemin de fer étaient toujours bondés de voyageurs noirs, perchés comme des poules sur les banquettes et allongeant le cou aux portières pour inspecter les gares ou jouir du paysage.

D'où sortait tout ce peuple, dont les rangs ne paraissaient jamais s'éclaircir sur aucun point ? Et cependant j'avais lu dans les journaux européens que la famine, l'année précédente, avait fait mourir des Hindous par centaines de mille. Comment les vides s'étaient-ils donc comblés si vite ?

L'impression est d'autant plus vive, devant cette population si dense, que les Hindous sont d'un aspect plus différent du nôtre. A travers l'Europe, vous n'avez pas la sensation si forte du grand nombre d'Allemands qui peuplent l'Allemagne, ou du grand nombre d'Anglais qui peuplent l'Angleterre, parce que l'Allemand ou l'Anglais ne se différencie pas tellement du Français, que votre œil souvent ne se trompe sur la nationalité de ceux que vous rencontrez. Mais aux Indes vous trouvez une autre couleur, comme une autre humanité ; et cette humanité est plus nombreuse que celle de chez vous. Alors vos petits calculs sont tout brouillés. Vous croyiez, bon gré mal gré, à la supériorité, même numérique, des gens faits comme vous, colorés comme vous, habillés comme vous. Maintenant vous commencez à en douter, et ce doute est pénible. Comme cette humanité vous paraît plus vieille, plus primitive que celle au milieu de laquelle vous avez été élevé, vous vous demandez où les peuples de votre continent plus jeune ont pris des habitudes, des façons de vivre et de s'habiller, des règles de politesse si différentes de celles du vieux monde. Votre curiosité se reporte violemment en arrière sur la civilisation que vous avez quittée, et vous êtes aussi agité du désir de connaître les origines de nos mœurs européennes que celles des mœurs asiatiques.

Quand je gravis les premières pentes de l'Himalaya, je me trouvai au milieu d'hommes appartenant à d'autres races que l'Hindou. Courts, trapus, les yeux bridés, le teint jaune, les habitants de Darjeeling me présentèrent le type mongol ou chinois.

Ils ont passé à travers les défilés de la montagne, comme des ruisseaux à travers les fissures d'une haute chaussée : Ils parlent de grands fleuves d'humanité, qui roulent leurs flots derrière les barrières neigeuses de l'Himalaya, flots de Thibétains, de Chinois, de Tartares. Ils comptent par centaines de millions les hommes jaunes d'au-delà des montagnes. Alors l'impression de notre petitesse numérique devient inquiétante. — Nous sommes donc les moins nombreux ? Si ces races jaunes se mettaient en mouvement, elles nous submergeraient sous le nombre, comme les barbares qui ont envahi l'Europe à la fin de l'empire romain. Par ce que je voyais dans la ville de Darjeeling, je compris que ces Thibétains, ces Chinois, ces jaunes de vingt nations diverses sont aussi éloignés des mœurs et des habitudes des Hindous que ceux-ci le sont des nôtres. Et ils ont une civilisation plus vieille que celle de l'Europe, des arts, une littérature, qui sont en dehors des règles que nous connaissons.

Mais alors nous sommes donc un bien petit canton dans le monde, et notre canton compte donc pour bien peu en regard de la majorité des hommes qui respirent sous la calotte des cieux ? On éprouve malgré soi un sentiment d'humilité nationale, européenne, si je puis dire. Car on a beau se recommander de Paris ou de Londres, on se sent une unité sans grande importance, quand on est égaré dans l'un des grands centres de ces peuples asiatiques, si denses et si différents du nôtre, qui vivent depuis des milliers et des milliers d'années des deux côtés de la haute chaîne de l'Himalaya. On a calculé en effet que dans l'ensemble de l'humanité il y a un Chinois par quatre hommes.

Quand on n'a pas dépassé les limites de l'Europe, on n'a guère l'idée que d'une humanité à peu près uniforme. On fera bien des dissertations humoristiques sur les nuances qui distinguent les peaux blanches ou *rouge-tendre* des nations saxonnes, anglaises ou scandinaves, les peaux bronzées et brunies par le soleil des peuples italien, espagnol ou grec. Ce n'est qu'une question de simple dégradation de nuances dans l'ensemble de cette grande famille européenne, qui déborde jusque dans les deux Amériques.

Mais quand je descendis à Port-Saïd, à Aden, à Bombay, à Colombo, les couleurs blanches devinrent pour moi l'exception. Ce passage brusque à des peuples entiers, qui n'ont plus nos couleurs, vous cause une surprise difficile à analyser. Le Somalis aux cheveux crépus, au visage d'un noir luisant, sur lequel se détachent des dents blanches comme l'ivoire et des yeux ardents comme des escarboucles, vous semble, quoi qu'on dise, à cause de ses grosses lèvres, de son nez écrasé, et de l'apparence sauvage de ses manières, un être d'une autre race que vous. Il faut la charité évangélique pour vous le présenter comme un frère.

A Bombay, à Calcutta, à Madras, à Colombo, les Hindous et les Cinghalais qui vont et viennent autour de vous, qui promènent par les rues leurs pauvres haillons ou sont assis somnolents sur l'étal de leurs boutiques, dans les bazars, déroutent le visiteur européen, à son arrivée. Ces noirs ont nos traits; leur nez n'est pas plus écrasé que le nôtre; leurs lèvres ont la finesse des nôtres. Leur marche, leur stature, l'élégance de leurs manières, leur donneraient le premier prix, s'ils concouraient avec l'ensemble des Européens. Je ne connais pas d'Allemand aussi élégant que certains Cinghalais ou certains Brahmes rencontrés sur ma route. Or, on est tout étonné de trouver tant de frères d'une autre couleur que la nôtre. Car, l'Hindou et le Cinghalais, qui ne sont pas et qui ne veulent pas passer pour nègres, sont cependant souvent bien noirs. Ils sont au moins d'une nuance d'ébène foncé, qui les distingue à première vue de l'Européen. Est-ce donc que la plus grande partie de la famille indo-européenne n'a pas notre teint ? Tant de noirs parmi nos frères ! Quand je les voyais remplissant l'église catholique à Tanjore et à Négombo, quand je leur donnais la sainte communion, je ne pouvais me défendre d'une certaine surprise : c'étaient mes frères et ils étaient si noirs ! Comme ils priaient et chantaient avec ferveur ! Comme ils exhalaient avec une piété ardente leur adoration, quand ils avaient reçu sur leurs lèvres le corps de Jésus-Christ, leur Sauveur et le mien. Je vois encore quelques pauvres vieilles se prosternant, mains jointes, pour adorer le bon Dieu, qui s'était donné à elles. Le misérable aspect de leur corps exaltait la bonté du Tout-Puissant qui venait les visiter.

IX

Un lieu commun de littérature, c'est de se désoler sur l'uniformité et sur la banalité des costumes et des modes de l'Europe. Les tailleurs de Londres travaillent pour les *snobs* de Paris ; les couturières de Paris habillent les dames de la « gentry » anglaise, et il n'y a pas de ville importante d'Europe où ne s'achètent des chapeaux faits par la modiste française. Les romanciers et les poètes ont versé bien des larmes sur la mort des costumes nationaux. Dans mon voyage, j'ai vu défiler devant mes yeux les costumes les plus variés, les plus pittoresques, les plus luxueux et les plus simples : les rajahs du Radjpoutana portent des robes de soie et des vestes chargées de broderies d'or et d'argent. Les seigneurs de la cour de Louis XV n'étaient pas habillés avec un luxe plus éclatant. Le brahme avec sa robe blanche, le Çoudra avec sa large ceinture de toile, le Cinghalais avec sa jupe et sa veste, le Samoan avec son pagne, m'ont offert les variétés les plus opposées dans la façon de s'habiller élégamment et à peu de frais. Le bourgeois de Calcutta laisse tomber sur le devant de ses jambes, en façon de tablier, deux bandes blanches plissées, que l'homme de Bombay ou de Madras rejette sur le côté ou qu'il supprime. L'Hindou a mille façons de s'habiller et de porter enroulée à la ceinture, ou sous les bras, ou sur les épaules, la bande d'étoffe qui fait son vêtement. Son goût ne relève que de lui-même et non pas de la mode. Et comme il porte élégamment ses haillons, quand il marche pieds nus dans la poussière de ses rues, quand il est perché sur le siège de son char à bœufs, ou qu'il est assis sur l'étal de sa boutique et qu'il déballe, devant les yeux éblouis du visiteur, les indiennes bariolées des tisserands de Madras! Il arrange ses étoffes autour de son corps selon les besoins de la marche ou de son occupation du moment. Quant il présente sa marchandise au passant, son bras nu s'allonge et sort de sa draperie comme le bras de Cicéron, quand cet orateur se livrait à ses plus beaux élans d'éloquence. Il n'est pas figé dans les plis uniformes et immuables d'un pantalon et d'un habit à la française. Aussi, mettez-le devant un peintre ; celui-ci n'aura qu'à copier son attitude et la forme actuelle de son costume, pour faire un tableau très pittoresque. Marilhat et ses élèves n'ont fait que copier dans leurs tableaux les costumes journaliers des paysans orientaux.

X

Un de mes plus grands étonnements, pendant mon immense tournée, fut assurément causé par la variété observée dans les arts, dans l'architecture, dans la peinture, dans la musique. L'Hindou, l'Égyptien, le Cinghalais, le Maori, l'Hawaïen, l'Américain, ont des façons si diverses de traduire l'idée de beauté innée en nous, et de se réjouir les yeux et les oreilles par des représentations ou des concerts artistiques, que j'ai été obligé de me faire, pour eux, une esthétique nouvelle, différente de celle que j'avais apprise en Europe, à l'école des Latins et des Grecs. Les règles de l'architecture grecque ou gothique, auxquelles nous devons le Parthénon ou Notre-Dame de Paris, ne m'expliquaient rien des grands temples Hindous de Tanjore, de Maduré, de Trichinopoli. Mon œil accoutumé à chercher l'unité et l'harmonie dans les colonnes des propylées, dans les piliers et dans les voûtes de nos églises romanes, était dérouté par l'enchevêtrement de pylones et de salles aux mille colonnes, qui étaient juxtaposées sans ordre ni méthode apparente. On dirait ces temples bâtis par mille architectes, à l'imagination féconde, qui ont travaillé les uns à côté des autres, sans se préoccuper de ce que faisait leur voisin.

Comme l'Égypte, le nord de l'Inde, où ont régné et où dominent encore les Musulmans, compte les tombeaux parmi ses plus beaux monuments. C'est la pensée de la mort, le culte professé par les fils pour leurs ancêtres, qui nous ont valu les pyramides, les temples de l'Égypte, ceux du royaume de Sha-Jehan, d'Aureng-Zeyb. Les plaines de la Jumna, où s'élèvent les cités, jadis fameuses, de Dehli et D'Agra, sont semées de ruines superbes ; toutes ces ruines étaient des tombeaux. Les monuments qui subsistent encore intacts (et j'en ai vu à Dehli et à Agra) peuvent rivaliser avec ce que l'Europe possède de plus beau. Le tombeau de Cheik Sélim Chisti, dans le palais de Fatipur Sicri, est une merveille de grâce et d'élégance, avec son toit en auvent, ses parois en marbres blancs, ses gracieux dessins en roses incrustées. Mais tout s'efface devant la beauté unique du Tadje Mahal d'Agra, la merveille des merveilles, que je visitai le midi sous les ardeurs du soleil, que je visitai la nuit sous la lumière douce et mélancolique de la lune. Cette perle de l'Orient n'est cependant qu'un tombeau Mais Sha Jehan a épuisé toutes les richesses de l'art pour perpétuer le souvenir de Mumtaz-Mahal, son épouse bien-aimée.

Dans l'Inde où les Brahmes brûlent leurs morts et en jettent les cendres dans l'eau courante des fleuves, tandis que les Parsis, donnent les cadavres à dévorer aux vautours, les principaux monuments de l'architecture ne sont pas élevés à la mémoire des ancêtres, mais à l'honneur de divinités étranges qui s'appellent Vischnou, Shiva : l'une qui est bonne et conserve la création, l'autre qui est méchante et n'aspire qu'à la destruction. J'entre dans le temple de Sri-Rangam, par exemple ; je suis comme dans un dédale de rues, le long desquelles s'élèvent des pylônes ou portes triomphales immenses surmontées de personnages grimaçants, enchevêtrés les uns dans les autres. Je vois des vestibules encombrés de statues en pierre, représentant des guerriers sur des chevaux énormes. Puis des salles et des colonnes sans nombre font plutôt l'effet d'une forêt d'arbres en granit que d'un temple destiné à recevoir des fidèles. A Tanjore, sous les larges galeries du temple, une longue série de peintures à fresques représente les métamorphoses fantastiques du dieu Shiva. Une imagination en folie semble avoir conçu ces dessins. Encore une fois! que je suis loin d'Athènes et des frises qui ornaient les pourtours du Parthénon! Que je suis loin des cathédrales de Paris ou de Chartres! Cependant ces temples, où les architectes ont entassé, et des blocs de pierres pour les murailles, et des monstres sculptés sur les portes, et des colonnes aux mille formes dans les sanctuaires, produisent une impression de grandeur et de force qui relève de l'esthétique humaine.

Ils vous étonnent tout d'abord, parce qu'ils ne sont pas en accord avec vos notions d'art; puis peu à peu ils vous intéressent et vous captivent. Quand vous les avez quittés, ils restent dans votre imagination comme un souvenir grandiose. Ils sont donc simplement une forme, non encore analysée par nos manuels, d'un art primitif d'architecture. Avant l'existence des jardins et des parcs, la nature avait mis dans les grands bois et dans les forêts vierges une beauté puissante, irréductible aux règles bien précises du théoricien, qui trace les parcs anglais et rend compte des effets produits par les groupes d'arbres disposés en bosquets ou en allées.

XI

Que vous dire des musiques que j'ai entendues et auxquelles semblaient prendre un plaisir extrême et ceux qui les exécutaient et ceux qui les écoutaient? A Rotorua, entre Auckland et Wellington, en Nouvelle-Zélande, j'ai assisté à la répétition d'un concert que les Maoris devaient donner deux mois plus tard au duc et à la duchesse d'York. Ces sauvages, endimanchés d'habits européens, qui allaient fort mal à leur chevelure crépue et qui semblaient mal tenir sur leur corps déhanché, faisaient un bruit d'enfer, avec leurs pieds, avec leurs mains, avec leurs voix; ils poussaient des cris aussi aigus que ceux des chacals entendus à Agra. De ma vie, je n'ai ouï pareils cris et pareil vacarme. Cela représentait et mimait un combat contre des ennemis imaginaires. Il paraît que c'était le chant de guerre de leurs pères. On raconte qu'il y a cinquante ans, ce chant exécuté par deux mille guerriers maoris mit en fuite un général anglais et son armée. On comprend la terreur de l'Européen; il pouvait croire que ce bruit étourdissant était fait par cent mille hommes.

L'Hindou, lui aussi, met volontiers l'art de la musique dans le tapage. J'ai entendu à Maduré les trompettes de grands diables de noirs qui, grimpés sur des éléphants, apportaient au temple l'eau du fleuve sacré, eau qui devait être jetée sur un taureau de bronze. Elles faisaient un bruit assourdissant. Les assistants, comme chez les Maoris, paraissaient ravis et charmés. Plus fréquemment, cependant, j'ai entendu aux Indes une musique plaintive, langoureuse. De pauvres Hindous, s'accompagnant d'instruments qui semblaient préhistoriques, chantaient de vieilles mélopées, très uniformes, comme celles que j'avais entendues autrefois chez les fellahs dans la vallée du Nil. On dirait des chants et des instruments faits pour exhaler les tristesses langoureuses des longues servitudes, des esclavages résignés. Ils ont la poésie mélancolique des plaintes qui ne sont pas assez énergiques pour aller jusqu'à la révolte.

Cette musique primitive, si simple, si dénuée de science, comme elle fait rêver cependant! Il y a juste un an, je descendais à deux heures de la nuit, du Mont Abou, sur les frontières du Radjpoutana, lorsque j'entendis des chants très doux accompagnés d'un instrument à cordes. Je fis arrêter les Tamoules qui traînaient mon rickshaw. Je trouvai dans une hutte en terre, autour d'un feu abondant, cinq pauvres bergers de la montagne, dont les corps noirs, les yeux noirs et les dents blanches se détachaient vivement sur le fond de la cabane. Leur aspect aurait eu quelque chose d'effrayant, si la douceur de leur chant mélancolique ne m'avait prévenu en leur faveur. Comment des hommes méchants auraient-ils chanté si doucement et si mélancoliquement? Ils exécutèrent en l'honneur de *Saheb* (c'était moi) le plus beau morceau de leur répertoire : et Saheb fut charmé.

XII

Voulez-vous que je vous présente un type de beauté selon le goût des Maoris? Ce ne sera pas un Apollon, jeune et guerrier, à qui la nature aura donné, avec la taille et la force, un visage bien régulier. Il faut du tatouage pour relever les traits naturels : non pas de ce tatouage en indienne bleue, verte et rose, qui fait un gilet fort agréable à voir chez les Birmans élégants de Rangoon ; non pas même de ce tatouage primitif et simple admiré chez un sauvage du Pacifique, qui inscrivait sur ses deux bras, en lettres ineffaçables, les noms de sa femme et de ses enfants. Le Maori veut un tatouage savant et compliqué, fait au couteau, avec des entailles dans la chair vive : entailles renouvelées de temps en temps, dans lesquelles on introduit du charbon de véronique, qui brûle et bleuit les parois de la blessure.

Les vieux Maoris portent encore ces tatouages, gloire et ornement des anciens guerriers. Les jeunes élégants les négligent un peu. Le goût ou plutôt les vieilles mœurs s'en vont. Mais ce tatouage cruel est toujours en honneur chez les femmes de Taupo, de Vanganui et de Rotorua. Les dames Maories, qui veulent se tenir à la hauteur des vieilles modes, ont la lèvre inférieure et le menton labourés de beaux dessins bleus, tracés dans la chair vive.

J'avoue que, devant ces aberrations du goût, je n'eus pas le courage de chercher les règles d'une esthétique Maorie pour raisonner sur mon étonnement, le faire cesser et susciter mon admiration. Le Maori, décidément fait fausse route en beaux arts et en modes d'élégance.

XIII

Un des plus grands sujets d'étonnement, et le plus souvent revenu dans un voyage autour du monde, c'est soi-même, surtout quand on est Français : mais un sujet d'étonnement pour les autres, pour les peuples que l'on rencontre. Alors on est tout étonné de paraître étrange aux autres. Quand je pénétrai dans la pagode dorée de Bénarès, les nombreux Hindous, qui, pieds nus, la tête couverte, se promenaient dans le labyrinthe du sanctuaire, étaient tout surpris de voir un homme enlevant son chapeau et gardant ses chaussures. Les nuées de serviteurs hindous ou musulmans, qui s'agitaient silencieusement et gracieusement dans les hôtels de Bombay ou de Calcutta autour des tables occupées par des Européens arrivés en souliers et sans coiffure pour prendre leur repas, ne semblent pas moins étonnées que je l'étais, quand je considérais leurs turbans aux mille formes fixés sur leur tête et leurs pieds toujours nus. Si encore les Européens avaient le gentil peigne en écaille des Cinghalais pour retenir de beaux cheveux noirs en chignon, l'Hindou comprendrait cette hardiesse de pénétrer tête nue en des lieux bien fréquentés.

Tout étonne et choque l'Hindou dans notre façon de vivre. Comment des hommes civilisés peuvent-ils se comporter ainsi ? Nous faisons la chasse aux oiseaux, même aux plus sacrés, comme le paon; nous en mangeons. Nous tuons les bœufs, et nous nous nourrissons même de la vache, de l'animal saint par excellence. Nous sommes donc des créatures impures et maudites ? Et les âmes des ancêtres, des prêtres et des rois qui sont en épreuve dans ces animaux, comment les traitons-nous ? Que deviennent-elles sous nos coups impies et meurtriers ?

Puis, nous nous comportons comme des Çoudras, des Parias ; nous lions commerce, nous mangeons, nous buvons, nous fumons avec n'importe qui, en public ! Quelle abomination ! Voyez ces quatre hommes qui traînent le rickshaw pour monter d'Abou-Road aux temples Jaïnites ; ils se passent la pipe, mais ils ont soin d'envelopper le tuyau, chacun avec un linge lui appartenant. Le barbier, le blanchisseur ou le corroyeur, n'aura point l'audace de demander en mariage la fille du pêcheur. Car le pêcheur, qui n'a pour héritage que son filet, est cependant de noble caste ; il ne permettrait pas, il ne pourrait pas permettre à sa fille une mésalliance. Ni la fortune, ni les services rendus à l'État, ne peuvent faire sortir un homme de sa caste. Les serpents n'entrent jamais dans la famille des colombes. Les façons de faire des Européens et leurs mœurs semblent encore plus étranges à l'Hindou que celles de l'Hindou à l'Européen ; car nous essayons d'expliquer les étrangetés de ce vieux peuple. Lui, il se contente de s'étonner et de se récrier d'horreur devant nos idées et nos mœurs, qui sont impies à ses yeux.

Nous produisons le même effet d'étonnement chez les peuples sauvages de l'Océanie. Mais eux ne crient pas à l'impiété de l'Européen. Ils le trouvent étrange ; et cependant ils se sentent tout de suite portés à l'imiter, à s'embarrasser dans les mêmes formes d'habits, à saluer et à vivre comme lui, à boire et à s'enivrer comme lui. L'Hindou est un vieux civilisé ; le sauvage du Pacifique est un enfant non encore arrivé à l'adolescence. Malheur à nous si nous ne lui offrons que nos défauts !

On est étonné de voir à quel point le nom de la France et de Paris en particulier excite l'imagination de ces peuples, chez qui nos missionnaires et quelques journaux perdus par les touristes ont porté la connaissance et détaillé les merveilles de notre pays.

J'arrivais un soir de mars, après quatre jours de voiture, en compagnie d'Anglais, à travers la Nouvelle-Zélande du Nord, sur les bords du lac Taupo. Des deux côtés de la route le sol fumait ; des vapeurs de soufre s'échappaient de mille solfatares, cachées sous les buissons de genêts ou d'aubépines ; des bassins d'eaux froides, tièdes, chaudes, bouillantes, étaient semés ici et là au milieu d'un village de Maoris. On entendait des grondements souterrains, comme j'en avais entendus au Vésuve. On aurait dit, en deux endroits, les bouillonnements d'une chaudière immense, dont les eaux auraient battu successivement les parois d'airain. Quel vacarme ! A un endroit, un jet puissant d'eau bouillante était projeté en l'air. C'était le premier geyser que je voyais. Depuis j'en ai visité de plus hauts et de plus émouvants. En arrivant sur cette terre de feu, j'étais effrayé et cependant je voulais voir. Je pris un guide, un Maori de 18 ans, qui, me dit-il, apprenait la peinture. On ne se figure pas un Rubens à Taupo. Son étonnement fut aussi grand que le mien, mais pas pour le même motif. Tout me semblait surprenant :

des femmes Maories, assises sur le sol chaud, surveillaient leur cuisine, qui consistait en un grand vase de terre enveloppé d'étofte, déposé dans une sorte de panier ou claie et fixé sur une fissure, d'où s'échappait une vapeur extrêmement chaude. La viande et les pommes de terre, que je goûtai, étaient excellentes, cuites ainsi à l'étouffée.

Mon guide me faisait mille questions sur notre façon de construire nos maisons, de faire cuire nos mets, de labourer la terre. Quand il sut que je n'étais pas Anglais, mais Français, ses yeux s'écarquillèrent comme s'ils avaient vu un phénomène. Il appela ses amis, pour partager le plaisir de contempler un homme de France. En un clin d'œil, j'eus une escorte d'une vingtaine de Maoris. C'était trop pour ma modestie. Je priai mon guide de renvoyer ses amis ; ce qu'il fit du reste avec bonne grâce. Mais il me demanda une faveur, celle de me présenter Georges Aorara, qui avait vu Paris. Je la lui accordai : je vis Georges qui avait bon air et qui, pendant l'exposition de 1900, avait été emmené à Paris par un Anglais. Je lui demandai dans quel quartier, dans quelle rue il avait habité : il ne se rappelait qu'une chose, le n° 16 de son logis. Cependant en sa langue Maorie, presque toute en voyelles et à répétitions de syllabes comme celle des petits enfants, le soir autour des solfatares, en attendant la cuisson des pommes de terre, ou dans le grand bassin d'eau chaude où se réunissent les baigneurs, il avait fait à ses compatriotes des peintures si alléchantes de la grande ville, de celle qui est plus que Londres ou New-York ou Berlin, que je fus regardé comme un homme heureux ou du moins extraordinaire, parce que j'étais de France et que je venais de Paris.

Que de fois j'ai trouvé en Allemagne, en Russie, en Égypte, cet amour instinctif pour la France et ce désir non raisonné de voir Paris! Les causes de cet amour sont bien variées : aux yeux de l'Européen, notre capitale passe pour la maîtresse des arts, de la science et de la littérature. N'a-t-elle pas été dernièrement couronnée pour son idéalisme, dans la personne de M. Sully-Prudhomme? Chez les peuples d'Extrême-Orient, à qui nos missionnaires ont porté les bienfaits de l'apostolat, la France apparaît comme une terre unique, où des êtres extraordinaires, amis des hommes de toute couleur, mettent leurs efforts en commun pour enseigner la religion du Christ à l'humanité, où des femmes, qui semblent plutôt des anges que des créatures humaines, renoncent aux douceurs de la famille et deviennent braves comme des guerriers pour traverser les mers et plus douces que des sœurs pour soigner le pauvre Maori et élever ses enfants. O France bien-aimée, garde, garde toujours cette auréole divine, qui brille à ton front aux yeux de tous les peuples de la terre!

XIV

Parmi les journées de mon voyage qui restent le plus vivement peintes en mon souvenir, celle où je fis ma première escale dans l'Océan Pacifique, fut certainement une des plus agréables ; elle me mettait dans un paysage de nature primitive, telle que celle dont j'avais lu des descriptions dans Paul et Virginie de Bernardin de Saint-Pierre. La civilisation européenne n'y avait touché que pour l'embellir célestement par la prédication et le zèle des missionnaires. Je vis pour la première fois de vrais sauvages, avec des plumes dans les cheveux, de la chaux ou de la terre rouge en guise de pommade, des chapelets de coquillages autour du cou, couchés indolents sous le toit en feuilles de palmier de leurs cases ouvertes de tous côtés et supportées seulement par des piliers de bambous. Le mobilier se composait d'une natte et de quelques flèches destinées à la chasse ou à la pêche. A deux pas, sur le rivage de la mer, dormait une flottille de barques faites de troncs d'arbres, longues de deux mètres et larges de deux pieds, tandis que d'autres, conduites par des enfants pagayeurs à la pêche du poisson, s'agitaient comme font des mouches sur un vase de lait. C'était la baie de Pago-Pago dans les îles Samoa, où les Américains, propriétaires depuis un an, installaient un port de relâche pour les paquebots d'Extrême-Orient. Notre steamer était le premier qui entrait dans la baie. Aussi quelle émotion et quelle fête pour les habitants! Ils étaient nombreux sur l'eau à nous attendre, montés sur leurs barques, plus légères que celles de la Maine. Ils pagayaient, pagayaient, portant des guirlandes de fleurs autour du cou, causant, jasant, criant, riant et montrant leurs belles dents blanches.

En un instant ils entourèrent notre steamer, qui semblait un mastodonte au milieu de leurs petites barques. Ils essayèrent de monter à l'abordage; on les en empêcha. Alors un grand nombre se mirent à faire des culbutes dans la mer, pêchant les pièces d'argent jetées par les voyageurs ; on aurait dit un banc de ces poissons volants que nous avions vus tout le long de notre voyage, dans le Pacifique, prenant leurs ébats par une chaude journée d'été. Pendant ce temps, d'autres offraient leurs marchandises, des produits de l'île ou de leur industrie : des coquillages, des colliers de fleurs, des nattes en feuilles ou en fil de racines, des fruits, des bois grossièrement sculptés. Ils jetaient ces objets sur le pont, et en recueillaient le prix dans leurs mains tendues. Ils recevaient aussi des objets de toilette, du linge et des vêtements que leur lançaient les passagers : ils examinaient curieusement chaque pièce, chaque objet, le tournaient et le retournaient en tous sens. Puis ils s'en affublaient. Qui prenait un chapeau, qui une chemise, qui un gilet. C'était le début de la civilisation européenne, qui apparaissait sous une forme plutôt laide. Je vis même un jeune sauvage qui, après avoir nagé pendant une heure, tout humide encore, ouvrit solennellement une ombrelle donnée par un passager, et se protégea la tête contre la pluie d'un orage. Du premier coup, il avait compris le mécanisme de cet instrument et son usage. La mer était pour nager, mais l'ombrelle était pour garantir de la pluie.

Comment décrire Pago-Pago et rendre l'impression que j'en ressentis ? C'était comme un grand nid de verdure, fait pour des milliers de fauvettes ; les bords en sont très hauts, verts, doux à l'œil comme la mousse arrosée par les pluies de juin. Impossible d'imaginer un tapis plus souple de contexture : on voudrait y passer la main. Ce tapis est fait des cimes d'arbres des tropiques.

Le fond du nid est cette baie bleue, inaccessible aux vents, où dorment les sauvages dans leurs pirogues ou sous leurs cases, quand ils ne sont pas troublés en leur vie somnolente par les Européens et les Américains tapageurs.

Le seul point blanc qui se détache sur le tapis de verdure est une petite église, bâtie par les missionnaires maristes, il y a quelques années. Ces missionnaires ont été à la fois les architectes et les maçons. Ils ont eux-mêmes fait cuire la chaux. Quelle douce joie pour le prêtre de retrouver, dans les îles Samoa, la croix, le clocher et l'autel, au milieu des habitations, tout comme dans nos bourgs français !

Du reste un des étonnements du voyageur chrétien, mais un des étonnements les plus agréables, c'est de rencontrer, tout autour de la terre, des églises catholiques où des prêtres suivent les mêmes rites que nous, célèbrent la sainte messe avec les mêmes cérémonies, les mêmes livres, les mêmes génuflexions, les mêmes ornements. C'est à l'église que l'Européen, le Français surtout, se croit le plus naturellement être chez lui, même quand il coudoie les noirs Hindous, les Maoris, ou les Hawaïens d'Honolulu. Dans l'église des capucins d'Aden, dans la cathédrale de Bombay, dans la chapelle des franciscains de Bénarès, dans celle du Bon-Pasteur de Christ-Church, je me croyais dans un sanctuaire d'Angers. L'étrangeté de l'entourage, l'éloignement de notre continent, font ressortir ce qu'il y a d'extraordinaire, d'émouvant pour le cœur catholique à retrouver aux antipodes les habitudes religieuses et les pratiques de dévotion dans lesquelles nous avons été élevés.

En fréquentant la cathédrale Saint-Patrice de Melbourne, je me figurais entrer dans l'église Saint-Maurice d'Angers. A Honolulu j'assistai le jeudi saint à la cérémonie des saintes huiles : je croyais être dans le chœur de notre cathédrale. A Sydney, j'étais reçu par le cardinal Moran, comme j'aurais pu l'être à Rome par le cardinal Mathieu. Cette uniformité dans la doctrine et dans le culte de notre Sainte Église me rendait sensible sa catholicité. Un humoriste a comparé la terre à une immense valise de voyage, dont les courroies seraient formées par les câbles électriques, qui se rattachent tous à Londres : la poignée de cette valise serait ainsi sur les bords de la Tamise. J'aime mieux dire (et je crois la comparaison plus juste) que les églises catholiques semées comme des points lumineux tout autour du globe, reliées à Rome par la doctrine et la juridiction des prêtres, par la foi et l'obéissance des fidèles, font de l'univers un temple immense avec des milliers d'autels, où à toute minute se célèbrent des messes ; temple dont le ciel étoilé est le dôme et sur lequel veille avec complaisance, du haut du Paradis, Jésus, le Sauveur du monde.

Il y a bien des parties de ce temple (et j'en ai parcouru beaucoup) qui sont encore dans des ténèbres profondes. Les unes sont murées et obstruées de constructions séculaires, qu'il faudra détruire : ce sont les parties où règnent le bouddhisme, le brahmanisme, le mahométisme. D'autres frustes, non achevées, où n'a presque point pénétré de lumière religieuse : ce sont les coins où séjournent les sauvages, les pauvres fétichistes. Mais ne désespérons pas. Si Dieu a voulu employer des milliers d'années pour organiser le monde matériel, pourquoi n'emploierait-il pas la même méthode pour fonder le royaume de son fils Jésus-Christ, royaume qui est le monde moral? Déjà les points lumineux du catholicisme, qui sont les églises fondées par les missionnaires, sont répandus sous toutes les latitudes et tout autour de la terre. Songez aux millions d'autels qu'il y a dans le monde. J'en ai trouvé partout, partout. J'ai célébré la messe à minuit, le 1ᵉʳ janvier 1901, dans une chapelle de Bénarès sur les bords du Gange, auprès des vieux temples branlants du brahmanisme. Patience! Un jour la charité du Christ embrassera l'univers entier, et ce sera surtout grâce au génie apostolique de la France.

Une des questions les plus fréquentes que l'on me fasse est celle-ci : quel pays aimez-vous le mieux parmi ceux que vous avez visités ? J'avoue qu'il m'est impossible de répondre. Je les aime tous pour des raisons diverses. Mais ils ne peuvent guère être comparés que par les oppositions violentes qu'ils présentent entre eux et qui les rendent précisément intéressants aux visiteurs. Puisque je parle des mœurs et des institutions, celles de l'Inde excitent davantage notre imagination, parce qu'elles sont plus loin des nôtres, parce qu'elles datent de milliers d'années, parce qu'elles n'ont pas encore été entamées par les efforts des Européens qui ont envahi ce pays depuis Alexandre le Grand. Ces pauvres Hindous, qui paraissent souffreteux, tristes, souvent sans habitation et sans habits pour se vêtir, proie lamentable et toute prête pour les choléras et les pestes, ont cependant bâti des temples, dix ou vingt fois plus vastes et plus coûteux que la plupart de nos belles cathédrales.

Les Australiens et les colons de la Nouvelle-Zélande nous dépassent par leur usage des industries modernes, comme l'électricité, le téléphone, la vapeur ; ils ont poussé plus loin qu'aucun peuple d'Europe les principes démocratiques et socialistes. Depuis longtemps, ils ont adopté la journée du travail de huit heures, le repos d'un demi-jour de la semaine en dehors du dimanche. En Nouvelle-Zélande, les femmes ont le vote politique. C'est, je crois, le seul pays du monde où il en soit ainsi. On dit que la majorité des femmes est plus attentive que celle des hommes aux choses de la politique. Dans ces pays neufs le paupérisme n'existe pas. L'ouvrier, par son costume, par ses habitudes et même par son langage et son accent, est bien supérieur à celui de la métropole : il a l'air d'un *gentleman*.

On a prétendu que le meilleur fruit du voyage était d'inspirer le désir du retour et l'amour du chez soi. La réflexion est piquante. Mais si l'on me demandait à moi, catholique et prêtre, pourquoi j'aime mieux encore demeurer en France que dans les plus beaux pays d'Orient, j'aurais d'autres raisons à donner que celles de mon Maori de Taupo.

C'est de mon pays surtout que partent ces légions ininterrompues de missionnaires, hommes et femmes, qui vont porter la lumière de la foi et le zèle de la charité dans les contrées les plus lointaines du monde. Chaque mois les paquebots de Marseille emportent quelques religieux, et à certaines époques, des groupes entiers, qui s'égrènent le long du chemin, comme je l'ai vu en Égypte, à Aden, sur la côte des Somalis, sur la côte du Malabar, à Madras, à Rangoon, sur les rivages de l'Australie ou de l'Amérique. Quand les sectaires chassent nos congrégations, le flot des religieux émigrants est encore plus fort.

Rien que de notre Anjou les missionnaires, hommes et femmes, sont si nombreux, sortis de Mongazon, de Beaupréau, de Combrée, du Bon-Pasteur, que j'en ai rencontré tout le long de mon voyage aux Indes, à Ceylan, en Australie, dans les îles du Pacifique, en Amérique. Les uns, oblats, dirigeaient des paroisses cinghalaises sous les cocotiers du Colombo ; d'autres, maristes, évangélisaient les anthropophages des îles Salomon ; d'autres prêchaient les pauvres Fijiens du Pacifique, décimés par la lèpre. Les sœurs de l'Esvière faisaient l'école aux petites brahmines d'Adjmere et de Mahow. Les sœurs du Bon-Pasteur ouvraient leurs asiles aux jeunes filles de Bangalore, de Mysore, de Bellari, de Colombo, de Kandy, de Rangoon, de Melbourne, de Tesmanie, de Christ-Church. Quand je songe à ce que peut le zèle français, même chez une simple femme, comme la V. Mère Pelletier, qui, il y a seulement soixante-dix ans, a fondé son couvent sur les bords de la Maine et dont actuellement les filles, au nombre de sept mille, exercent leur charité en deux cent cinquante maisons dans les cinq parties du monde, je ne puis désespérer de l'avenir de ma patrie. Notre

France demeurera, quoi qu'on fasse, le pays le plus beau du monde aux yeux de Dieu, puisqu'il est le grand propagateur de la foi, et qu'il alimente, sans se lasser jamais, les saintes phalanges de missionnaires, qui s'en vont évangéliser et convertir les nations païennes à Jésus-Christ.

TABLE DES MATIÈRES

	Pages
Première lettre. — Paquebot l'*Indus*, le 26 novembre 1900 (en face de la Corse)	11
Deuxième lettre. — Canal de Suez, 30 novembre, 6 heures du soir	23
Troisième lettre. — 6 décembre, en plein Océan Indien	37
Quatrième lettre. — Bombay, le 12 décembre 1900.	45
Cinquième lettre. — Bombay, 15 décembre 1900.	57
Sixième lettre et Septième lettre. — Abu-Road, 17 décembre 1900	61
Huitième lettre. — Agra, le 27 décembre 1900	101
Neuvième lettre. — Madras, le 12 janvier 1901	123
Dixième lettre. — Colombo, le 24 janvier 1901	143
Onzième lettre. — Trichinopoli	145
Douzième lettre. — Océan Indien, en route pour l'Australie, 1er février 1901	163
Treizième lettre. — Dampfer « Friedrick der Grosse » le 2 février 1901	179
Quatorzième lettre. — Océan Indien, « Friedrick der Grosse ». — Parages de l'Australie.	223
Quinzième lettre. — Sydney, 27 février 1901	253
Seizième lettre. — Sydney, 1er mars 1901	273

TABLE DES MATIÈRES

Dix-septième lettre. — Océan Pacifique, entre Sydney et Wellington, 3 mars 285

Dix-huitième lettre. — Christchurch, Nouvelle-Zélande, 12 mars 1901 293

Dix-neuvième lettre. — 24 mars. A bord du Ventura, en route pour l'Amérique 315

Vingtième lettre. — Océan Pacifique. — Sur le Ventura, 25 mars 327

Vingt-et-unième lettre. — Ventura (Océan Pacifique) : parages des îles Samoa, 29 mars 351

Vingt deuxième lettre. — Océan Pacifique, parages des îles Hawaï. 357

Vingt-troisième lettre. — New-York, 17 avril 1901. 383

Vingt-quatrième lettre. — Océan Atlantique. — *La Lorraine*, 19 avril 1901 399

Principaux étonnements d'un voyage autour du monde 417

Angers. Imp. Lachèse et Cie, Siraudeau successeur. 06-6212

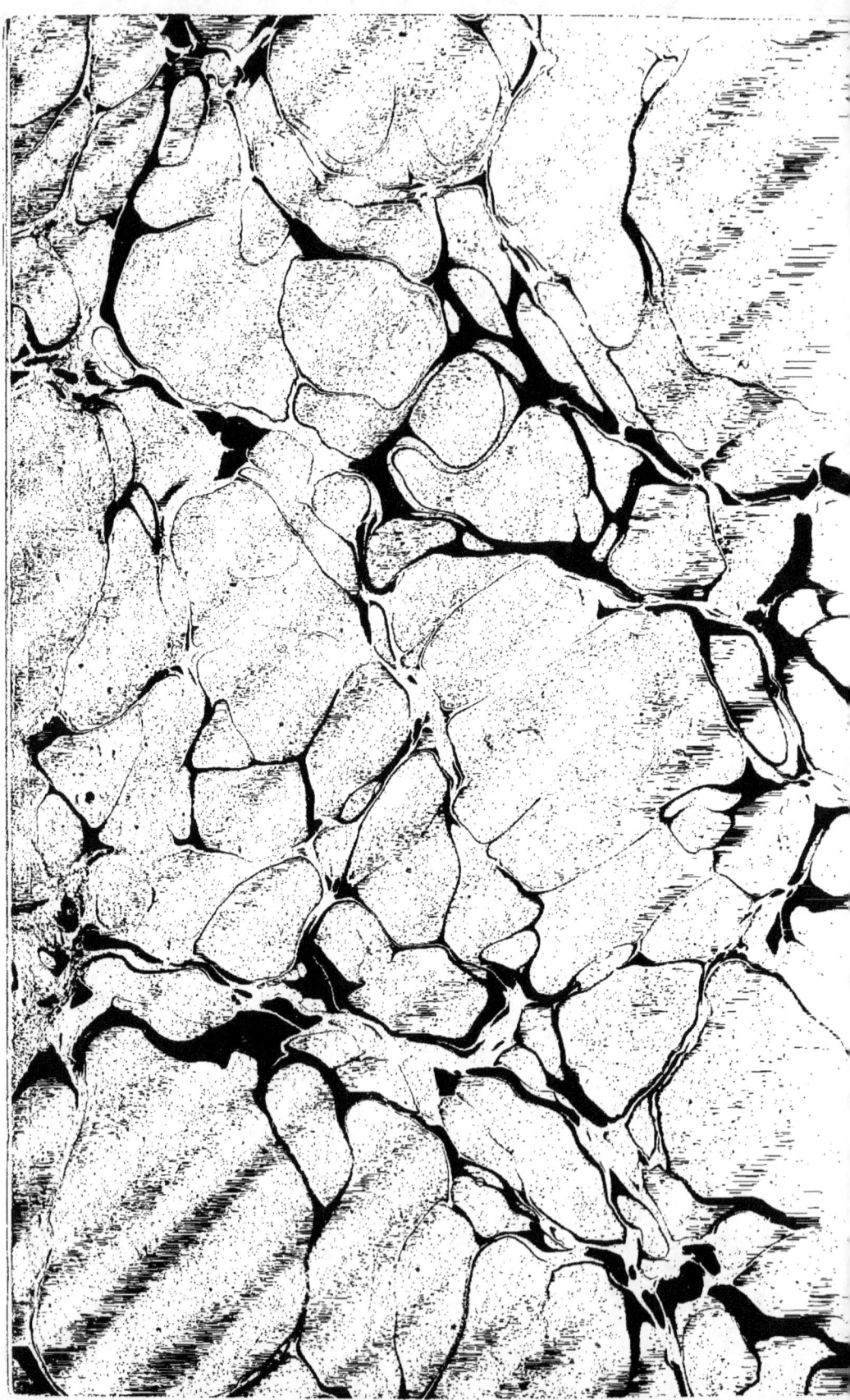

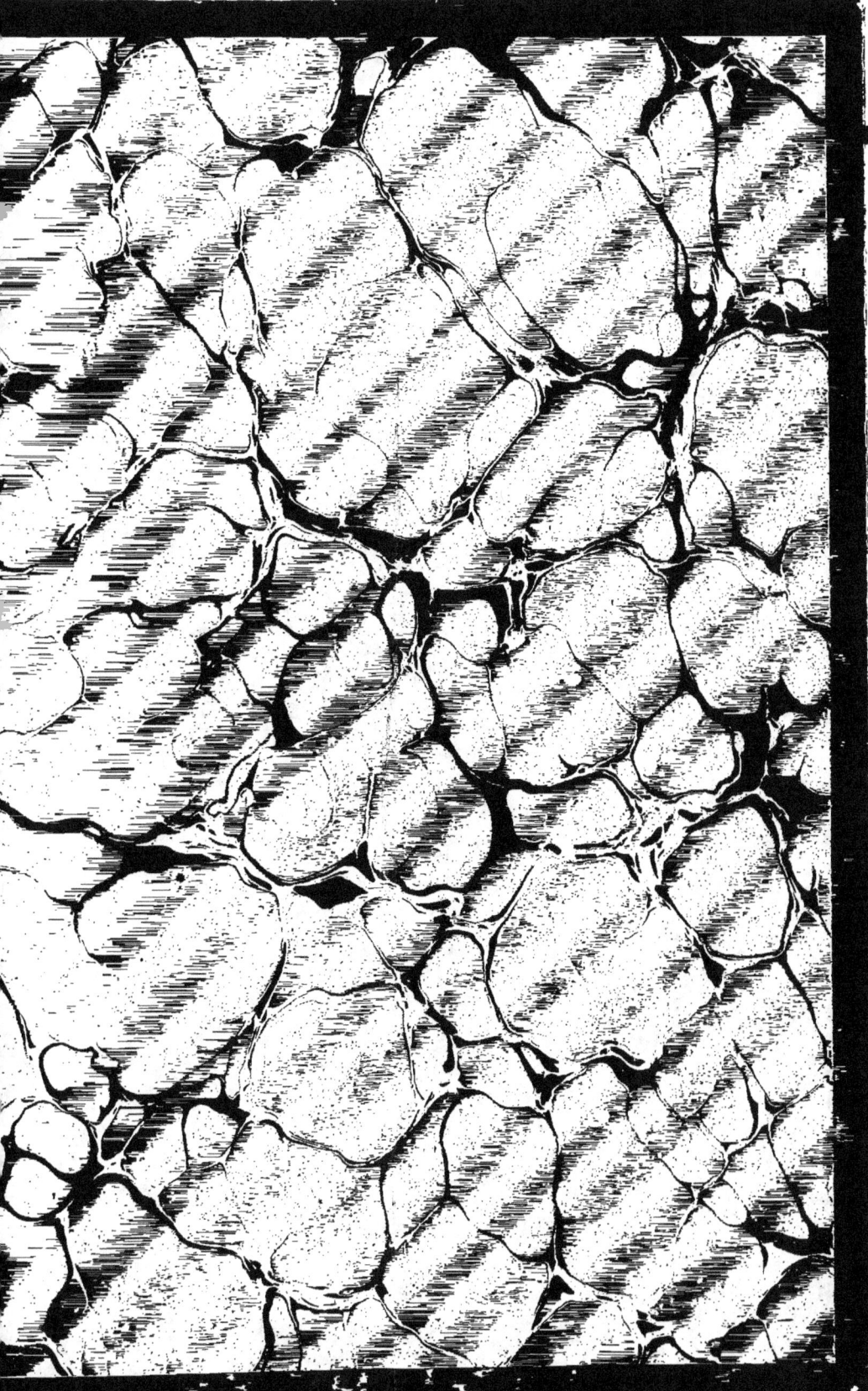

www.ingramcontent.com/pod-product-compliance
Lightning Source LLC
Chambersburg PA
CBHW050252230426
43664CB00012B/1923